工信部"全国信息化工程师"认证系列教材
ERP 应用人才资质认证系列教材

ERP 生产制造管理应用教程

（第二版）

ERP 应用教程编委会　编著

图书在版编目(CIP)数据

ERP生产制造管理应用教程/ERP应用教程编委会编著. —2版. —上海：立信会计出版社,2016.8(2024.7重印)
ERP应用人才资质认证系列教材
ISBN 978-7-5429-5154-0

Ⅰ.①E… Ⅱ.①E… Ⅲ.①企业管理—生产管理—计算机管理系统—资格认证—教材 Ⅳ.①F273-39

中国版本图书馆CIP数据核字(2016)第167592号

策划编辑　　黄成艮
责任编辑　　孙　勇
助理编辑　　战小雨
封面设计　　新翰博

ERP生产制造管理应用教程(第二版)
ERP SHENGCHAN ZHIZAO GUANLI YINGYONG JIAOCHENG

出版发行	立信会计出版社			
地　　址	上海市中山西路2230号		邮政编码	200235
电　　话	(021)64411389		传　　真	(021)64411325
网　　址	www.lixinaph.com		电子邮箱	lixinaph2019@126.com
网上书店	http://lixin.jd.com		http://lxkjcbs.tmall.com	
经　　销	各地新华书店			
印　　刷	苏州市古得堡数码印刷有限公司			
开　　本	710毫米×1000毫米　　1/16			
印　　张	14.75			
字　　数	261千字			
版　　次	2016年8月第2版			
印　　次	2024年7月第5次			
书　　号	ISBN 978-7-5429-5154-0/F			
定　　价	29.00元			

如有印订差错,请与本社联系调换

序

随着中国企业与国际接轨，中国在经济发展上的一项重要战略任务就是，经济建设要走新型工业化道路，坚持以信息化带动工业化，以工业化促进信息化。随着信息化的广泛普及和应用，ERP 在企业中开始变得越来越重要，社会和企业对信息化人才的需求与日俱增，企业需要的人才不再只是单一专业的人才，而是具有综合能力的、掌握 ERP 专业知识和技能的人才。

众所周知，ERP 系统作为一个企业的管理工具，其核心围绕的是"人"，"人"的思维和意识是提升 ERP 成功应用的关键因素。要使 ERP 系统在企业中真正发挥作用，必须转变"人"的思维模式和行为方式，这不仅涉及工作习惯的转变，还涉及经营方式、管理方式等深层次的转变。具体落实在行动中，就是对"人"进行 ERP 培训和教育，而这一点在企业中往往会被忽视，仅仅将大量资金投入在软硬件上；在学校中又常常被局限，仅将 ERP 视为一种技术，在操作培训和教育方面难以和企业实际相结合。可见培养专业化、职业化的 ERP 应用人才已经成为企业、学校及 ERP 厂商所面临的重要任务。

鼎捷软件知识学院为加速提升企业管理及竞争力，已将人才培养及人才引介服务，列为公司的重要发展战略。我们以服务高校教育为己任，构建院校与企业人才输送的桥梁，整合行业及企业优势资源，打造 ERP 实验教学校企合作方案，免费租用软件，免费参加师资培训班，免费课程方案设计，免费在线学习，免费优秀学员就业推荐，免费客服支持，让老师轻松教学，让学生实践操作；鼎捷知识学院还正式推出 ERP 应用人才认证体系，同国家工业和信息化部联合颁发"全国信息化工程师"证书，希望以此为广大企业用户及有志于 ERP 相关工作的人士，提供一个专业人才资质验证的渠道，不仅能证明自身的专业能力，更能在信息技术应用能力愈趋重要的人才市场上增添竞争优势。此外，鼎捷知识学院还搭建了 ERP 人才网，为企业和个人搭建一个沟通平台，展现企业的需求和个人的信息，方便企业与 ERP 人才间的匹配，为企业客户提供一手资料，保证企业招聘质量，提高 ERP 领域人才求职效率。

我们将 ERP 人才的培养作为我们的社会责任，愿意和广大有志于培养中国信息化人才高等院校、教育机构合作，为 ERP 行业人才的培养和 ERP 在中国的成功应用贡献出我们的一份力量。

李绍远
2016 年 8 月

前言

鼎捷知识学院根据未来市场对ERP复合人才的迫切需求,在总结多年ERP专业人才培训经验的基础上,特别组织了行业专家和资深顾问成立ERP应用教程编委会,为高校师生、企业用户及社会在职人员,有针对性地设计了一系列"ERP应用人才培训课程"。从ERP的发展史、实施方法、案例分析到ERP系统的实务操作,课程设计深入浅出,以最通俗、最贴近企业应用实务的思考模式来引导ERP初学者,使其对ERP在企业中的价值有正确的认知和理解并掌握其应用。

本系列教材是"全国信息化工程师"认证指定教材,是鼎捷软件知识学院以易飞ERP软件为平台所编写而成的。本系列教材共分为《ERP应用基础教程》、《ERP供应链管理应用教程》、《ERP生产制造管理应用教程》、《ERP财务管理应用教程》四册。其中,《ERP应用基础教程》主要介绍基础理论和ERP实施方法,内容简练易学;《ERP供应链管理应用教程》、《ERP生产制造管理应用教程》、《ERP财务管理应用教程》采用模拟企业实际经营场景与功能模块相结合的方法设计实验,引导学习者身临其境走进ERP世界。

为了协助学习者更好地理解ERP知识,更顺利地通过认证考试,更好地提升ERP系统的应用效益,经过ERP专家们的共同努力,还研发了配套的网络学习E-Learning教学课件,内容融合企业真实情境,并结合ERP应用经典案例解说,可以使ERP学习的更加高效、更加轻松自如!详情访问:http://edu.digiwin.com.cn/ltem/273.aspx。

本教材可作为高等院校信息管理、企业管理、生产管理、物流管理、财务管理、经济管理、工商管理、电子商务等专业的教材和教学参考书,也可作为从事企业管理、信息管理、企业信息化等高级管理人员的培训教材和参考用书。

在本书的编写过程中得到北京交通大学经管学院苟娟琼、常丹老师,中国人民大学信息学院李倩老师,湖北汽车工业学院科技学院陈永、宋萍萍老师,安徽商贸职业技术学院汪伟、王睿老师,中国地质大学人文经管学院安海忠、方伟老师,北京外国语大学国际商学院裴艳丽老师,武汉科技大学管理学院张志清、秦岭老师的大力支持和帮助,在此表示感谢。本套教材和课程体系我们努力追求尽善尽美,但疏漏之处在所难免,殷切希望读者批评指正。

编 者

2016年8月

目录

序 ··· 1
前言 ··· 1

第1章 生产制造主流程 ··· 1
1.1 一般企业生产制造整体流程概述 ·· 2
1.2 一般企业生产制造业务与易飞生产制造模块对应关系 ······················· 2
1.3 案例公司——成功集团生产制造业务概述 ·· 4

第2章 产品结构子系统 ··· 11
2.1 系统简介 ·· 11
2.1.1 系统效益与特色 ··· 11
2.1.2 系统架构与关联 ··· 12
2.2 基础设置 ·· 14
2.2.1 设置产品结构单据性质 ·· 14
2.3 BOM用量资料管理 ··· 15
2.3.1 作业流程 ··· 15
2.3.2 录入BOM ··· 16
2.3.3 复制BOM ··· 24
2.3.4 BOM的生效 ·· 26
2.3.5 计算低阶码 ··· 29
2.4 BOM的变更管理 ·· 32
2.4.1 作业流程 ··· 33
2.4.2 手动变更 ··· 34
2.4.3 批次变更 ··· 40
2.5 组合与拆解管理 ·· 45
2.5.1 组合作业流程 ·· 46
2.5.2 组合 ··· 46

2.5.3 拆解作业流程 … 48
2.5.4 拆解 … 49
2.6 报表简介 … 52
2.6.1 材料需求检视表 … 52

第3章 批次需求计划系统 … 55

3.1 系统简介 … 55
3.1.1 系统效益与特色 … 55
3.1.2 系统构架与关联 … 56
3.1.3 生产计划处理流程 … 57
3.2 基础设置 … 58
3.2.1 录入仓库信息 … 58
3.2.2 录入假日表 … 59
3.2.3 录入品号信息 … 59
3.2.4 录入BOM … 64
3.2.5 设置批次计划 … 65
3.2.6 需求计划基本信息检核表 … 66
3.3 生成批次需求计划 … 66
3.4 需求计划的检核 … 75
3.4.1 批次生产计划明细表 … 75
3.4.2 批次采购计划明细表 … 75
3.4.3 维护批次生产计划—按品号 … 77
3.4.4 维护批次采购计划—按品号 … 84
3.5 需求计划的锁定 … 87
3.5.1 锁定生产计划 … 88
3.5.2 锁定采购计划 … 88
3.6 需求计划的发放 … 90
3.6.1 生产计划的发放 … 90
3.6.2 采购计划的发放 … 93
3.7 常用报表简介 … 95
3.7.1 品号供需明细表 … 95
3.7.2 品号供需统计表 … 97

第 4 章 工单/委外子系统 100

4.1 系统简介 100
4.1.1 系统效益与特色 100
4.1.2 系统构架与关联 101

4.2 生产制造流程 103

4.3 基础设置 104
4.3.1 录入品号信息 104
4.3.2 设置工单单据性质 105

4.4 录入工单 107
4.4.1 录入工单——厂内 107
4.4.2 录入工单——委外 115

4.5 工单变更 117
4.5.1 录入工单变更 118

4.6 厂内生产流程 122
4.6.1 作业流程 122
4.6.2 生产领料 123
4.6.3 生产退料 131
4.6.4 生产入库 135

4.7 委外生产流程 141
4.7.1 作业流程 141
4.7.2 委外生产领料 142
4.7.3 委外进货、验收、验退 148
4.7.4 委外生产退料 156
4.7.5 委外生产退货 162

4.8 常用报表简介 164
4.8.1 生产进度表 164
4.8.2 合并领料捡料表 165
4.8.3 料件领用明细表 168
4.8.4 工单生产明细表 170
4.8.5 未扣料工单明细表 171
4.8.6 供应商加工明细表 172

4.9 期初开账 174

第 5 章　工艺管理子系统 …… 182

5.1　系统简介 …… 182
- 5.1.1　系统效益与特色 …… 182
- 5.1.2　系统架构与关联 …… 183
- 5.1.3　工艺管理流程 …… 185
- 5.1.4　工单和工艺的区别 …… 185

5.2　基础设置 …… 185
- 5.2.1　录入工作中心 …… 186
- 5.2.2　录入工艺信息 …… 187
- 5.2.3　录入品号信息 …… 188
- 5.2.4　录入产品工艺路线 …… 189
- 5.2.5　设置工艺参数 …… 191
- 5.2.6　设置工艺单据性质 …… 192

5.3　产生工单工艺的方式 …… 194
- 5.3.1　录入工单工艺 …… 195
- 5.3.2　从产品工艺自动生成工单工艺 …… 199

5.4　工单工艺管理的流程 …… 200
- 5.4.1　作业流程 …… 200
- 5.4.2　工单的投产 …… 200
- 5.4.3　工艺的转移 …… 205
- 5.4.4　工艺完工及生产入库 …… 208

5.5　报工单的使用 …… 216

5.6　常用报表简介 …… 219
- 5.6.1　工单工艺生产状况表 …… 219
- 5.6.2　工作中心/供应商生产状况表 …… 220
- 5.6.3　生产工时明细表 …… 222

第1章 / 生产制造主流程

企业生产制造营运流程是如何进行？"生产制造"涵盖范围很广，从产品结构、批次需求计划、工单/委外与工艺管理四方向来讨论。企业的生产需求与物料供需必须维持一定程度的平衡，才可达到最佳经济的生产效益与避免浪费库存的积压，这得靠批次需求计划的优良规划，计划来源包含有订单、LRP生产计划、MPS生产计划与销售预测等等；产品结构用料也是相当重要的环节，企业可依需求生成"采购计划"与"生产计划"；采购部分，由采购人员执行采购管理流程；存货部分，数量会随着增加；生产部分，由生管人员产生"录入工单"，若不执行工艺管理，生产过程中，需记录领、退料信息，领料影响库存数量减少，退料是库存数量增加；生产完成时，厂内自制生产入库，录入在"厂内入库"；委外加工生产入库，录入在"委外进货"，成品入库，库存数量增加；若企业执行工艺管理，必须对每道制作程序控管，生产过程中录入每道工艺"生产投料"信息，"生产投料"信息，会回馈给"领料"信息；每道工艺间的转移信息，也需详实记录；生产完成信息，则需记录工艺入库信息；工艺管理亦须即时记录报工信息，以上就是生产制造处理流程，流程图参考图1.1生产制造主流程。

1.1 一般企业生产制造整体流程概述

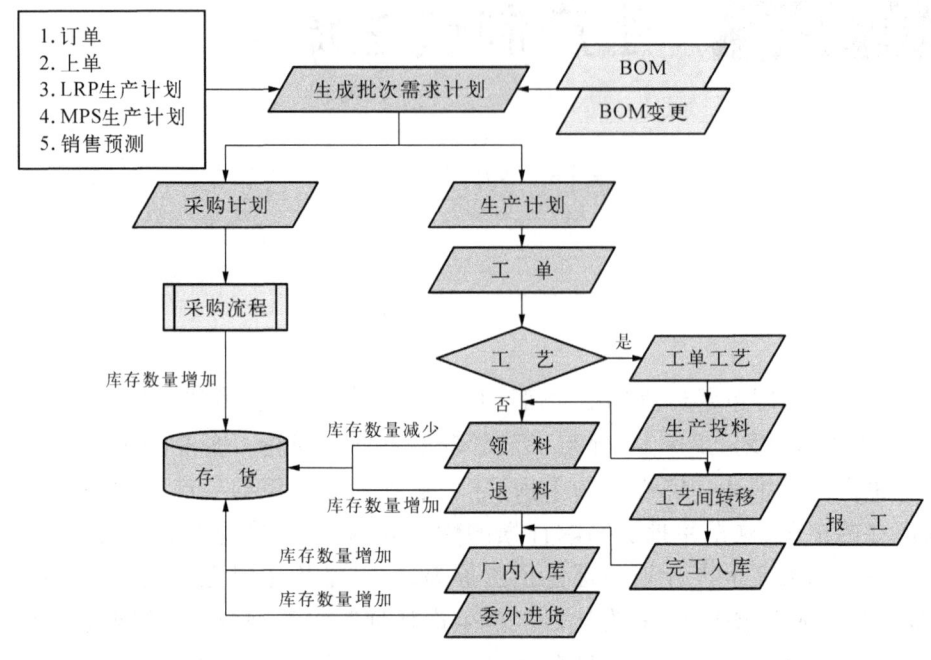

图 1.1 生产制造主流程

1.2 一般企业生产制造业务与易飞生产制造模块对应关系

一般企业生产制造业务与易飞生产制造模块的对应关系如表 1-1 所示。

表 1-1 一般企业生产制造业务与易飞生产制造模块对应表

企业运营流程		易飞系统	
流　程	作业内涵	系统名称	作业名称
BOM/BOM 变更	记录的生产树状信息与利用"计算低阶码"作业完成正确低阶码计算。	产品结构	录入 BOM 计算低阶码
基本信息设置	各项基本信息的设置。	基本信息 存货	录入仓库信息 录入假日表 录入品号信息

(续表)

企业运营流程		易飞系统	
流程	作业内涵	系统名称	作业名称
生成批次需求计划	计划依据： 订单、工单 LRP生产计划 MPS生产计划 销售预测		
采购计划 → 采购流程	检核计划的正确性；执行"发放LRP采购单"，产生"采购子系统"的"录入请购单"或"录入采购单"。	采购	维护批次采购作业 录入请购单 录入采购单
生产计划 录入工单	检核计划的正确性；将计划锁定，接着发放LRP工单产生"工单/委外子系统"的"录入工单"。	工单委外 工艺	维护批次生产作业 录入工单 锁定生产计划 发放LRP工单
工艺管理？ Yes → 工单工艺 / No	工艺管理流程 指定生产工艺路线。	工艺	"从产品工艺自动生成工单工艺" 录入工单工艺
生产投料	投料生产。	工艺	录入投产单 "从投产单自动生成领料单"
工艺转移	车间人员记录转移数量、转入和转出部门等信息。	工艺	录入转移单
完工入库 → 厂内入库 委外进货	最后一道工艺完成，需将成品入库。	工艺 工单委外	录入入库单 录入生产入库单 录入委外进货单
报工	正确且即时的回报工时信息。		录入报工单
领料/退料	工作中心领料生产；原物料退回仓库。	工单委外	录入领料单 录入退料单
厂内入库/委外进货	成品制造完工入库。	工单委外	录入生产入库单 录入委外进货单

1.3 案例公司——成功集团生产制造业务概述

1. 企业背景

案例公司名称为成功集团股份有限公司,成立于1998年,简称成功集团。成功集团各项基本资料如下:

(1) 资本额:6亿。

(2) 营业额:15亿。

(3) 员工数:约12 000人。

(4) 组织图:如图1.2企业组织图所示。

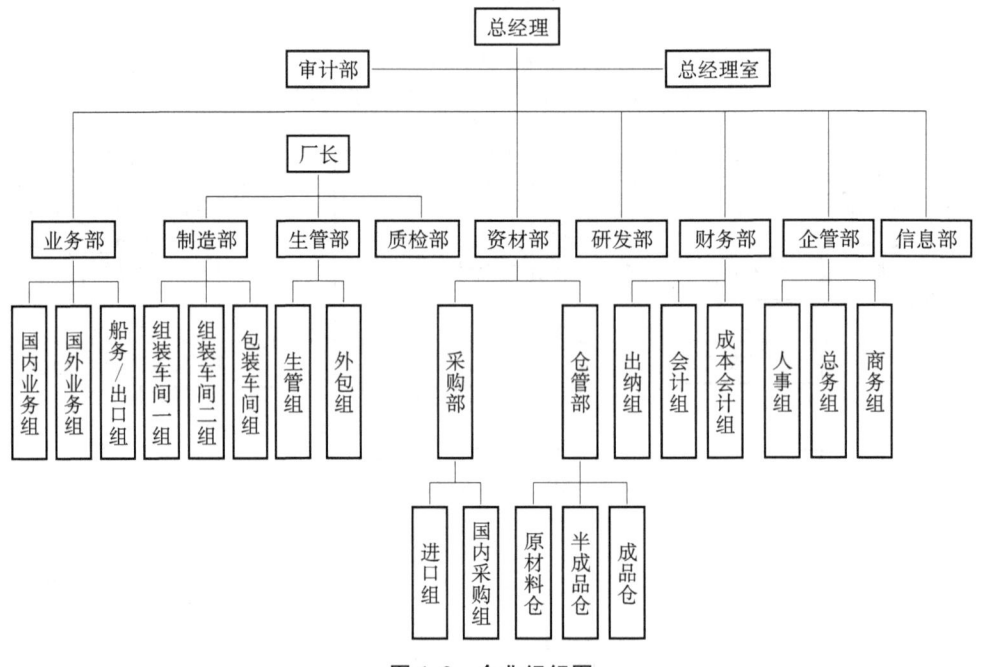

图1.2 企业组织图

(5) 产品:数码相机及电子相关产品,产品包括自行生产制造及买进卖出两大类型。

(6) 工厂:有两个工厂,分别为上海一厂与上海二厂。

(7) 仓库:原材料仓一厂,原材料仓二厂,半成品仓一厂,半成品仓二厂,成品仓一厂,成品仓二厂,不良品仓一厂,不良品仓二厂,报废仓一厂,报废仓二厂,事务品仓一厂、事务品仓二厂、借出暂存仓一厂、借出暂存仓二厂。

（8）工作中心：上海一厂—组装车间一组、组装车间二组、上海一厂—包装车间，上海二厂—组装车间一组、组装车间二组、上海二厂—包装车间。

（9）公司概况：设备资源充足、员工熟悉度高、设有奖励制度、工艺标准化。

2. 生产信息

成功集团最畅销的产品是代号为410001的"数码相机—SX系列"，该产品是由上海一厂生产制造。其生产制造流程为前线的业务部接单后，生管部按研发部设置的产品用量表及生产线产能负荷状况规划出货排程，制造部再按生管部的排程表依序进行领料及生产，完工后的成品交由质检部进行成品检验，入库后的成品再于出货日期装运出货。

畅销品"数码相机—SX系列"（代号：410001）的产品用量如图1.3所示：

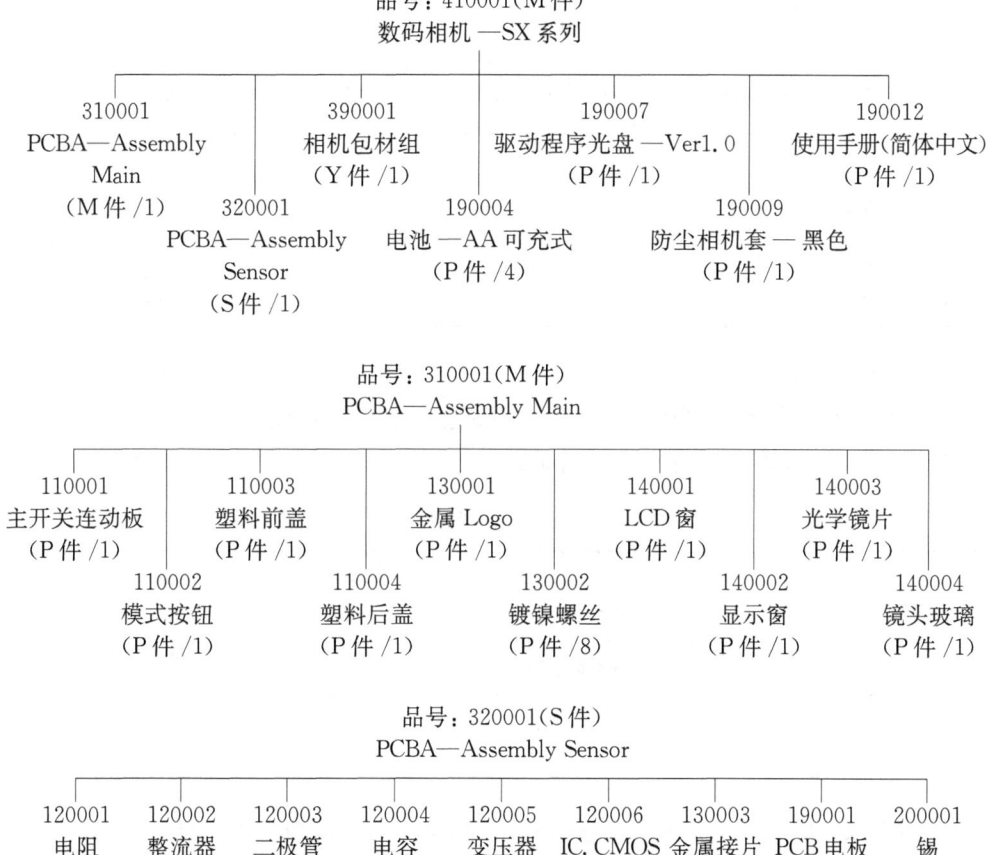

图 1.3 产品用量

说明：M 件（自制件）；S 件（委外加工件）；P 件（采购件）；Y 件（虚设件）。
例："P 件/1"，表示该品号为"采购件"，用量为"1"。

表 1-2 数码相机—SX 系列成品、半成品生产条件

工 作 中 心：组装车间一组、组装车间二组
工 艺 路 线：主体组装（成品包装）
工 厂 休 假 日：星期日休全天
生产计划人员：生管组长

品　　号	410001（M 件） 数码相机—SX 系列	310001（M 件） PCBA—Assembly Main	320001（S 件） PCBA—Assembly Sensor
固定天数	1	1	3
变动天数	1	1	1
检验天数	1	2	1
批　　量	200	1 000	1 000

3. 系统刚上线前

上海一厂的厂长计划生产制造管理系统能与供应链系统一起于 2010 年 1 月 1 日正式上线，于是有一项开账资料需设置：

表 1-3 开账资料

负责部门	开　账　资　料	导　入　系　统
生管部	1. 未完工的工单 2. 委外供应商的价格资料	工单/委外子系统

1.3.4　系统上线后

研发部将所有产品用量表设置完毕后，相关部门即可顺利进行日常业务流程，如以下情境：

【情境一】 研发部致力于新产品开发及产品改良中。

> 为了适应市场快速的变化,研发部需致力于新产品研发及旧产品改良,1月份时,研发部做了两次产品改良……
>
> 📅 2010/01/14 　BOM 变更——单笔
>
> 研发部前一阵子收到客服部反应的问题后,确定"数码相机—SX 系列"的镜头,有松动的可能性问题存在,经过一段时间的测试后,针对其中半成品"310001 PCBA—Assembly Main"进行改良,改良内容是增加 2 颗镀镍螺丝,增加镜头的稳定性,而且经过测试后,也确认问题已获得改善,于是研发部于 1 月 14 日正式变更"数码相机—SX 系列"的原产品用量表。
>
> 📅 2010/01/20 　BOM 变更——批次
>
> 产品会议中,客服部反应客户信息:公司大部分数码相机,均未配有拉绳,以至于数码相机携带不便;会议中经过各部门决议后,总经理作出最后表决,为了提供相机使用者携带方便,决议在数码相机的配件中新增配元件-皮绳,于是在 1 月 20 日,产品会议结束后,研发部被赋予这项重要工作,增加一个品号为 190017 的"皮绳元件"至所有数码相机的产品用量表中。

【情境二】 业务部推出组合商品促销。

> 2010 年 2 月 13 日起是农历新年,为了庆祝新年的到来,业务部拟定一个促销活动"相机促销礼包",促销商品是品号 910001 的"数码相机—SX 系列",赠送品号为 190018 的镜头刷,促销数量是 100 组,促销期间从 2 月 13 日至 2 月 20 日为止……
>
> 📅 2010/02/08 　组合
>
> 业务部设计出"数码相机—SX 系列"+镜头刷的组合商品后,于 2 月 8 日录入组合单,审核后的组合单交由仓管部按组合内容进行备料及商品组合包装。
>
> 📅 2010/02/22 　拆解
>
> 新年过后,业务部统计"相机促销礼包"的销售数量后,得知尚有 2 组未销售,但促销活动已结束,需将已组合商品进行拆分,恢复个别销售。于是于 2 月 22 日录入拆解单,审核后的拆解单交由仓管部进行商品组合。

【情境三】 生管部认真安排生产排程计划中。

> 生管部的工作职责之一是按业务部已经默认的订单及与客户共同协定的出货预测信息，做准确的生产预测，满足短交期出货的订单交期。
>
> 📅 2010/01/06　生成批次需求计划
>
> 这一天，生管部负责生产计划人员针对预交日是1月20日的订单执行生产计划及采购计划，计划产生后，随即将"计划批号"E-mail生管部人员检视生产计划内容，以及采购部检视采购计划结果。
>
> 生管人员检视结果无误后，进行单据锁定，表示已检视过，后续即可将已锁定的计划发放至工单，由制造部于开工日时按单领料生产。
>
> 采购人员看到此次需采购的原材料品号：110001主开关连动板，其主供应商"日升公司"已事先通知产能满载，需再等待一个月才能交货，经过协调，改由供应商"冠军公司"供应此料件。调整完毕后，将采购计划锁定，同样也将已锁定的采购计划发放至采购单，进行采购程序。

【情境四】 工单生产过程。

> 生管部门除了可通过客户订单或生产计划自动生成工单外，也可按状况手动录入工单，如以下情境：
>
> 📅 2010/01/08　录入工单
>
> 业务部门接到一张来自客户"茂圣公司"的急单，订购品号410001"数码相机—SX型"200台，预交货日为1月26日，因目前无库存，经过产销协调后，生管部同意插单生产，于是按品号410001"数码相机—SX型"的产品结构，录入三张工单：
>
> 工单1：生产成品"数码相机—SX型"（品号：410001，厂内生产，预计产量：200 ea，预计开工日1月22日，因为成品组装后需要包装所以派工给厂内工作中心："组装车间二组"加工）。
>
> 工单2：生产半成品PCBA—Assembly Main（品号：310001，厂内生产，预计产量：200 ea，预计开工日1月12日，派工给厂内工作中心："组装车间二组"加工）。
>
> 工单3：生产半成品PCBA—Assembly Sensor（品号：320001，预计产量：150 ea，预计开工日1月13日，委托外包厂商"达智科技"进行加工）。

工单经过主管审核后,分别将工单凭证送至制造部依此生产、送至仓管部以利开工生产前准时备料完成、委外工单则发送外包组以利委托厂商进行加工。

2010/01/09　工单变更

收到1月8日工单的部门向生管部提出协调,仓管部反应原本委外生产的半成品库存已挪做他用了,制造部反应电阻(品号:120001)及二极管(品号:120003)的生产损耗率有提高,建议多备料。生管部评估后,变更工单内容。变更事项一:原本工单的委外生产数量为150 ea,将该工单预计产量需增加至200 ea。变更事项二:电阻的需领用量由原本的1 260 pcs(生产200 ea半成品的用量)增加至1 320 pcs,二极管的需领用量由原本的400 pcs(生产200 ea半成品的用量)增加至408 pcs变更完毕后,发送委外工单凭证至外包组以利通知厂商、发送仓管部通知工单的需领用量已变更。

2010/01/11　半成品——厂内生产领料

仓管部于"PCBA—Assembly Main"工单生产前,将料件备妥交由"组装车间二组"进行生产。

2010/01/11　半成品——委外生产领料

仓管部按外包组的领料单,于委外开工生产前夕,将料件备齐送交委外厂商"达智科技"。

2010/01/12　半成品——厂内工单开工

PCBA—Assembly Main 的工单开始于"组装车间二组"生产。

2010/01/13　半成品——委外工单开工

PCBA—Assembly Sensor 的委外工单开始于厂商"达智科技"生产。

2010/01/16　半成品——委外生产进货/验收/验退

委外厂商"达智科技"将完工的200 ea送回公司,外包组收料后,通知质检部进行验收,检验结果有2 ea品质不合格,退回"达智科技"重新加工,剩余的198 ea则办理入库。

2010/01/16　半成品——委外退料

"达智科技"将工单加工完成后,剩下一些未用的材料,包含电阻(品号:120001)有50 pcs未使用、二极管(品号:120003)剩下5 pcs未使用,为避免零件放置过久闲置或损坏,因此将余料退回成功集团,外包组收到余料后,随即录入委外退料单,并通知质检部检验后,余料即可入库存放。

▣ 2010/01/19　半成品——委外退货

仓管部发现已入库的半成品"PCBA—Assembly Sensor",其中 5 个外观有脱落的现象,通知质检部前来检验,判定为加工品质不良,通知外包组将这 5 个不良品退回"达智科技"重修。

▣ 2010/01/20　半成品——厂内工单完工

"组装车间二组"完成工单"PCBA—Assembly Main"生产,完工数量 200 ea,将剩余料件"主开关连动板"(品号:110001)2 pcs 退回仓管部。

▣ 2010/01/21　半成品——检验入库

制造部通知生管部办理半成品"PCBA—Assembly Main"生产入库事宜,并通知质检部进行入库前的品质检验,检验结果全数合格,通知仓管部进行点收及入库。

▣ 2010/01/22　成品——投产

生产"数码相机—SX 系列"所需的材料及半成品都到货后,仓管部备妥材料,交给工作中心"组装车间二组",进行工单第一道工艺"主体组装"。

▣ 2010/01/23　成品——转移

"组装车间二组"完成工单第一道工艺"主体组装"加工作业后,继续转移至第二道"成品包装"工艺的工作中心"包装车间组"接手加工。

同日,"包装车间组"完成加工后,产出"数码相机—SX 系列"的成品 200 ea,由仓管部进行点收,并通知质检部进行检验,检验结果全数合格。

▣ 2010/01/23　报工

制造现场的组长在"数码相机—SX 系列"加工完毕后,将发生在工作中心的人时及机时如实填写在"报工单"上。

第 2 章 / 产品结构子系统

2.1 系统简介

2.1.1 系统效益与特色

企业导入了"产品结构子系统",可以带来什么效益呢?制造业只要有制造生产的行为,就会有产品结构信息。而产品材料用量的信息,是一个公司的命脉,所以记录的保存非常重要,在易飞 ERP 系统中就称为 BOM(Bill of Material)。一个完整的 BOM 记载了一个产品的使用零件(或原材料)、使用的数量、是否有损耗率、生产及组装的顺序、使用在哪些工艺中、安装的位置等信息。BOM 用料信息正确后,除了供平时的生产查询外,最主要是确保计算生产计划与采购计划用量的正确性,如果用料信息错误,该生产的品号没纳入生产计划造成人工与机器的设备闲置、该采购的原物料遗漏未采购,造成工作中心停工待料,这些可能会造成订单迟交进而影响信誉。

产品结构子系统有如下特色:

(1) 制造部可根据 BOM 来了解产品的用料结构,便于生产及物流上的管理。

(2) 正确的用料结构,可避免采购的遗漏,造成停工待料异常发生。

(3) 仓管人员或领料人员可根据 BOM 做批次领料,作为领料的基础,提高领料单单据输入的效率。

(4) 生管人员可利用 BOM 执行产品毛需求的生产计划,提高录入工单及采购单的效率。

一个简单的 BOM 如图 2.1 所示。

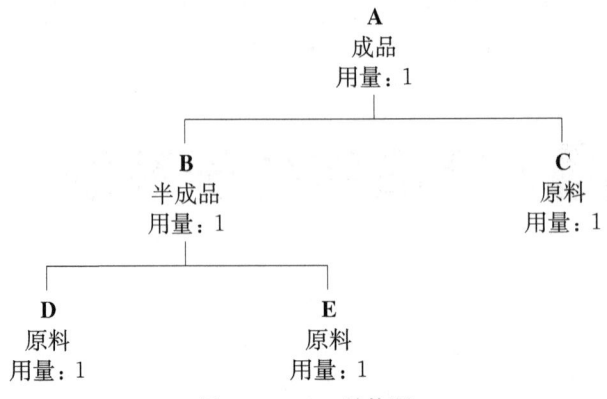

图 2.1　BOM 结构图

（5）成本会计人员可根据 BOM 分析产品的用料结构，除了研究如何降低生产成本外，还可迅速正确的计算产品的标准成本，加强标准成本的管理及减低成本人员计算的负荷。

2.1.2　系统架构与关联

图 2.2 是进入"产品结构子系统"后的流程图，这是以作业设置的顺序所组成

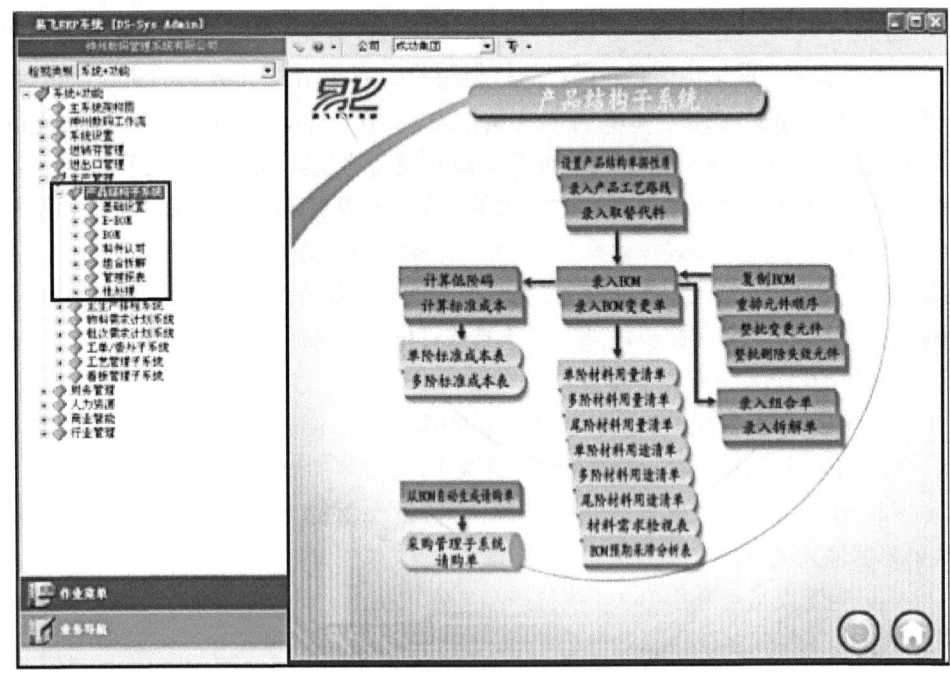

图 2.2　系统架构

的。也可在左边菜单上，看到各作业的分类，如"基础设置"、"E-BOM"、"BOM"、"料件认可"、"组合拆解"、"管理报表"与"批处理"。从这菜单上，大致可以了解系统管理的事务，我们将会陆续介绍各项作业的用法。

产品结构子系统与其他系统的关联如图2.3所示。

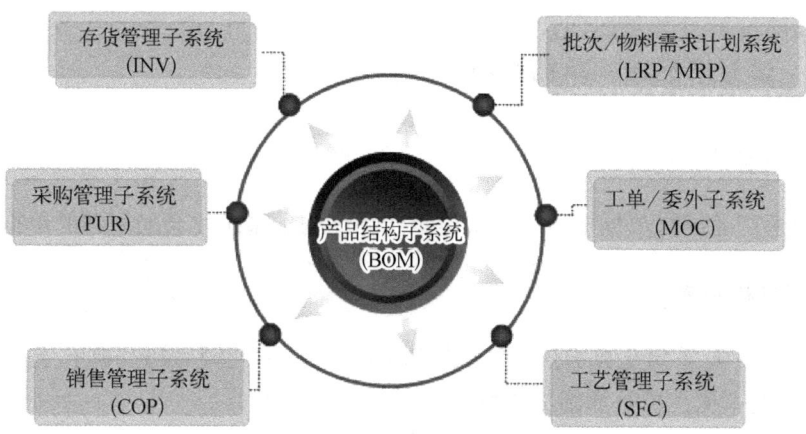

图2.3　与其他系统的关联图

1. 存货管理子系统

从作业清单执行"产品结构子系统"|"计算低阶码"，会回写"存货管理子系统"的"低阶码"字段；从作业清单执行"产品结构子系统"|"计算标准成本"，会回写"存货管理子系统"的"标准成本"字段；组合拆解单审核后会影响库存的数量。

2. 采购管理子系统

公司研发新产品有采购物料需求时，"产品结构子系统"的BOM结构，可执行"从BOM自动生成请购单"自动生成"采购管理子系统"|"录入请购单"。

3. 销售管理子系统

录入报价单、订单或销货单时，可以根据BOM材料用量信息，展开整套零组件，以节省使用者输入及核对的时间。

4. 批次/物料需求计划系统

执行"生成需求计划"，可根据BOM材料用量信息作为计算供需数量的依据。

5. 工单/委外子系统

"产品结构子系统"的材料用量信息，可以自动更新"工单/委外子系统"的工单单身，避免手动输入单身材料的遗漏。

6. 工艺管理子系统

通过"产品结构子系统"|"录入产品工艺路线"，可以直接生成"工艺管理子系

统"的工单工艺。

2.2 基础设置

2.2.1 设置产品结构单据性质

【目的】

"设置产品结构单据性质",用来设定产品结构子系统里会使用到的单据。

【操作步骤】

步骤一:从系统主界面执行"产品结构子系统"|"基础设置"项下,进入到"设置产品结构单据性质",如图 2.4 所示。

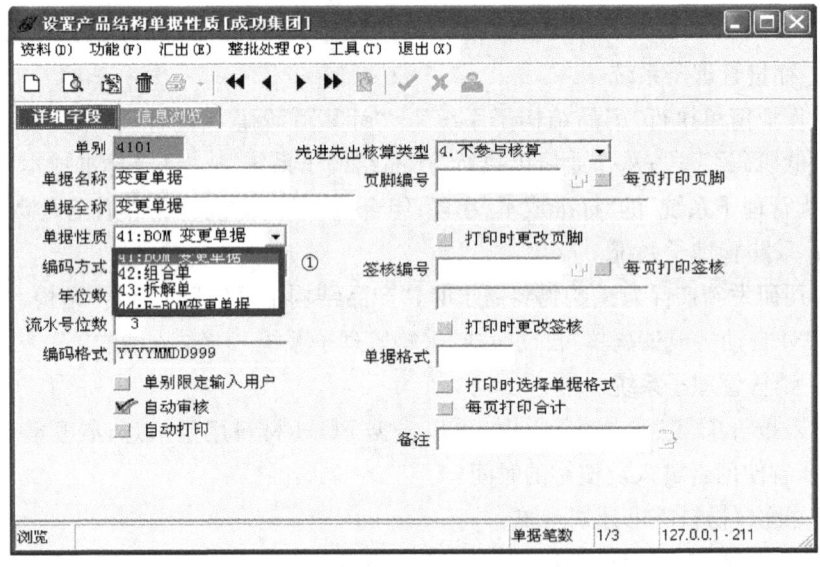

图 2.4 "设置产品结构单据性质"界面

【作业重点】

可以设定 4 种不同"单据性质",每种单据,系统不限制设定多少张单别。
- "41"的"BOM 变更单据",用于日常工程变更发生时使用。

- "42"的"组合单",用于公司有多种商品组合销售的需求时。
- "43""拆解单",公司组合性商品未销售完,要拆解回原单品入库时,需使用此单据性质。
- "44""E-BOM 变更单据",针对新产品开发,在开发过程中记录工程 E-BOM 变更时使用的单据。

2.3 BOM 用量资料管理

2.3.1 作业流程

研发人员有开发新产品需求时,向文管部门申请产品新品号,以及该产品会用到的新用料的品号;文管部门将核准的新品号信息,输入到"存货管理子系统"|"录入品号信息";研发人员才可将新产品用量信息,输入到"产品结构子系统"|"录入 BOM"作业;建好产品结构信息,可打印"材料用量清单",让主管审核,若审核不通过必须重新修改 BOM 用料资料;核准的产品结构才视为生效;"材料用量清单"可作为留底存查;BOM 建立完成须执行"计算低阶码",确保 BOM 用料阶码正确性。图 2.5 为 BOM 作业流程图。

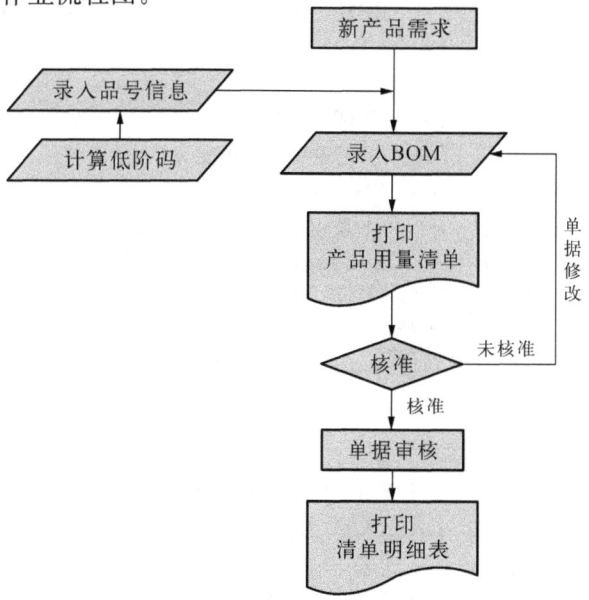

图 2.5　BOM 作业流程

2.3.2 录入 BOM

【目的】

录入企业所有产品的结构信息,作为后续生产用料与成本计算的依据。

【业务场景】

成功集团为了应对市场快速的变化,致力于新产品研发,日前研发部门研发出新一代明星级畅销商品"数码相机—SX 系列",并将该新产品的材料用量记录在易飞 ERP 系统里。

以下是"数码相机—SX 系列"的产品用量表,如图 2.6 产品结构图所示。

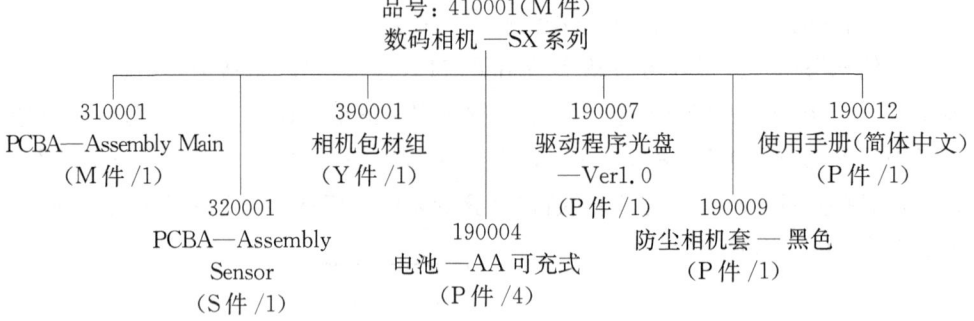

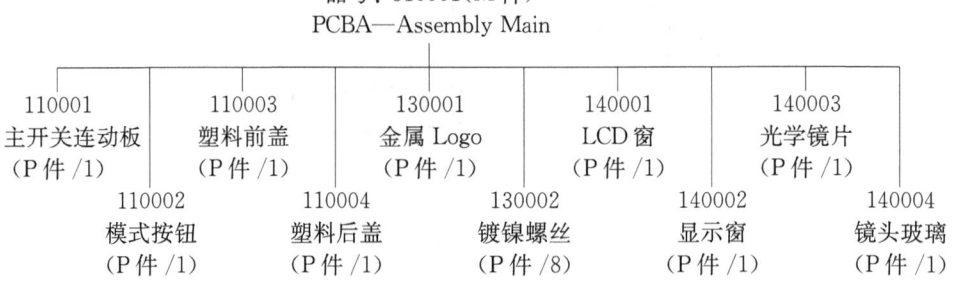

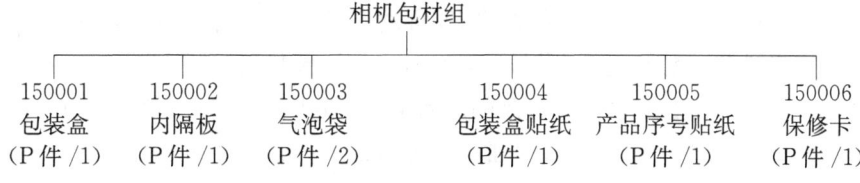

图 2.6　产品结构图

说明：M 件（自制件）；S 件（委外加工件）；P 件（采购件）；Y 件（虚设件）。
例："P 件/1"，表示该品号为"采购件"，用量为"1"。

成功集团针对其半成品都有做存货管理的管制，所以要用分阶次的方式，建立该 SX 系列数码相机的半成品及成品的产品结构，一共有四个 BOM 信息要录入。

以下是建立该 BOM 的一般处理步骤：

（1）研发人员必须向文管部门申请产品的新品号，以及该产品会用到的新用料的品号。

（2）文管部门将核准的新品号信息，输入到"存货管理子系统"|"录入品号信息"。

（3）研发人员将新产品用量信息，输入到"产品结构子系统"|"录入 BOM"，如图 2.7 所示。

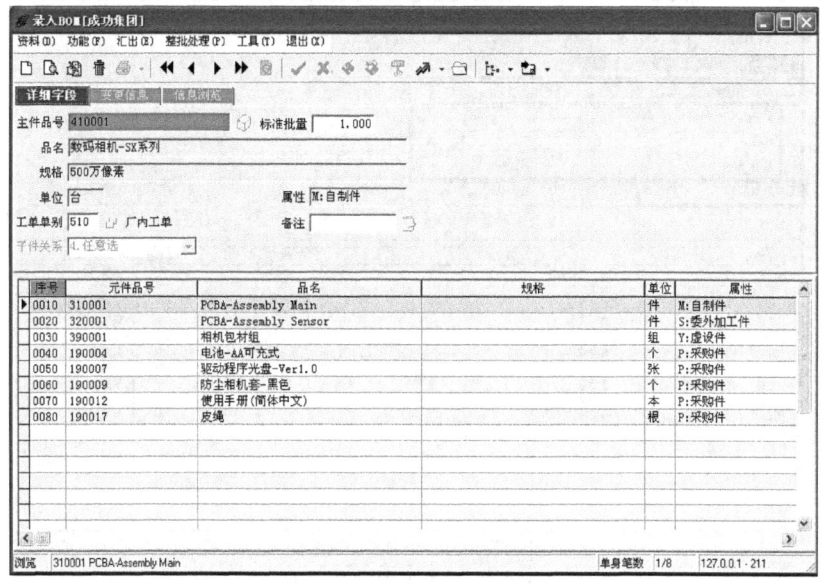

图 2.7　"录入 BOM"界面

（4）新产品品号编码为"410001"，品名为"数码相机—SX 系列"。此新产品共享两个半成品的用料，一个厂内自制件（品号为 310001—PCBA—Assembly Main

系列);一个将外包给委外供应商(品号为 320001—PCBA—Assembly Sensor 系列);为了降低信息量及增加输入的效率,研发人员特意将各型号都使用到的包装材料,以虚设件建立包材组合(品号:390001—相机包材组)。

(5)研发人员先建立两个半成品的产品结构(即品号:310001 及 320001);再建立虚设件的产品结构(即品号:390001);最后建立成品的产品结构(即品号:410001)。

【操作步骤】

步骤一:从系统主界面执行"产品结构子系统"|"录入 BOM",进入到"录入 BOM"界面,开始建立第一个 BOM 信息(品号:310001—PCBA—Assembly Main 系列)。

【作业重点】

① "主件品号":直接输入"PCBA—Assembly Main 系列"的品号 310001,或按 F2 键开窗查询选择。输入品号后,系统默认带出该新产品的"品名"、"规格"、"单位"及"属性"。如图 2.8 所示。

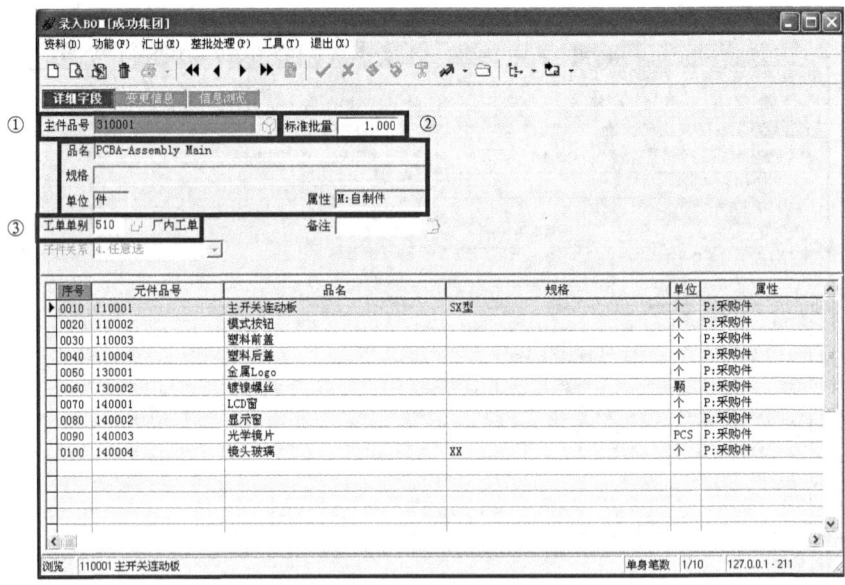

图 2.8 "录入 BOM"界面

② "标准批量":指该 BOM 内元件的组成用量生产出来的主件数量,由于成功集团是一般装配业,故此例只需输入"1"即可。如图 2.8 所示。

注:化工业或食品加工业因其生产过程中的机器设备、工艺、成本等因素,须

扩大单位的生产量,来降低成本或控制工艺,而设定一个标准批量,其 BOM 内所有元件的组成用量,均指生产此主件标准批量所需的组成量。(如:生产"茶类饮料",熔炉运转一次至少产出 1 000 公升,则"标准批量"为"1 000",单身用料为生产 1 000 公升所需的原料。)

③ 在"工单单别"字段输入"品号 310001"在生产时默认要新增的工单单别。在生产计划中,如果此主件需要生产,则系统将以此设定的"工单单别"自动新增工单。如图 2.8 所示。

步骤二:将"品号 310001"底下用到的材料以"分阶次"的方式输入到单身。

④ 一主件是由许多元件材料组成,故可以序号区别,如 0010,0020,0030 等。在输入时,序号将自动以 10 进位的方式赋予,以方便日后可以插号补入新增的元件(如 0010 及 0020 之间可以加插 0011—0019 共 9 个序号)。如图 2.9 所示。

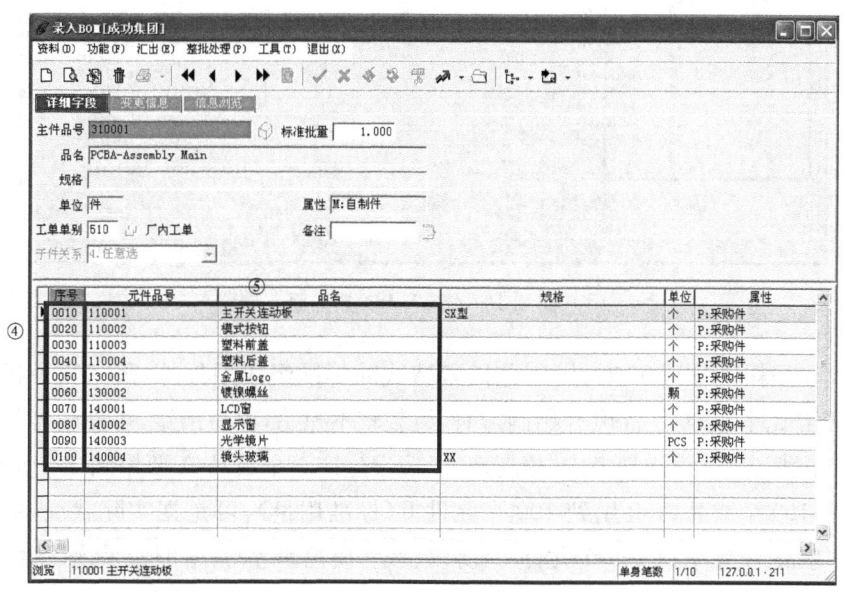

图 2.9 "录入 BOM"界面

⑤ 输入"元件品号",系统默认带出元件品号"品名"、"规格"、"单位"及"属性"。如图 2.9 所示。

⑥ "组成用量"是生产标准批量的主件品号所需用到的数量;"底数"则是用来计算组成用量的分母,建立组成用量时,若无法以整数或整除的小数点表示,其组成用量可用"底数"呈现。如:生产一颗复合维生素,需 0.1 克维生素 B1,这样组成

用量为 1,而底数为 10,来表达数量信息。底数也可解决"库存单位"与"产品用量单位"的换算问题,如:涂料的库存单位为"KG",但其 BOM 内的单位用量="5 g",则可以建"组成用量=5","底数=1 000",表示"0.005 KG"(BOM 单位为库存单位)。由于成功集团是一般装配业,而且此产品用量无用量换算的问题,故此例只需输入"组成用量","底数"则设为"1"即可。如图 2.10 所示。

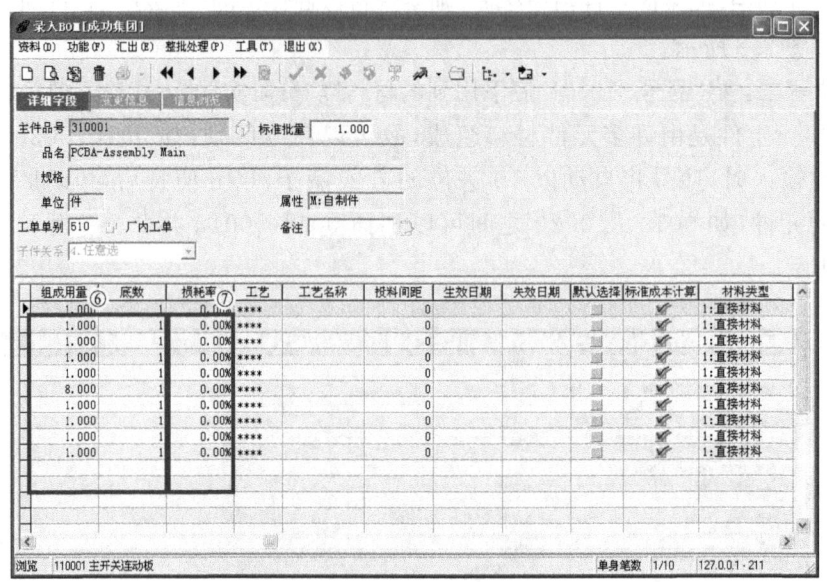

图 2.10 "录入 BOM"界面

⑦"损耗率"指生产时,因工艺因素造成除标准组成用量外,需多额外投入的元件差异比率,如新产品刚开始制造时,组装较不熟悉,容易出错,可能较容易导致原物料毁坏,就必须详加考虑"损耗率"。假设生产 1 个成品 A 要用到 1 个元件 C,若生产 100 个成品 A 会用到 100 个元件 C(标准用量),可是据实际状况,每制造 100 个成品 A 要用到 105 个元件 C,所以设定"损耗率=5%",即如果预计生产 100 个成品 A,则:元件 C 的需求用量=标准用量×(1 +"损耗率")=100×(1+0.05)= 105。如图 2.10 所示。

⑧"工艺及工艺名称"指此组成元件在实际生产或备料时,所需使用到的先后顺序(领料工艺)。若投料按工艺领料,可以设定其领料工艺,如生产循环很长,不希望将所有材料都囤积在现场;若生产循环周期短,每次投料都是将所需材料领到现场,则不须设定领料工艺,可以"****"取代。如图 2.11 所示。

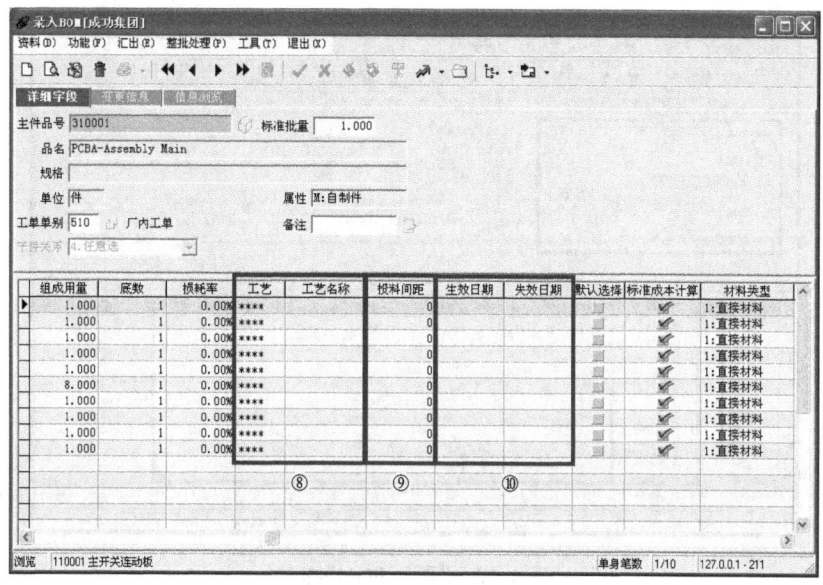

图 2.11 "录入 BOM"界面

⑨ 投料间距(天):生产时,如果有分段投料的控制,可区分不同的投料间距,新增工单时,用料的预计领料日就会依不同投料间距推算,如某一工单的预计开工日为2月1日,须领品号A,而品号的"投料间距"设定为"2"(天),表示开工后2天则要投入品号A,也即2月3日须领品号A。在新增输入信息时,系统默认"投料间距"为"0"(天),表示预计开工日就将所有材料提领完毕。如图2.11所示。

⑩ "生效日期"指该元件对主件的生效日期,产品发料日未达生效日期的元件不得备料投入;"失效日期"则指该元件对主件的失效日期,产品发料日已达失效日的元件不得备料投入。若不设定"生效日期"及"失效日期",表示此料件永久生效;若只设定"生效日期",不设定"失效日期",如"生效日期=2010-01-01",表示该料件从"2010-01-01"开始生效后即永久生效,若到某一时间点发现该料件有失效日期,则可通过"录入BOM变更单"修正。如图2.11所示。

⑪ 材料类型:可以将所有材料分成5种类型。若"材料类型"属"不发料"者,将不作领料处理,但新增工单时,可让现场人员了解要使用哪些测试仪器等。若"材料类型"属"供应商供料",不作领料处理,用于结算材料费用给委外供应商的依据。具体材料类型的解释如"表2-1材料类型简介"。如图2.12所示。

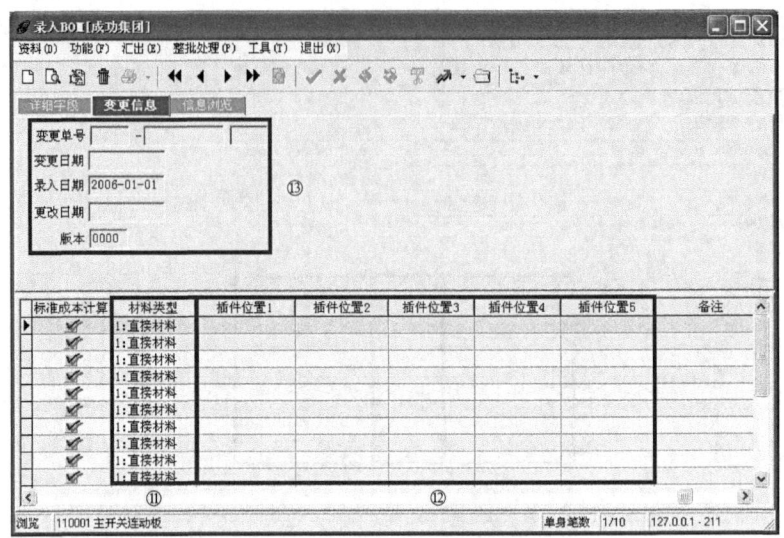

图 2.12 "录入 BOM"界面

表 2-1 材料类型简介

材料类型	解释
1. 直接材料	成本可直接归属至产出成品。
2. 间接材料	成本不可或不容易直接归属至产出成品。
3. 供应商供料	委托委外供应商提供的材料。
4. 不发料	不须发料,如测试仪器、驱动程序版本等。
5. 客户供料	由客户提供的材料(即本公司是委外加工商)。

⑫ 插件位置 1 至 5:可记录元件的插件位置,如电子组装业的电板元件插件位置;若同一个料件需安装在多个位置,可以分号来区隔。如图 2.12 所示。

⑬ 新增 BOM 信息时,只会看到 BOM 的录入日期,系统默认为系统日期,不需输入,并默认版本为"0000";变更单号、版本、日期、更改日期遇有 BOM 变更时会回写,不需手动输入,在此新建阶段可不予理会。如图 2.12 所示。

步骤三:当信息输入完毕后,就可以将信息保存。

步骤四:研发人员依此方式逐一建置主件品号为 320001"PCBA—Assembly Sensor"、390001"相机包材组"及品号 410001"数码相机—SX 系列"的 BOM。

步骤五:当所有 BOM 信息建立完成后,找到新产品"410001 数码相机—SX 系列",接着单击工具栏上的"展阶",选择"多阶、下展",表示要以"主件品号往下展看主件下的元件品号"(以"多阶用量"的角度呈现),如图 2.13 所示。

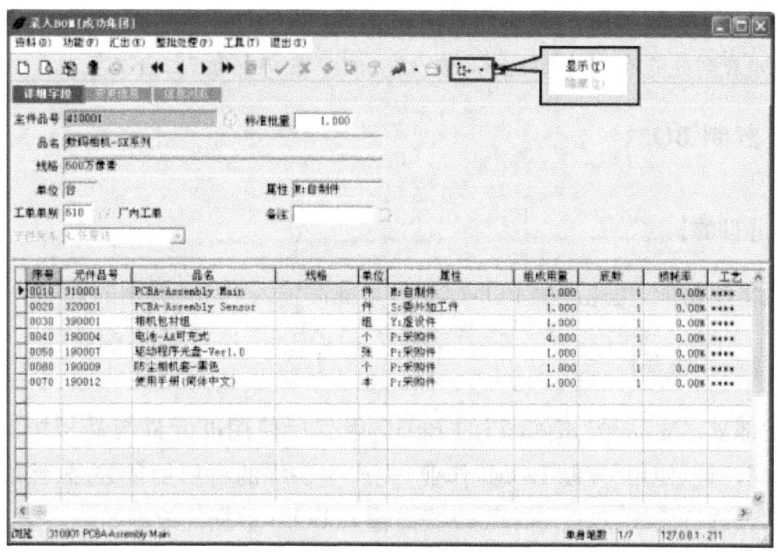

图 2.13 "录入 BOM"界面

⑭ 查询"主件品号—310001—PCBA—Assembly Main 系列",可以在品号处选择"元件品号:140004 镜头玻璃"上,接着选择"展阶"里的"多阶、上展",表示要以"元件品号往上展看主件品号",则会看到以上的画面(以"多阶用途"的角度呈现)。如图 2.14 所示。

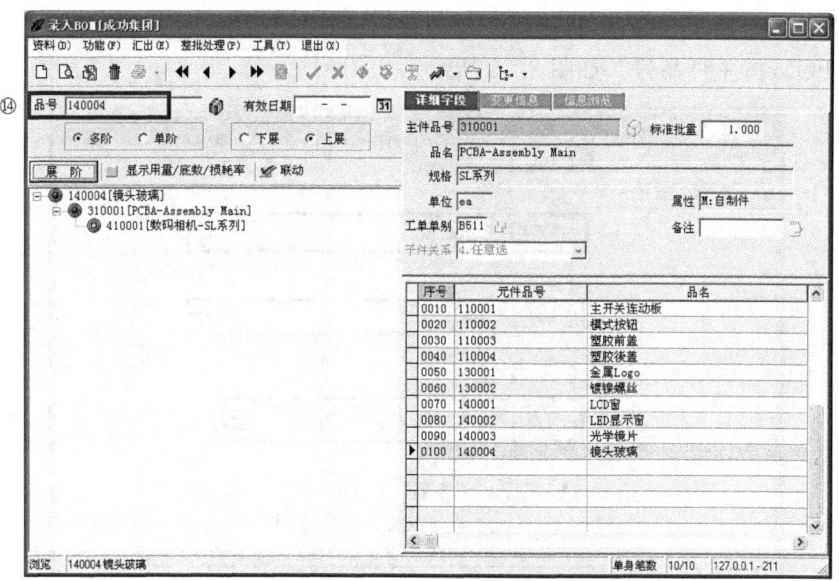

图 2.14 "录入 BOM"展阶界面

注:若一元件用于多处,如:包材的元件"150001—包装盒"用于成品"410001

及420001—数码相机SL/SX系列",则于元件"150001—包装盒"选择"展阶"里的"上展",可看到此元件用于"410001及420001—数码相机"二成品上。

2.3.3 复制BOM

【目的】

利用复制功能,快速产生BOM信息,可提高输入BOM数据的效率。

【业务场景】

研发部欲建立品号"320002"的BOM,因其所使用的元件与品号"320001"的BOM雷同,所以使用"复制BOM"作业,先产生一样的材料用量数据,然后再针对差异的部分进行修改,如此一来可以提高输入BOM数据的效率。

【操作步骤】

步骤一:从作业清单执行"产品结构子系统"|"批处理"|"复制BOM"。

【作业重点】

①"选择原主件品号"直接输入复制样板,即"品号320001",也可按F2键查询已建BOM的主件品号。如图2.15所示。

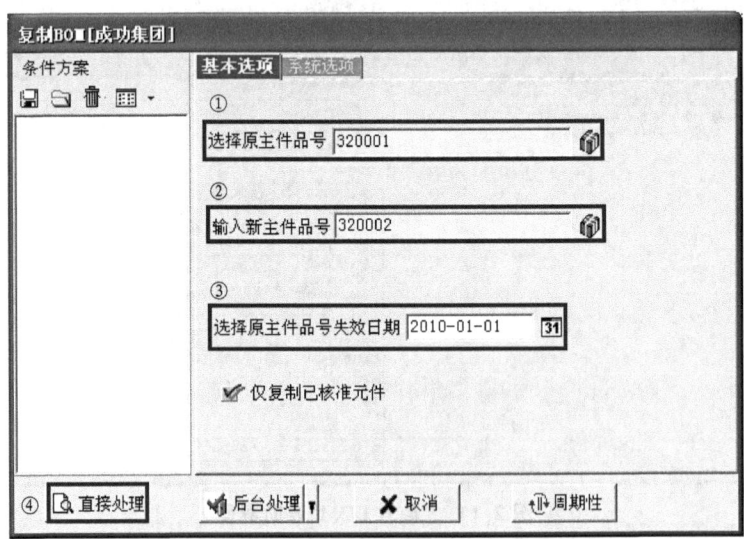

图2.15 "复制BOM"界面

② 在"输入新主件品号",输入新主件品号(即品号为 320002 的),该品号必须没有建过 BOM 数据,而且必须存在于"存货管理子系统"|"基础设置"|"录入品号信息"中。如图 2.15 所示。

③ 可输入"选择原主件品号失效日期"为"2010-01-01",则如果"主件品号 320001"单身元件的失效日大于输入失效日期或失效日为空白时才复制。例:主件品号 320001 会用到元件 190001 主开关连动板,若此元件的失效日期="2009-12-31",而"选择原主件品号失效日期=2010-01-01",系统将不会把元件 190001 复制到新架的 BOM 上,因为在"2010-01-01",此元件已失效;若此元件并未设定失效日期(失效日期是空白的),则此元件仍是有效的,系统就会把元件 110001 复制到新架的 BOM 上。如图 2.15 所示。

④ 最后单击"直接处理"即可。如图 2.15 所示。

⑤ 复制完后,研发人员就可以在"录入 BOM"里看到复制好的数据。如图 2.16 所示。

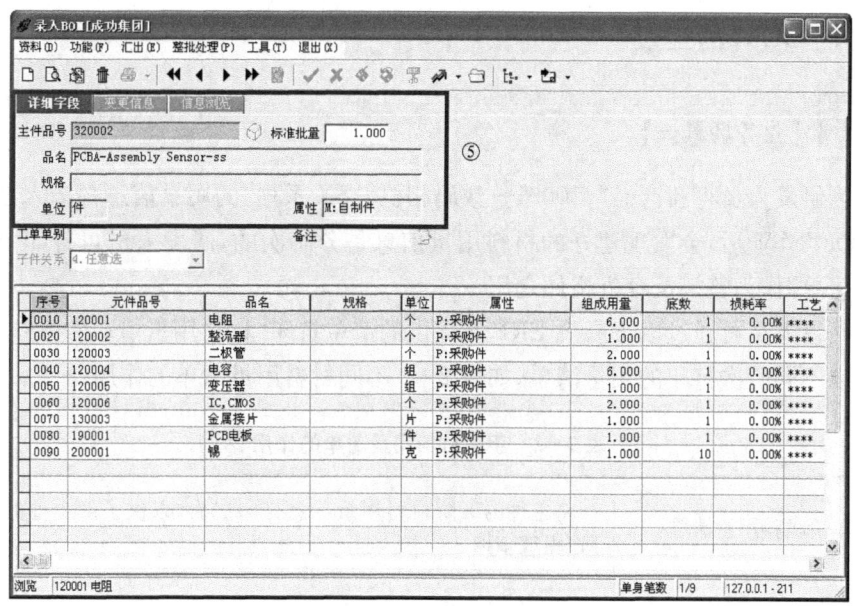

图 2.16 "录入 BOM"界面

步骤二:接着,研发人员可以针对有差异的部分进行微调,如:将原本序号"0010"的"120001 电阻"的数量由"6"改为"4"。如图 2.17 所示。

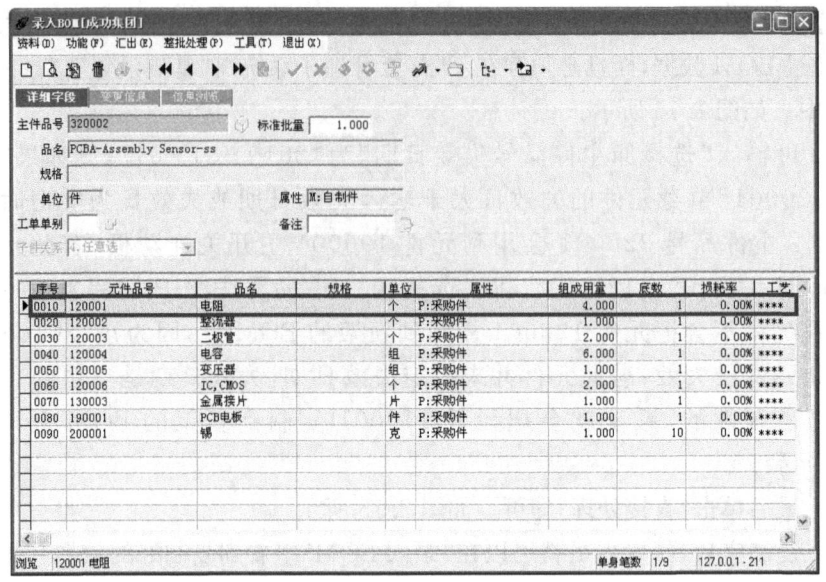

图 2.17 "录入 BOM"界面

2.3.4 BOM 的生效

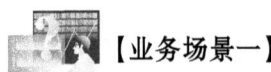【业务场景一】

当研发人员将新产品"410001—数码相机—SX 系列"的用量信息都输入至"录入 BOM"作业后,会发现建好的材料用量信息是分阶次的,研发人员可打印"材料用量清单"作为签核及存查文件之用。

研发人员可通过以下易飞 ERP 所提供的清单打印"材料用量清单",系统提供三种以不同阶次打印的用量清单,如表 2-2 不同材料用量清单的作用:

表 2-2 不同材料用量清单的作用

单阶材料用量清单	将主件的下阶材料用量信息打印成表,以供了解主件的"单阶"组成结构。
多阶材料用量清单	将主件的所有材料用量信息,以阶梯方式表达其多阶层次的材料组成结构,有助于了解主件的完整结构全貌。
尾阶材料用量清单	将主件的最低阶组成材料用量信息打印出来,有助于了解此主件的最原始组成料件的用量情形。

举例说明单阶、多阶、尾阶的区别,以图 2.18 为例:

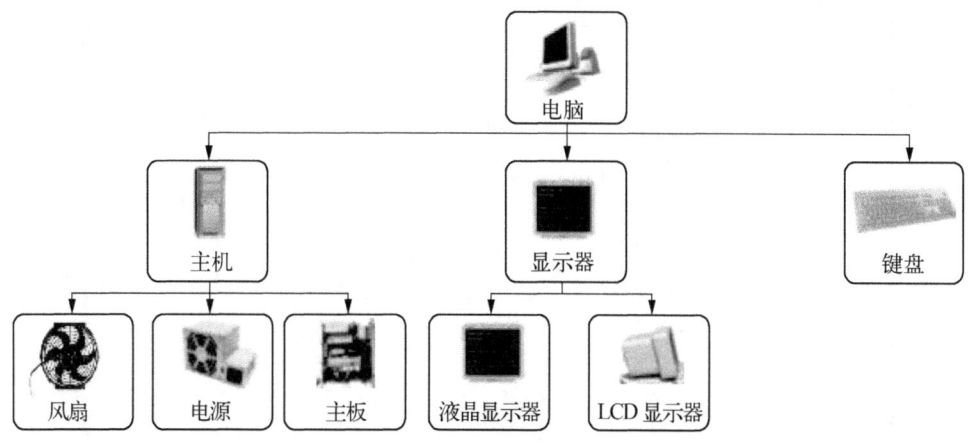

图 2.18 电脑架构图

■ 电脑的单阶用量,代表只呈现下一阶的品号,主机、显示器及键盘的信息。

■ 电脑的多阶,会呈现所有组成的品号,包含有主机、显示器、键盘、风扇、电源、主板、液晶显示器及映像管显示器的信息。

■ 电脑的尾阶,会呈现最终使用的品号,包含有风扇、电源、主板、液晶显示器、映像管显示器及键盘的信息。

【目的】

"材料用量清单"签核后,研发单位可将副本呈送生管部门、生产部门、财务部门及采购部门,以方便相关人员随时翻阅备查之用。

【操作步骤】

步骤一:以"多阶材料用量清单"为例,在"多阶材料用量清单"界面上进行设置,然后单击"直接查询"。如图 2.19 所示。

步骤二:报表产出结果,如图 2.21 所示。

【业务场景二】

若研发人员想要检查有哪些成品或半成品会用到某一料件,可在系统中打印三种以不同阶次打印的报表查看,如表"2-3 不同材料用途清单的作用":

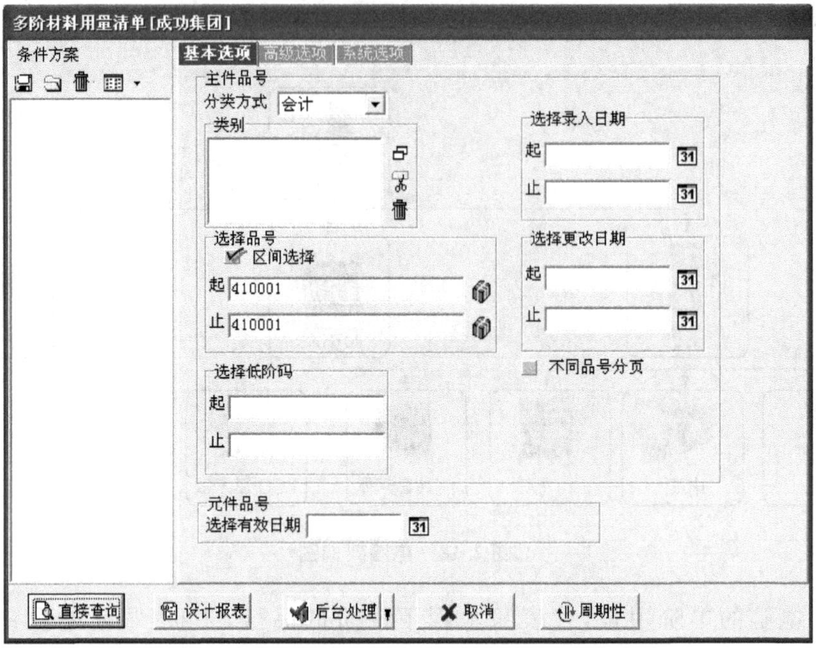

图 2.19 "多阶材料用量清单"界面

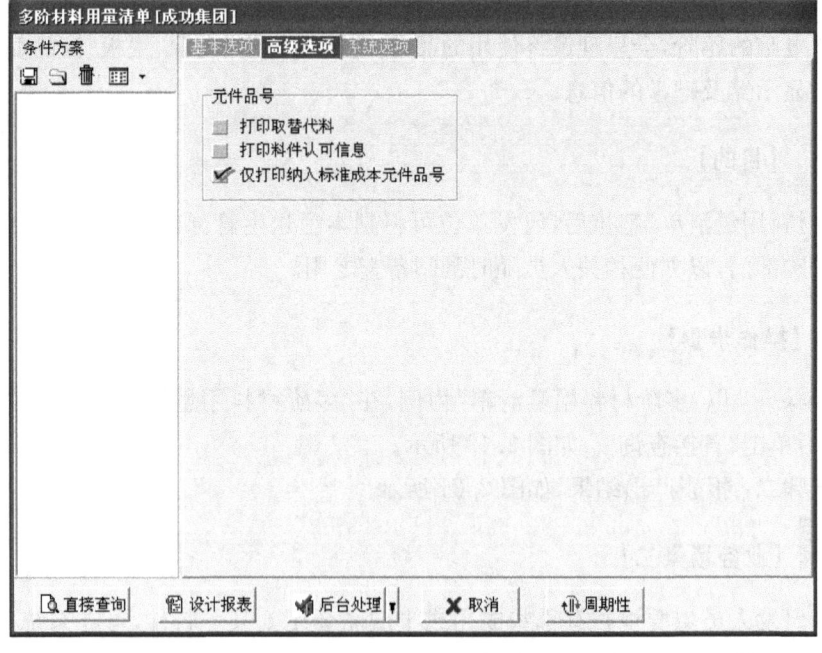

图 2.20 "多阶材料用量清单"界面

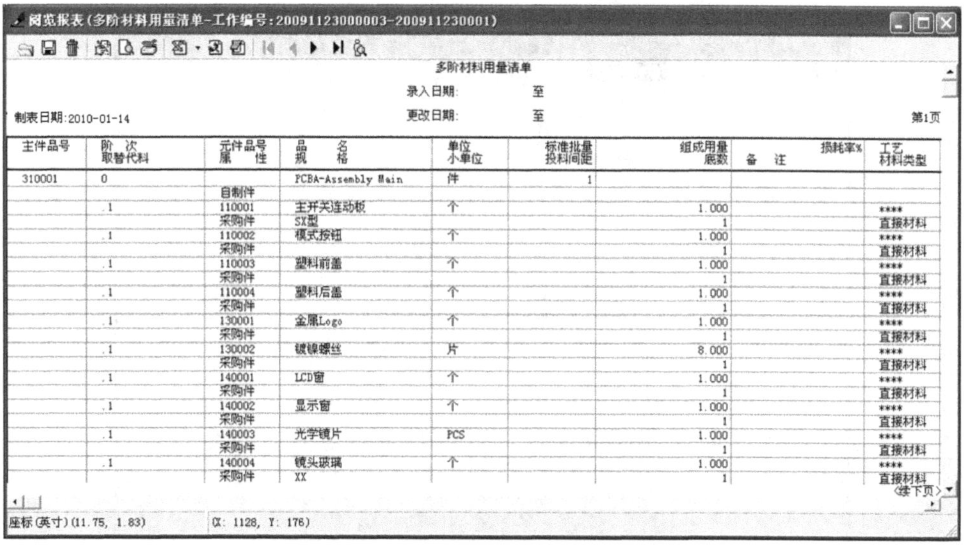

图 2.21 "多阶材料用量清单"报表界面

表 2-3 不同材料用途清单的作用

单阶材料用途清单	将料件组成上一阶的各主件用量信息打印成表,以供了解料件的单阶用途情形。
多阶材料用途清单	将料件组成的所有主件信息,以锯齿式方式表达其多阶层次的用途情形,有助于了解料件的完整用途。
尾阶材料用途清单	将料件组成的最终主件数据打印出来,有助于了解料件的最终用途。

【操作步骤】

步骤一:以"多阶材料用途清单"为例,在"多阶材料用途清单"界面上进行设置,然后单击"直接查询"。如图 2.22 所示。

步骤二:报表产出结果,如图 2.24 所示。

2.3.5 计算低阶码

【目的】

执行此作业的目的是为了确认各品号"低阶码"的正确性,而"低阶码"的功用,主要是方便计算机计算统计用,在生成生产计划时展开 BOM 并控制结束指标。

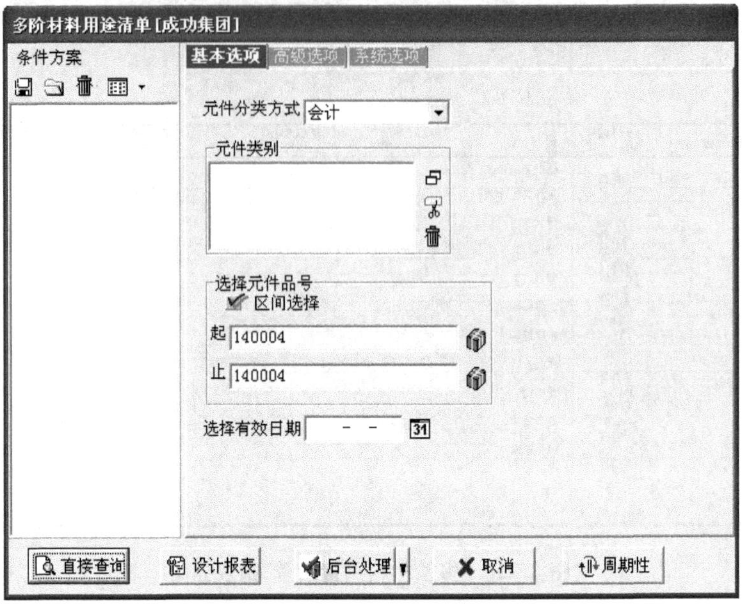

图 2.22 "多阶材料用途清单"界面

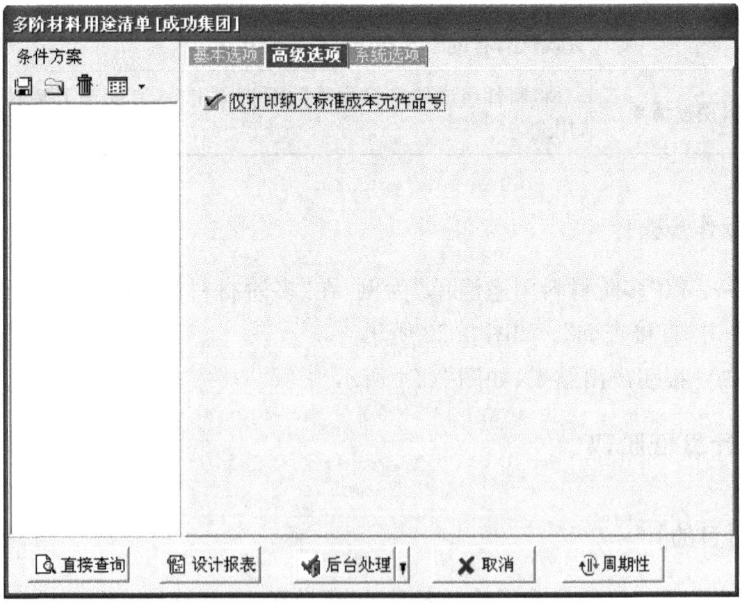

图 2.23 "多阶材料用途清单"界面

阅览报表(多阶材料用途清单-工作编号:20091123000004-200911230001)

多阶材料用途清单

制表日期:2010-01-14　　第1页

元件品号	阶次	主件品号 品名 规格	单位 小单位 属性	标准批量 投料间距	组成用量 底数 损耗率	工艺 材料类型	生效日期 失效日期	标准成本计算 备注	插件位置1 插件位置2 插件位置3
110001	0		个						
		主开关连动板							
		SX型	采购件						
	.1	310001	件	1.000	1.000	****		纳入标准成本	
		PCBA-Assembly Main			1	直接材料			
			自制件						
	..2	410001	台	1.000	1.000	****		纳入标准成本	
		数码相机-SX系列			1	直接材料			
		500万像素	自制件						
	..2	420001	台	1.000	1.000	****		纳入标准成本	
		数码相机-SS系列			1	直接材料			
			自制件						
110002	0		个						
		模式按钮							
			采购件						
	.1	310001	件	1.000	1.000	****		纳入标准成本	
		PCBA-Assembly Main			1	直接材料			
			自制件						
	..2	410001	台	1.000	1.000	****		纳入标准成本	
		数码相机-SX系列			1	直接材料			
		500万像素	自制件						
	..2	420001	台	1.000	1.000	****		纳入标准成本	
		数码相机-SS系列			1	直接材料			
			自制件						
110003	0		个						
		塑料前盖							
			采购件						
	.1	310001	件	1.000	1.000	****		纳入标准成本	
		PCBA-Assembly Main			1	直接材料			
			自制件						
	..2	410001	台	1.000	1.000	****		纳入标准成本	
		数码相机-SX系列			1	直接材料			
		500万像素	自制件						
	..2	420001	台	1.000	1.000	****		纳入标准成本	
		数码相机-SS系列			1	直接材料			
			自制件						

<续下页>

座标(英寸)(8.56, 5.33)　(X: 822, Y: 512)

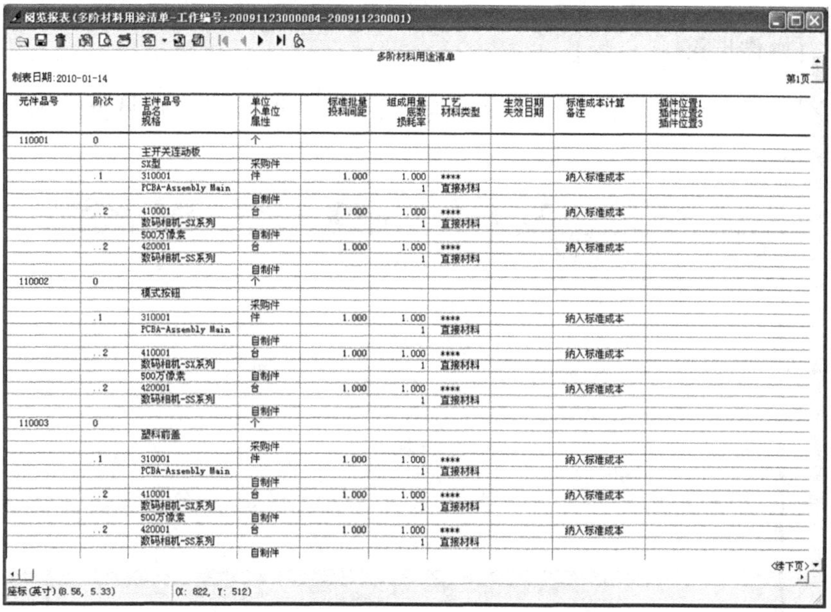

图 2.24　“多阶材料用途清单”报表界面

如：A1 的产品用量表，A1 的阶码是第 00 阶；B、C 是第 01 阶；D、E 是第 02 阶。另一成品 A2，其半成品 B 的阶码在 A2 的产品用量表中是第 02 阶，但是在 A1 的产品用量表中，半成品 B 的阶码是第 01 阶，因此 B 的低阶码会以最低的阶码 02 来呈现。如图 2.25 所示。

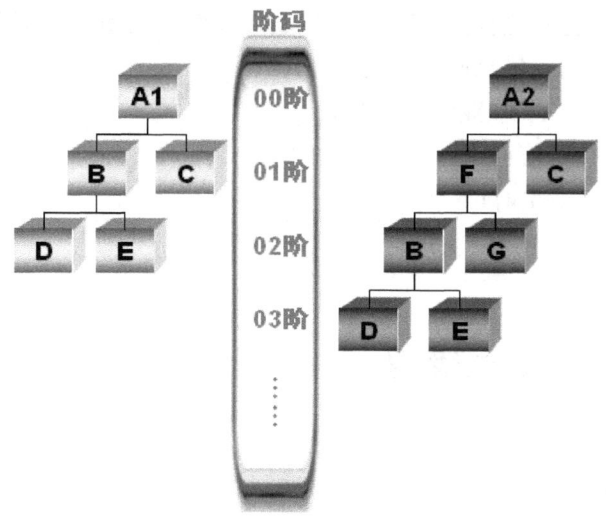

图 2.25　低阶码

【操作步骤】

步骤一：从作业清单执行"产品结构子系统"|"批处理"|"计算低阶码"。如图 2.26 所示。

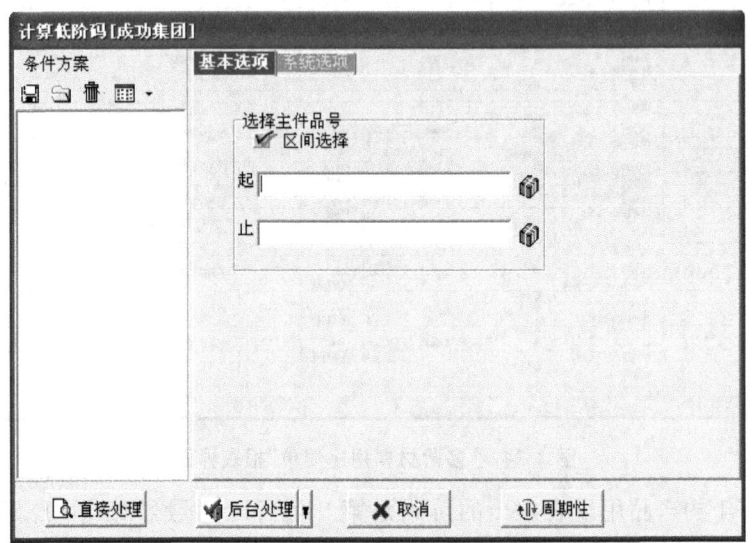

图 2.26 "计算低阶码"界面

【作业重点】

使用者可不"选择主件品号"，就单击"直接处理"。系统会将计算完的结果，回写到"录入品号信息"的"低阶码"字段。

执行"计算低阶码"作业的时机如下：
- 建立新 BOM 信息后；
- 遇有 BOM 变更时；
- 执行生产计划前。

2.4 BOM 的变更管理

【目的】

企业的产品不会一成不变，尤其在快速求变的时代里，产品的生命周期

(Product Lifecycle)更是短暂,各家企业的研发部门,无不全力以赴,努力研发新产品,以应对市场变化与需求,相形之下"BOM变更管理"就显得格外重要,为了留下BOM变更的记录,并符合内部控制制度。企业通常不会直接在"录入BOM"里修改变更数据,而是通过"录入BOM变更单"来保留修改记录,具体修改方式可以由手动或批次两种来完成。

2.4.1 作业流程

图2.27为一般企业遇到BOM变更时的作业流程:

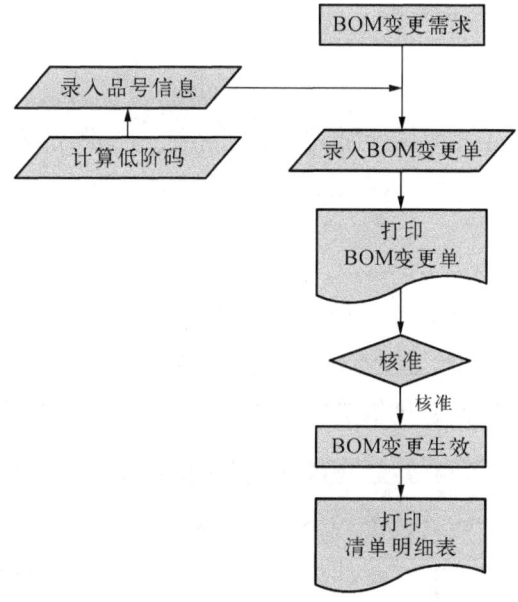

图2.27 一般企业变更BOM的流程图

BOM用量资料有变更需求时,研发人员可以在"产品结构子系统"|"录入BOM变更单",将工程变更的结果输入,若变更的用料是新品号,必须按照品号编码原则,申请新品号。申请核准后,将新品号信息输入到"存货管理子系统""录入品号信息",才可进行BOM变更作业的输入。建好的BOM变更信息,可以打印"BOM变更单"凭证,让研发部门主管签核,研发部门主管须至"录入BOM变更单"里,单击"审核",该变更BOM结构开始生效;研发人员也须将审核通过的变更信息打印成表,将副本送交相关部门,并留正本在该部门存查。最后,为了维护各品号的低阶码,还须执行"产品结构子系统"、"计算低阶码",让系统自动将产品的低阶码重新计算。

2.4.2 手动变更

【业务场景】

成功科技的研发部在前一阵子经客服部反应后,确定"数码相机—SX 系列"的镜头,有松动的可能性问题存在,经过一段时间的测试,针对其中半成品"310001—PCBA—Assembly Main"进行改良,改良内容是增加 2 颗镀镍螺丝,增加镜头稳定性,经过测试,也确认问题已获得改善,于是研发部于 1 月 14 日正式变更"数码相机—SX 系列"的原产品用量表。

【操作步骤】

步骤一:从系统主界面执行"产品结构子系统"|"录入 BOM 变更单"作业,进入到"录入 BOM 变更单"界面,点击新增后,开始输入 BOM 变更信息。

【作业重点】

① 可直接输入"变更单别",或按 F2 键开窗查询(须在"设置产品结构单据性质"里设好"单据性质=41:BOM 变更单据"的 BOM 变更单),由系统带出"单据日期"为系统日期,"变更单号"则依单据性质设定编号。如图 2.28 所示。

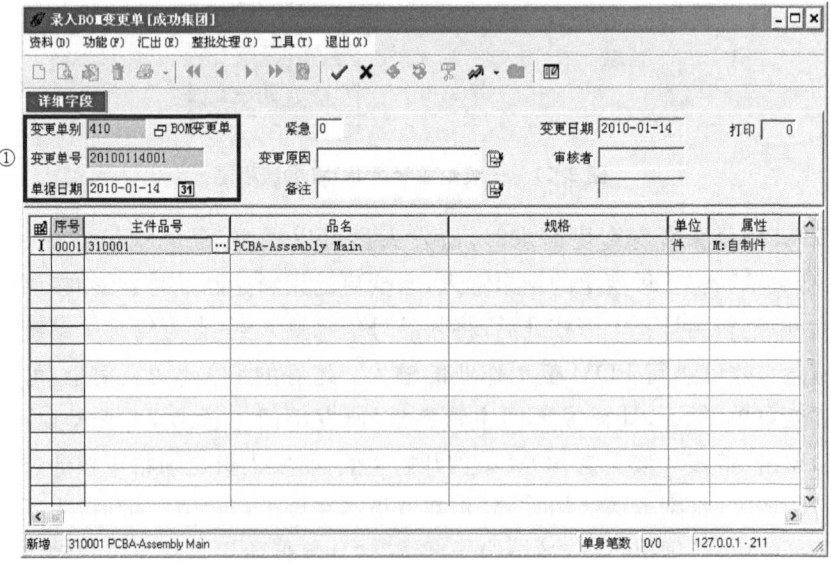

图 2.28 "录入 BOM 变更单"界面

步骤二：在"主件品号"的字段，输入此次要修改的主件品号。

② 输入主件品号"310001—PCBA—Assembly Main"，"品名、规格、单位……"等信息，都不需手动输入，由系统带出默认值。如图 2.29 所示。

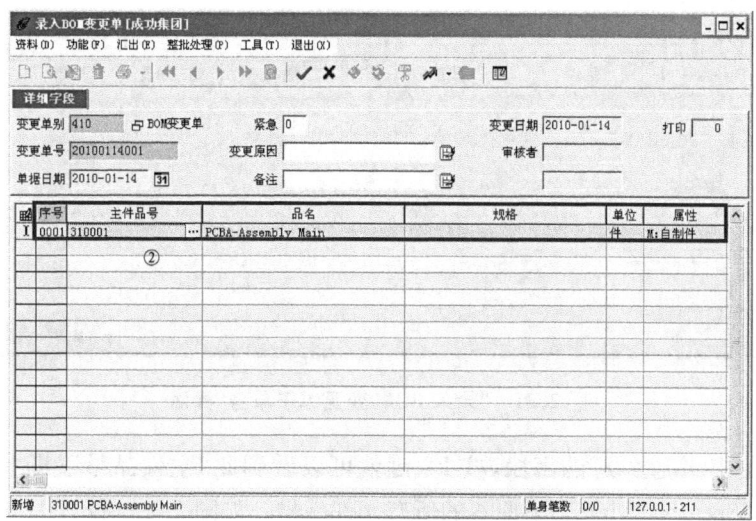

图 2.29 "录入 BOM 变更单"界面

③ 由于这是我们第一次修改"310001"这个主件品号，所以会在"版本"字段，看到"0001"。另外，也可以在"变更原因"字段输入此次变更的原因，如"增加螺丝"。如图 2.30 所示。

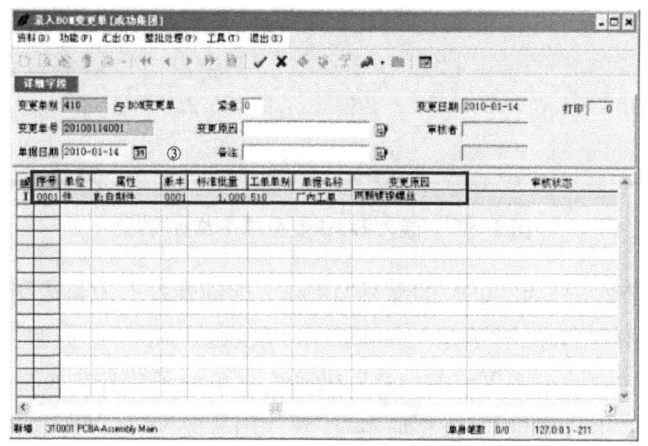

图 2.30 "录入 BOM 变更单"界面

步骤三：单击单身左上角的"工程变更单子单身"，输入变更品号的信息。

④ 单击单身左上角的"工程变更单子单身"，如图 2.31 所示，弹出窗口后须单

击"维护",开始输入要变更哪些元件。

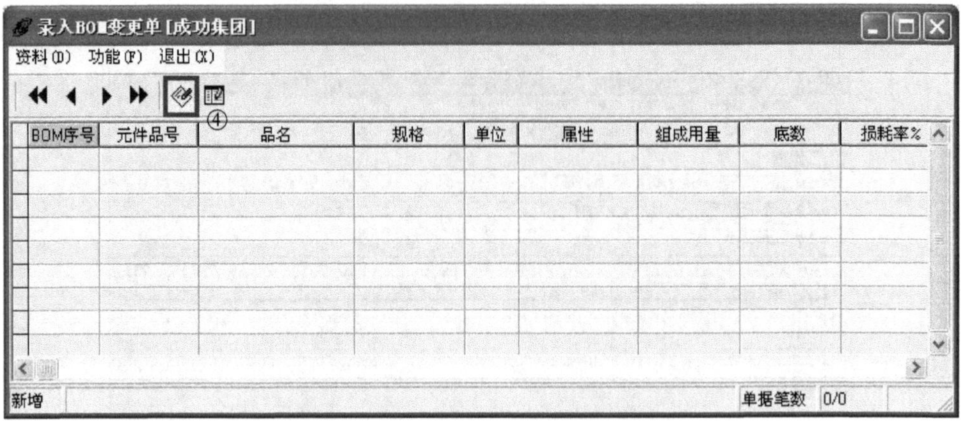

图 2.31 "录入 BOM 变更单子单身"界面

⑤ 在"BOM 序号"的字段,按 F2 键就可以看到此"主件品号"(即"310001—PCBA—Assembly Main")下原本的所有元件品号。如图 2.32 所示。

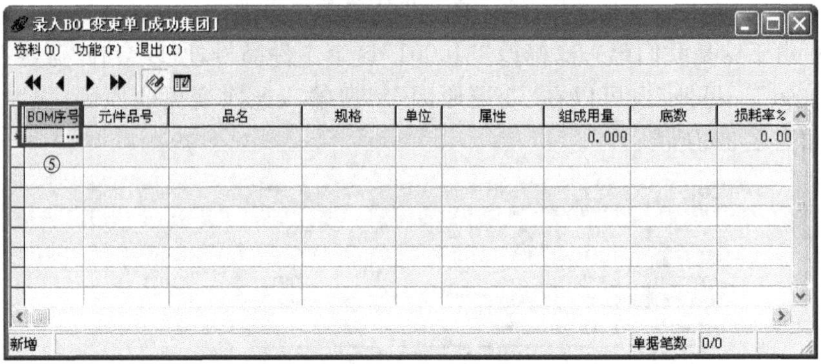

图 2.32 "录入 BOM 变更单子单身"界面

⑥ 选择修改序号为"0060"的品号"130002 镀镍螺丝",原组成用量为"8",须增加使用 2 颗,选好后,单击"确定"。如图 2.33 所示。
⑦ 系统将"原始未变更前的信息",带到变更单的子单身。如图 2.34 所示。
⑧ 直接在"组成用量"字段将原本"8"颗的用量改为"10"颗。如图 2.35 所示。
⑨ 单击"维护",表示不再维护信息;单击右上角的"关闭",离开"维护变更单子单身"的画面。如图 2.36 所示。

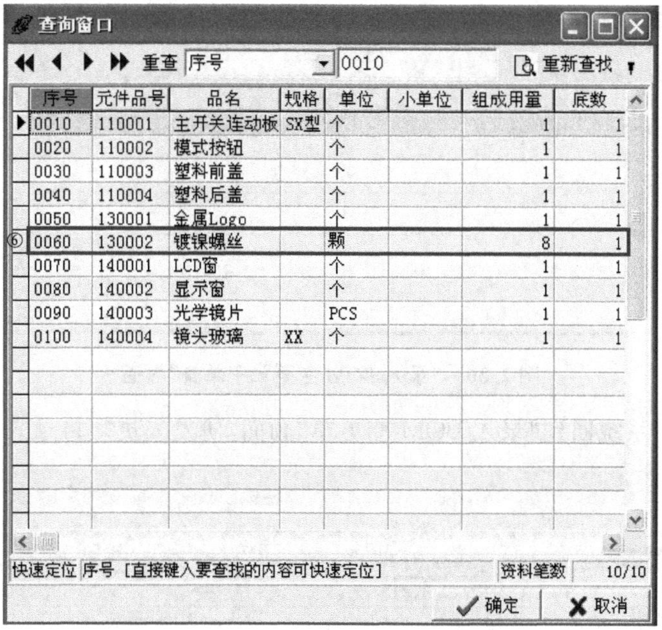

图 2.33　"录入 BOM 变更单子单身"界面

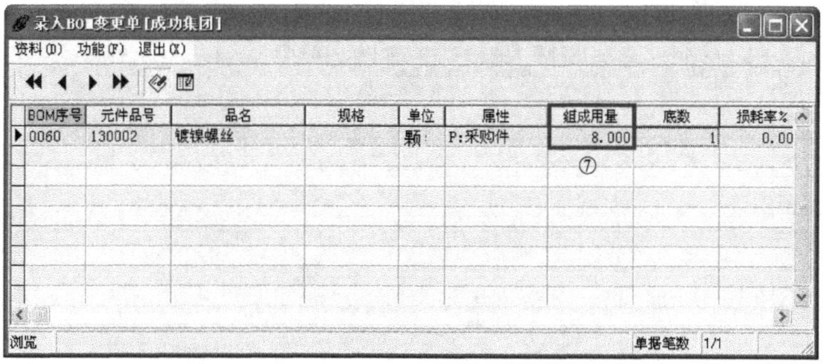

图 2.34　"录入 BOM 变更单子单身"界面

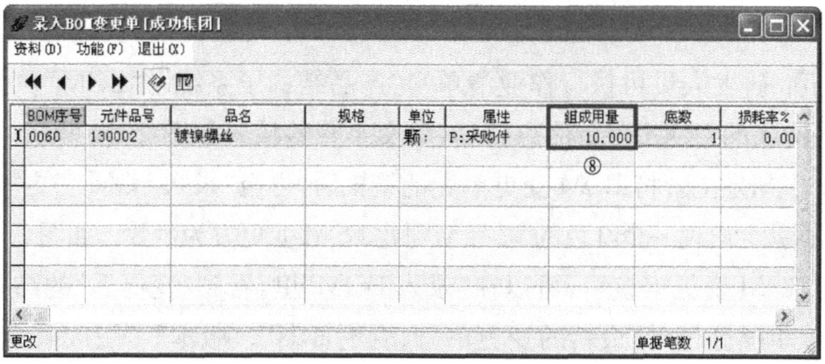

图 2.35　"录入 BOM 变更单子单身"界面

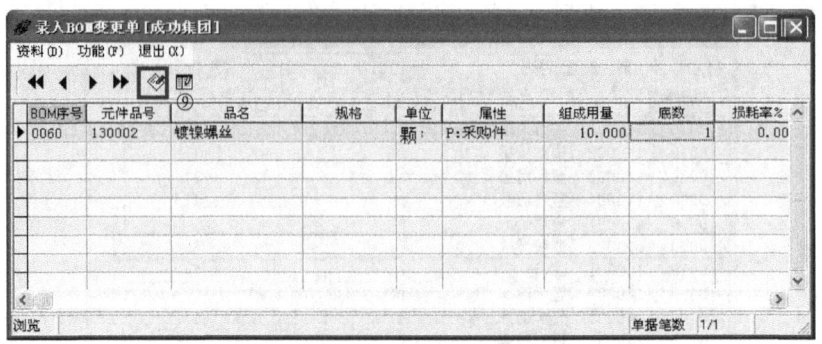

图 2.36 "录入 BOM 变更单子单身"界面

步骤四：系统回到"录入 BOM 变更单"画面，研发人员须将录入的信息保存。如图 2.37 所示。

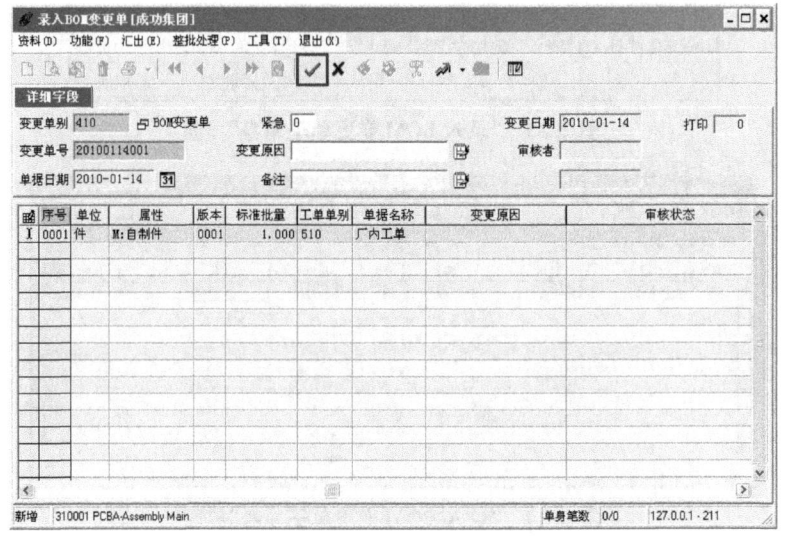

图 2.37 "录入 BOM 变更单"界面

步骤五：研发人员可执行作业清单里"产品结构子系统"|"BOM"|"打印 BOM 变更单"将输入的 BOM 变更信息打印，呈交主管签核。如图 2.38 所示。

步骤六：研发主管将 BOM 变更单凭证签核后，再至"录入 BOM 变更单"里，单击"审核"，单据就会出现一个红色的"核"字，则此 BOM 变更方为生效。如图 2.39 所示。

⑩ 当 BOM 变更审核后，可以在"录入 BOM"里，看到"变更后"的结果，同时也可以看到该单据会记录"最新的变更单号、变更日期"、"版本"、"更改日期"，及单身变更好的用料信息。如图 2.40 所示。

第 2 章 产品结构子系统

制表日期:2010-01-14			BOM变更单			页次: 1/1	
单别：410 BOM变更单		变更原因:两颗镀镍螺丝			紧急码：0		
单号：20100114001-0001		备　注：			审核码：N		
单据日期：2010-01-14							
新主件品号：310001		件/		原主件品号：310001		件/	
品　名：PCBA-Assembly Main				品　名：PCBA-Assembly Main			
规　格：				规　格：			
版　次：0001		属　性：自制件		版　次：0000		属　性：自制件	
标准批量：1				标准批量：1			
工单别：510 厂内工单				工单别：510 厂内工单			
审核状态：							
序号	元件品号 品　名 规　格 属　性	单位 小单位 工艺 投料间距	组成用量 底数 损耗率% 材料类型	生效日期 失效日期 可选特性设置 标准成本计算	插件位置 变更原因 插件位置1 插件位置2	插件位置3 插件位置4 插件位置5	
0001 0060 变更后	130002 镀镍螺丝 采购件	颗 ****	10.00 1 0.000 0 直接材料	N Y			
	130002 镀镍螺丝 采购件	颗 ****	8.000 1 0.000 0 直接材料	N Y			
	以下空白//						

图 2.38 "BOM 变更单"报表界面

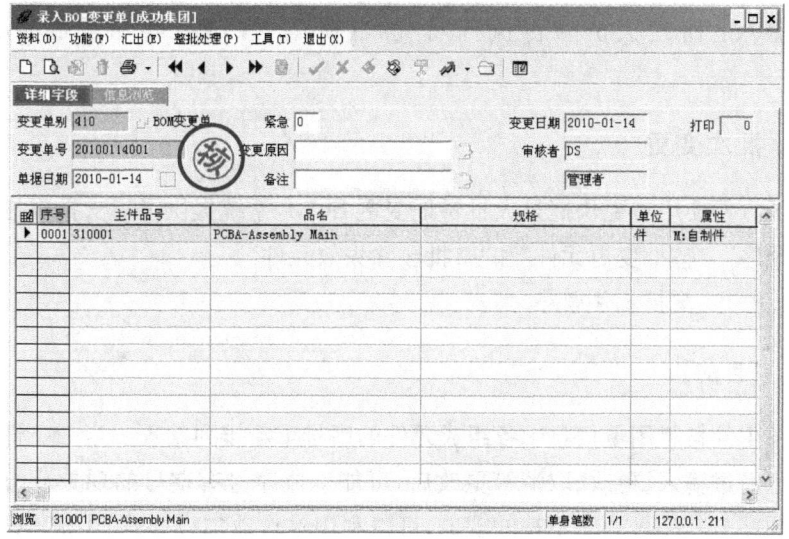

图 2.39 "录入 BOM 变更单"界面

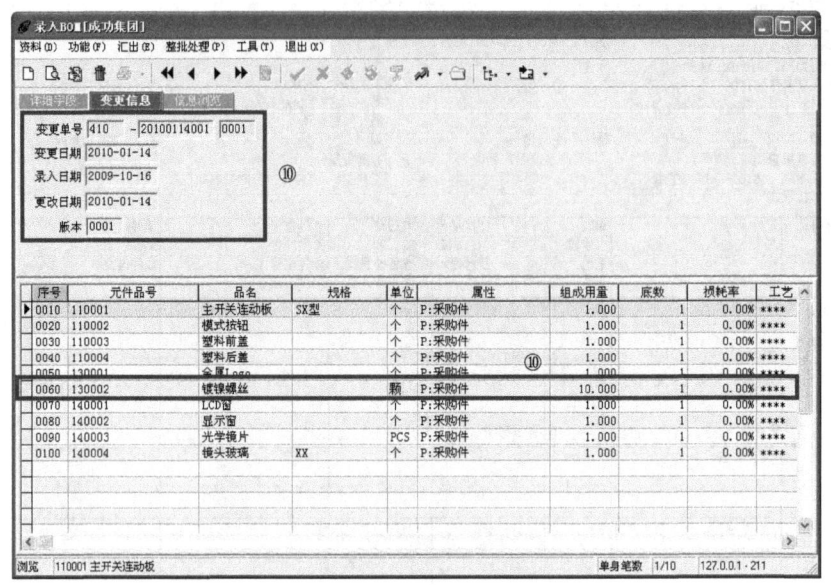

图 2.40 "录入 BOM"界面

⑪ 若要查询变更前的数据,可以在"工程变更单子单身"里,先点选一个变更后的品号,如:"130002 镀镍螺丝",单击"查询原元件品号信息",就可以看到"变更前元件品号及其数据"了。如图 2.41 所示。

步骤七:研发人员须将副本送交相关部门,并留正本在本部门存查。

步骤八:研发人员须再执行"计算低阶码"以确保各品号低阶码的正确性。

2.4.3 批次变更

为了方便使用者更快捷且大批量地变更 BOM,系统提供了三支批次作业:"重排元件顺序"、"整批变更元件"和"整批删除失效元件"。

2.4.3.1 重排元件顺序

【目的】

将各主件材料用量信息中各组成元件的序号重新排列整理。当一主件的材料用量信息经过输入、更改、取消等更改后,可能生成序号有空号的现象或组成元件的序号顺序与其品号顺序不符的现象,可以利用本作业加以整理,生成 BOM 变更单。图 2.42 就是可以选择的两种排列方式。

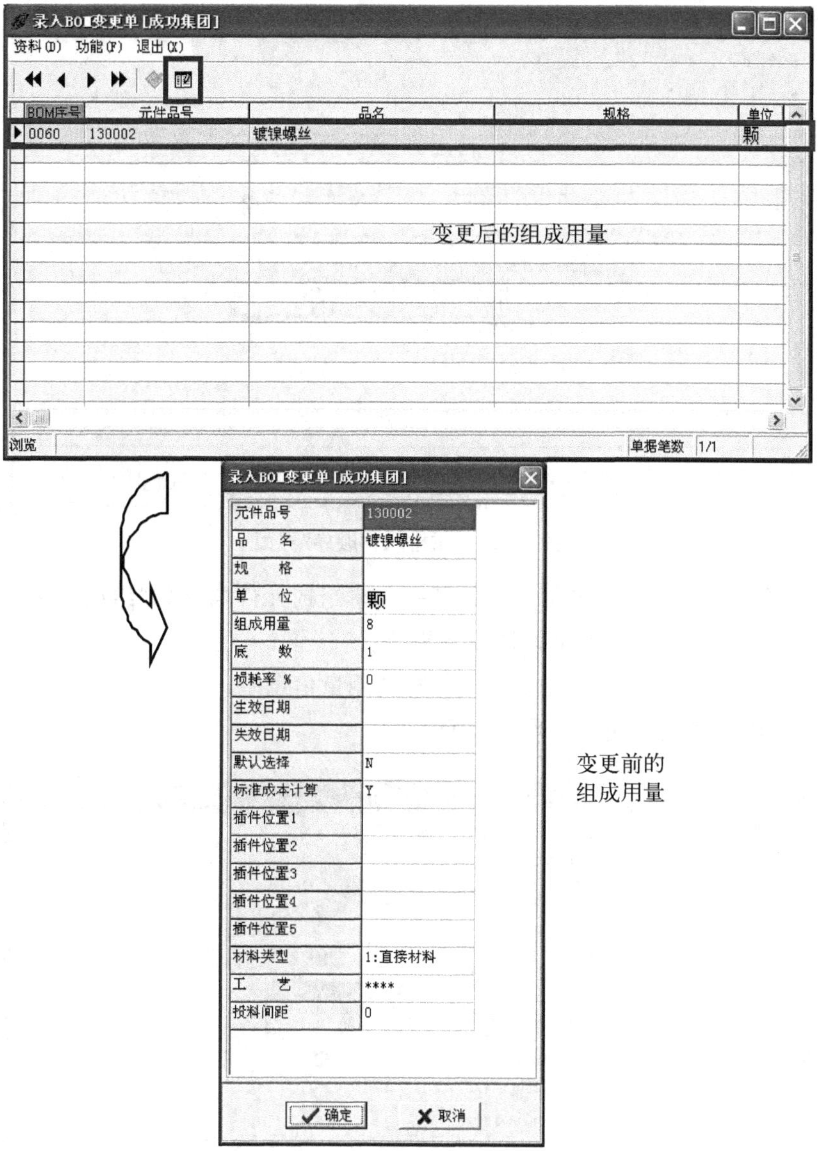

第 2 章　产品结构子系统 | 41

图 2.41 "录入 BOM 变更单子单身"界面

2.4.3.2　整批变更元件

【目的】

(1) 将各主件材料用量信息中的某一共享组成元件信息删除。
(2) 将各主件材料用量信息中的某一共享组成元件更改为另一元件。

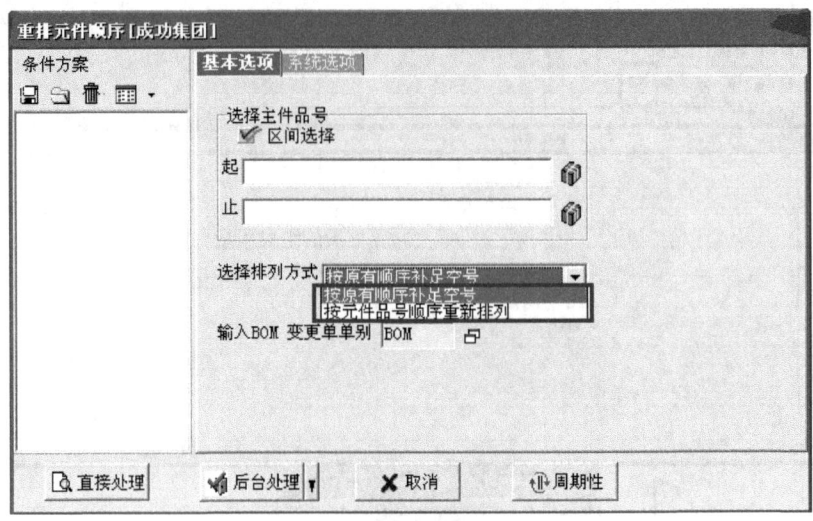

图 2.42 "重排元件顺序"界面

(3) 将各主件材料用量信息中的某一共享组成元件信息如"组成用量","损耗率","生效日","失效日"等字段做整批更改。

(4) 将某一组成元件新增至各主件材料用量信息中。

图 2.43 为整批变更元件作业界面。

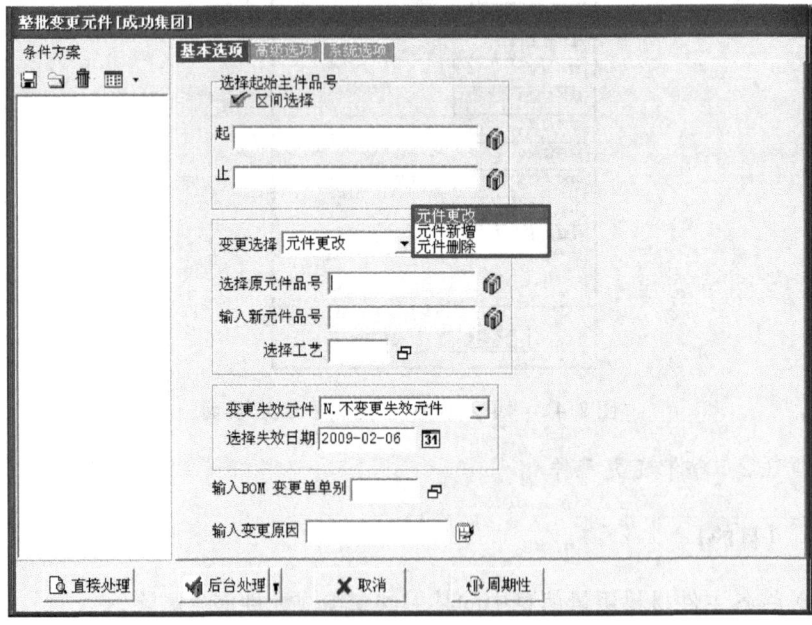

图 2.43 "整批变更元件"界面

【业务场景】

为了使相机使用者携带方便,现需要在数码相机的配件中新增配元件——皮绳,故研发人员需要利用"整批变更元件"作业在所有型号的数码相机中新增190017皮绳元件。

【操作步骤】

步骤一:从系统主界面执行"产品结构子系统"|"整批变更元件",选择需要新增皮绳的所有主件品号。如图2.44所示。

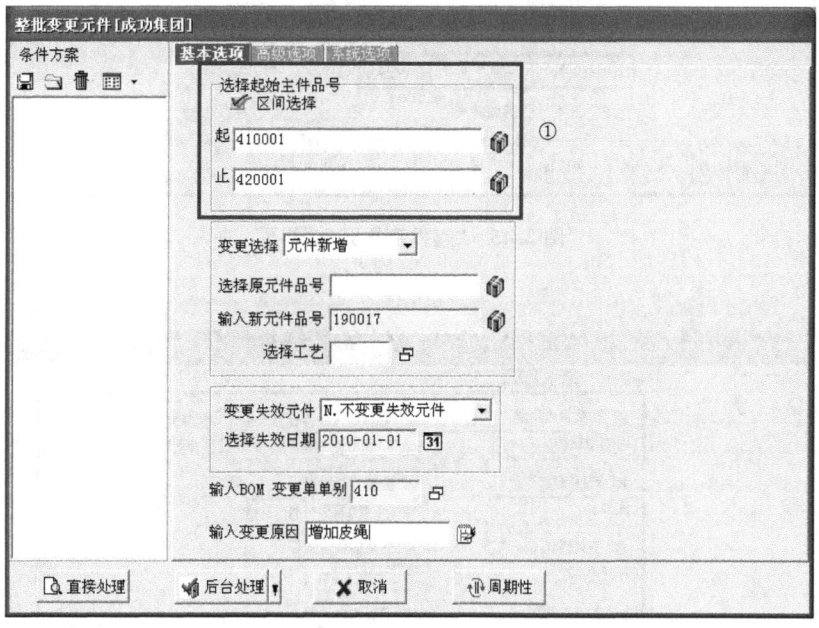

图2.44 "整批变更元件"界面

步骤二:选择变更的类型、新增的元件品号。如图2.45所示。

步骤三:输入BOM变更单单别,审核后,该修改后的BOM才生效。如图2.45所示。

步骤四:输入新增元件的明细信息,包括组成用量,生效日期等。如图2.46所示。

步骤五:当BOM变更单审核后,所有的相机都成功增加新的元件。如图2.47所示。

图 2.45 "整批变更元件"界面

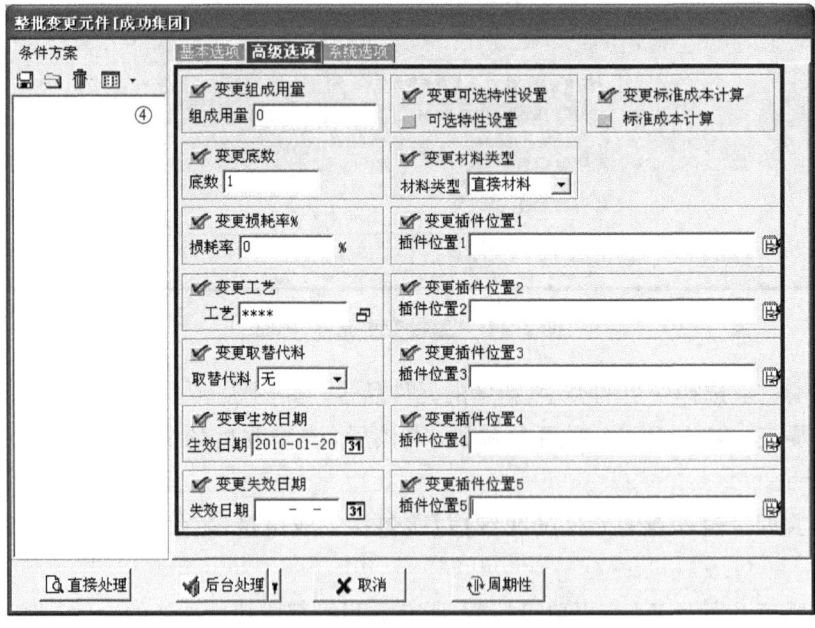

图 2.46 "整批变更元件"界面

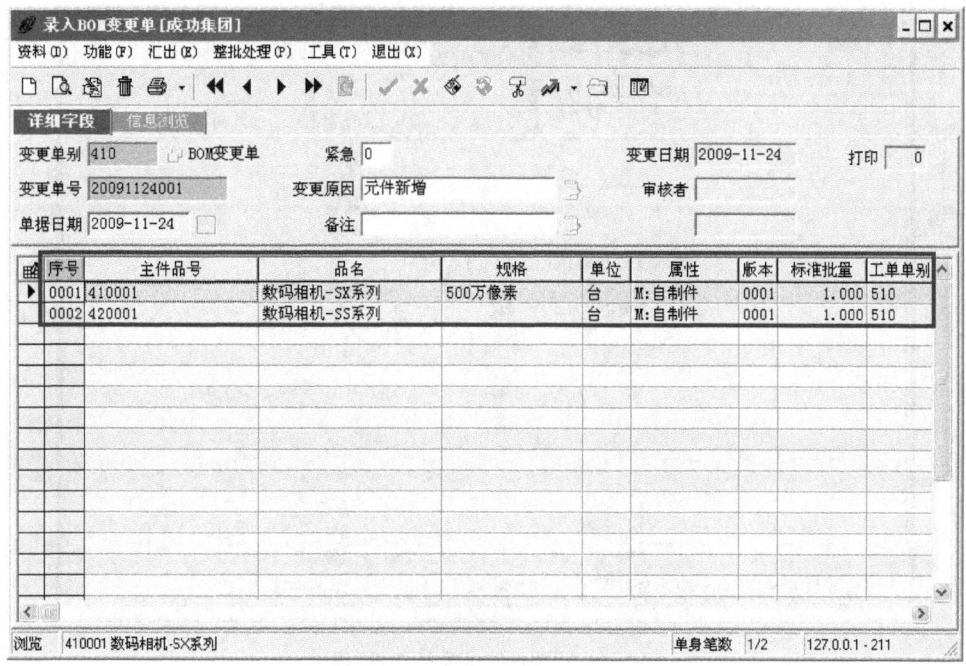

图 2.47 "整批变更元件"界面

2.4.3.3 整批删除失效元件

【目的】

将各主件的材料用量信息中的失效元件信息予以整批删除用以节省保存空间,同时将材料用量信息加以清理以免混杂难以阅览。图 2.48 为整批删除失效元件作业界面。

2.5 组合与拆解管理

【目的】

对于较多买卖流通业的企业来说,为了进行商品买卖的促销,会在节假日将两件或两件以上的商品捆绑销售,例如将数码相机与镜头刷捆绑销售,以此方式更好地推广商品,增加销售量,当日常销售时,又会将捆绑的商品进行拆分销售。这时

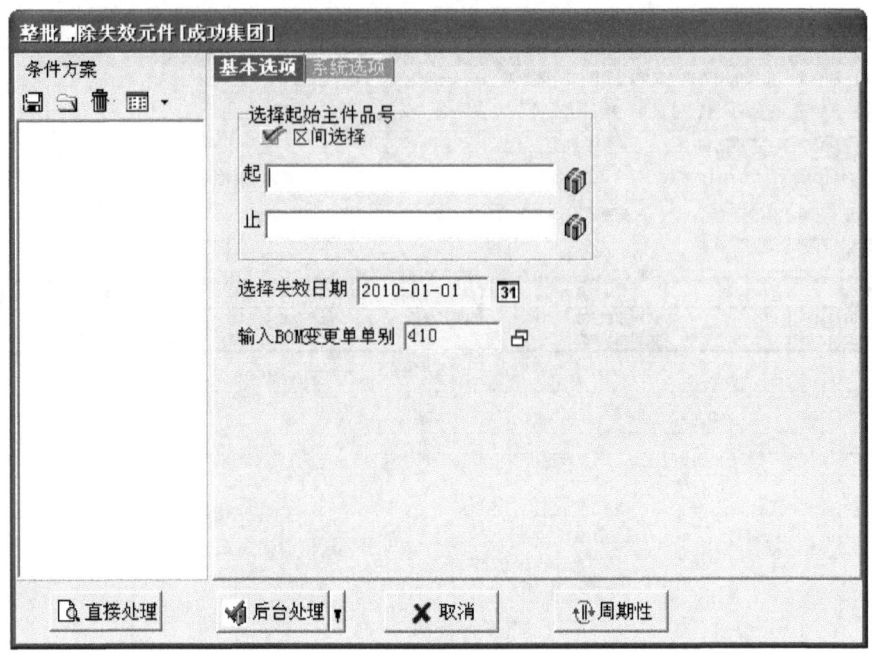

图 2.48 "整批删除失效元件"界面

就需要进行将商品组合和拆分的步骤,在易飞 ERP 系统中,系统提供"录入组合单"和"录入拆解单"来实现该流程的发生。

2.5.1 组合作业流程

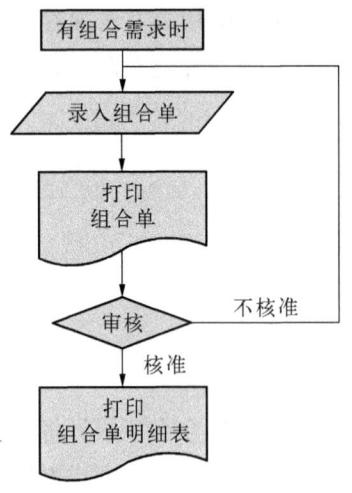

图 2.49 一般企业组合流程

一般企业的商品组合流程,如图 2.49 所示。

有商品组合需求时,须将组合信息记录到"录入组合单";"打印组合单",交给主管审查并通知仓库备料组合,若需调整组合内容,要回到"录入组合单"中进行数据的修改;主管审查无误且仓管人员也将品号组合完成,仓管主管须将"录入组合单"进行审核完成,后续打印"组合单明细表"给相关部门留底存查。

2.5.2 组合

【业务场景】

行销会议中,为了庆祝新年的到来,成功集团

业务部拟定一个促销活动"相机促销礼包",促销商品是品号 410001 的"数码相机—SX 系列",赠送品号为 190018 的镜头刷,促销数量是 100 组,促销期间从 2 月 13 日至 2 月 20 日为止。故业务部门必须在系统中录入组合单。

【操作步骤】

步骤一:从作业清单执行"产品结构子系统"│"组合拆解"│"录入组合单"作业,进入到"录入组合单"界面,点击新增,开始输入组合单的信息。

【作业重点】

① 可直接输入"组合单单别",或按 F2 键开窗查询(须在"设置产品结构单据性质"里设好"单据性质=42:组合单单据"的组合单),由系统带出"单据日期"为系统日期,"组合单号"则依单据性质设定编号。输入成品品号即组合后的新产品,系统默认带出品名和规格,成品数量输入组合后的新商品数量。如图 2.50 所示。

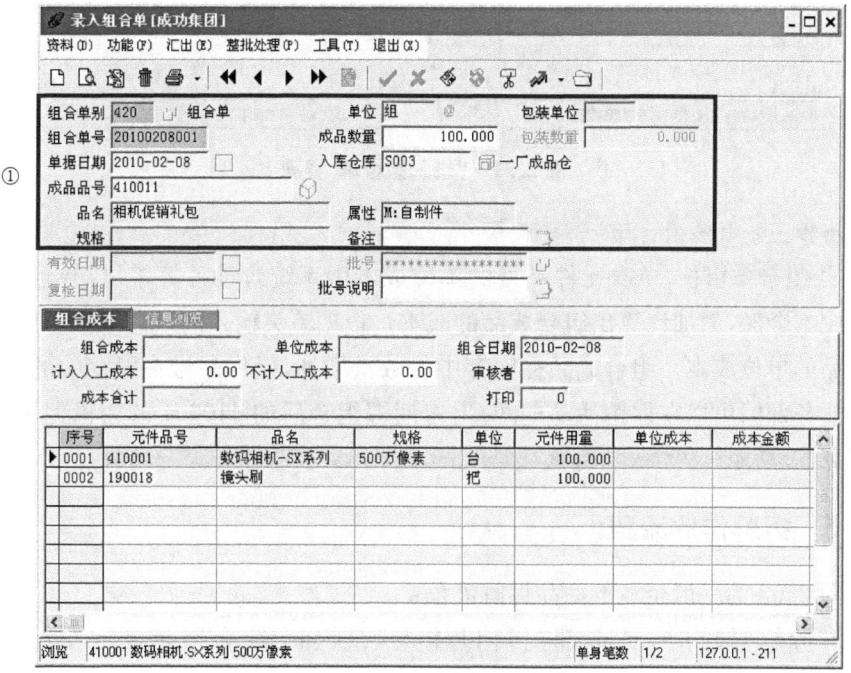

图 2.50 "录入组合单"界面

步骤二:进入单身,输入组合元件的信息。

② 可直接输入或按 F2 键开窗选择需要组合的元件品号、品名、规格等信息会由系统默认带出,输入组合成品需要的元件数量。如图 2.51 所示。

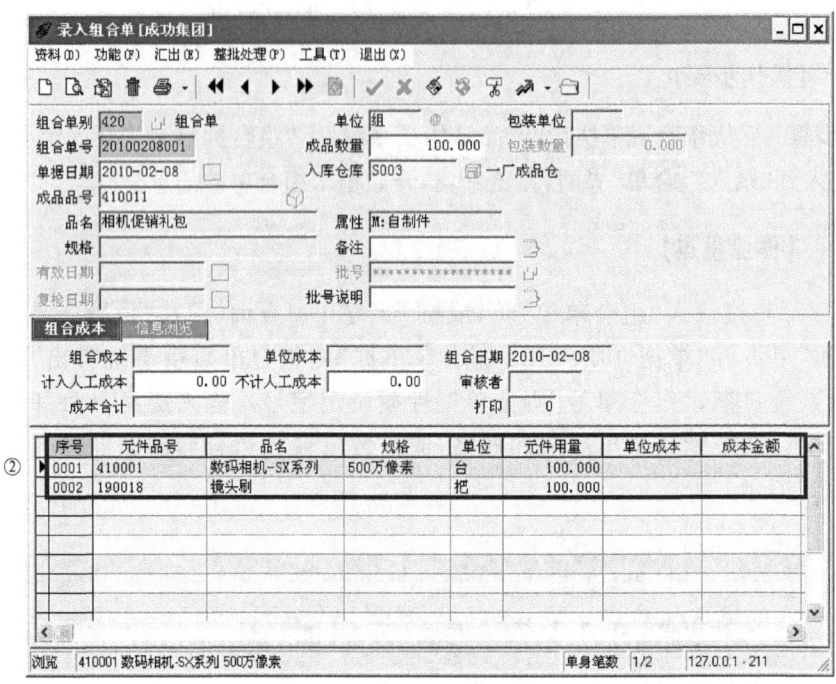

图 2.51 "录入组合单"界面

步骤三:审核组合单。

③ 组合单审核,单身元件品号的单位成本由系统自动计算带出,并且计算元件的成本金额,累加计算出组合成品的成本。根据单头输入的成品数量,计算出组合成品的单位成本。组合成品在库存中的数量增加,元件品号在库存中的数量减少。业务部门可以在促销活动期间,出售捆绑组合后的 410001 的相机促销礼包。如图 2.52 所示。

2.5.3 拆解作业流程

图 2.53 为一般企业的商品拆解流程:

有拆解需求时,负责部门可以输入"录入拆解单",并执行"打印拆解单",交给主管审查并通知仓库按照拆解单上的料件进行拆解。若需调整拆解单内容,要回到"录入拆解单"中进行数据的修改。拆解单完成,仓管人员将拆解后的料件个别入库,并由主管将录入拆解单做审核,负责单位可以打

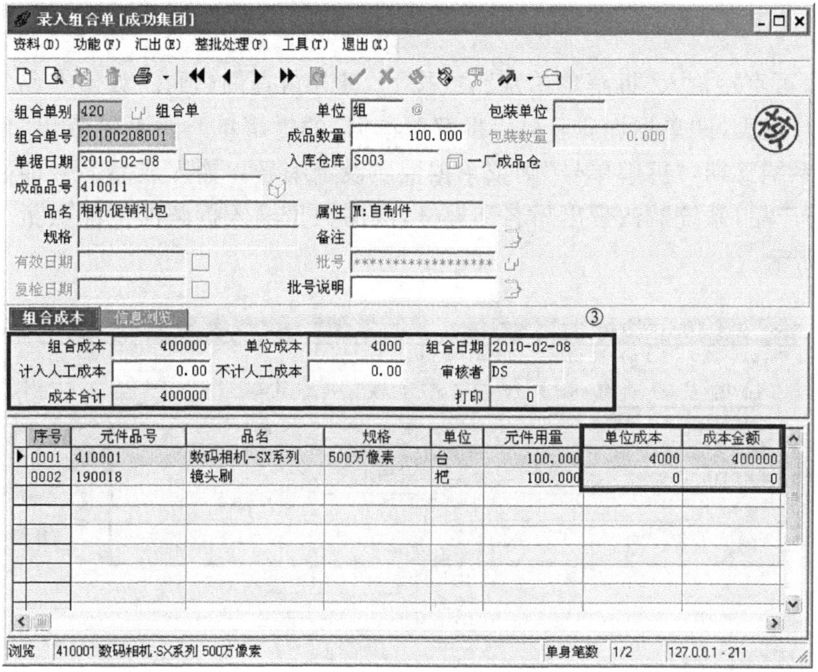

图 2.52 "录入组合单"界面

印"组合单明细表"给相关部门留底存查。

2.5.4 拆解

【业务场景】

新年过后,业务部统计"相机促销礼包"的销售数量,尚有 2 组未销售完毕,但活动已经结束,必须将已组合的商品进行拆解,恢复原来的个别销售。故业务部门必须在系统中录入拆解单。

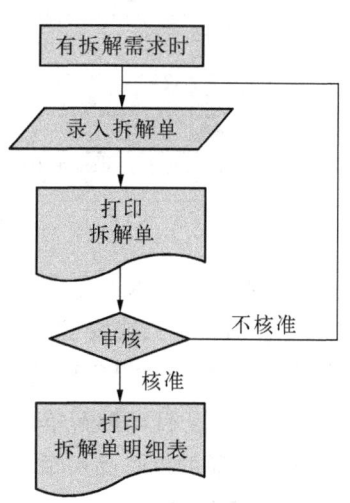

图 2.53 一般企业拆解流程

【操作步骤】

步骤一:从作业清单执行"产品结构子系统"|"组合拆解"|"录入拆解单"作业,进入到"录入拆解单"界面,开始输入拆解单的信息。

【作业重点】

① 可直接输入"拆解单单别",或按 F2 键开窗查询(须在"设置产品结构单据性质"里设好"单据性质＝43：拆解单单据"的拆解单),由系统带出"单据日期"为系统日期,"拆解单号"则依单据性质设定编号。输入成品品号即需要拆解的新产品,系统默认带出品名和规格,成品数量输入拆解的商品数量。如图 2.54 所示。

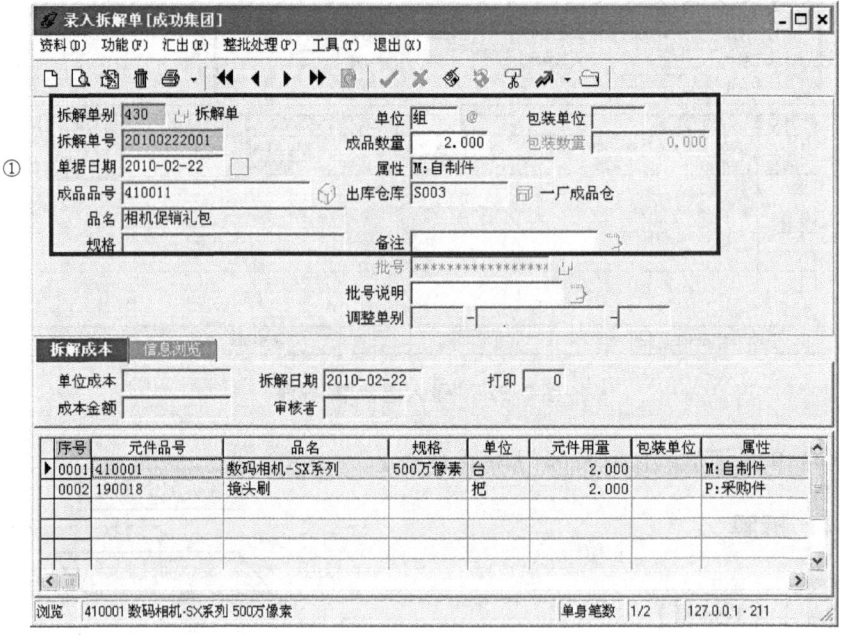

图 2.54 "录入拆解单"界面

步骤二：进入单身,输入拆解元件的信息。

② 直接输入或按 F2 键开窗选择要拆解的元件品号、品名、规格等会系统默认带出,输入拆解成品需要的元件数量。如图 2.55 所示。

步骤三：打印拆解单,由主管审核信息正确性,无误后,打印拆解单交由仓管部进行商品的拆解及入库。同时通知仓管主管,将录入拆解单审核。

③ 拆解单审核,单身元件品号的单位成本由系统自动计算带出,并且累加计算出拆解成品的成本。再根据单头输入的成品数量,计算出拆解成品的成本金额。拆解成品在库存中的数量减少,元件品号在库存中的数量增加。如图 2.56 所示。

图 2.55 "录入拆解单"界面

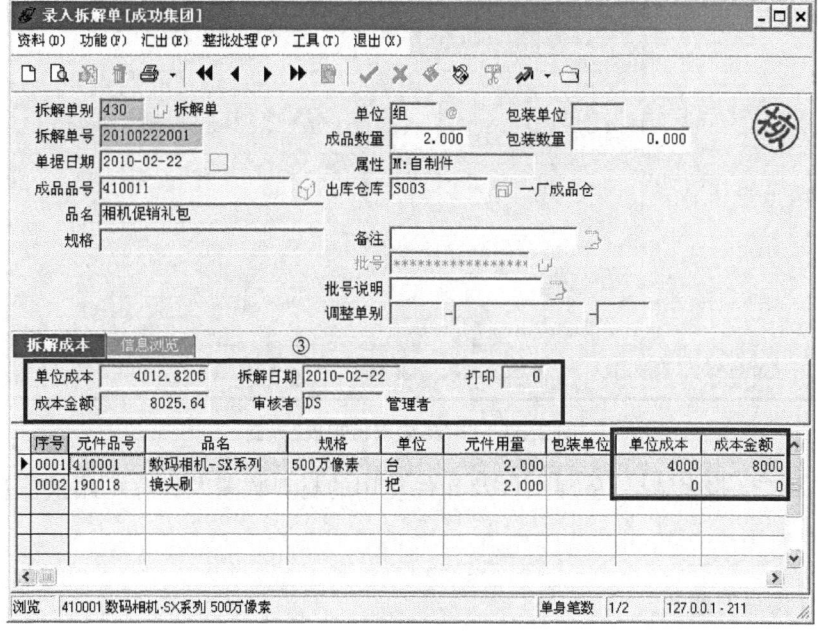

图 2.56 "录入拆解单"界面

2.6 报表简介

2.6.1 材料需求检视表

【目的】

可将生产某一批量主件所需使用的材料数量及其库存可用量等信息打印成表。

【操作步骤】

步骤一：在"材料需求检视表"界面上进行设置，然后单击"直接查询"。如图 2.57 所示。

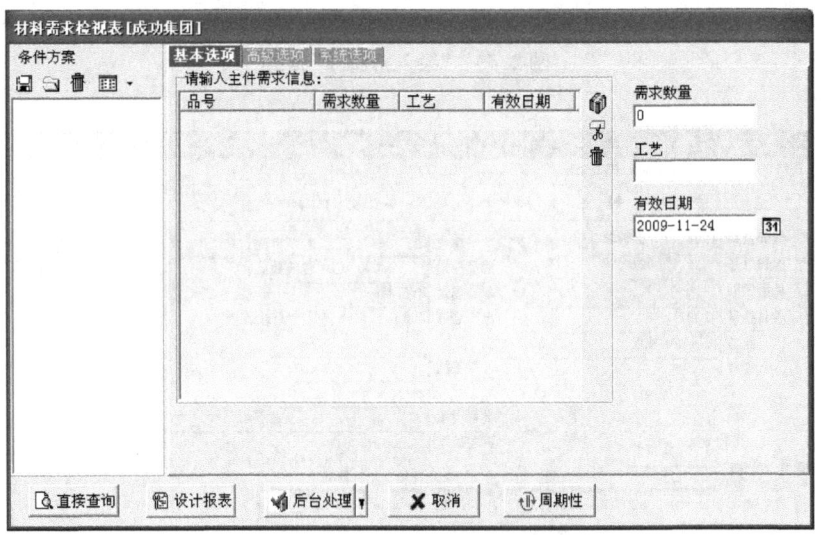

图 2.57 "材料需求检视表"界面

步骤二：报表结果；呈现主件及元件使用的材料数量及库存可用量信息。如图 2.59 所示。

【课后习题】

1．顺应市场的需求，成功集团研发中心推出了一款简配型的数码相机，现需

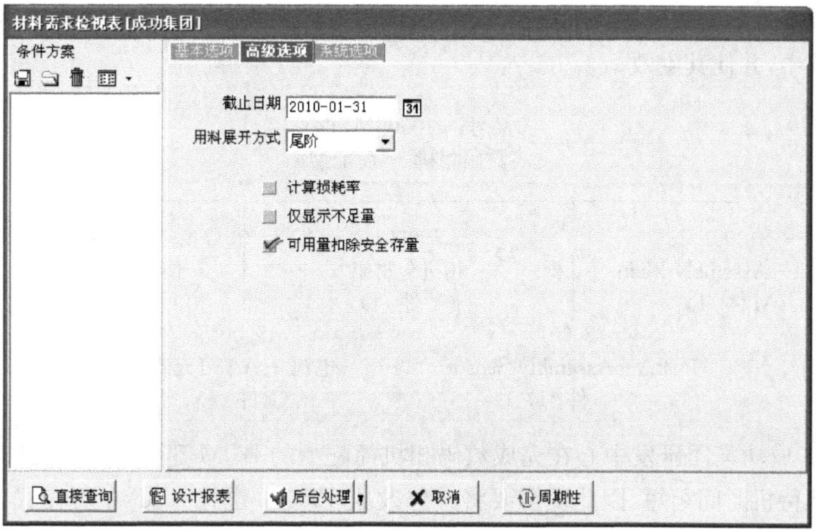

图 2.58 "材料需求检视表"界面

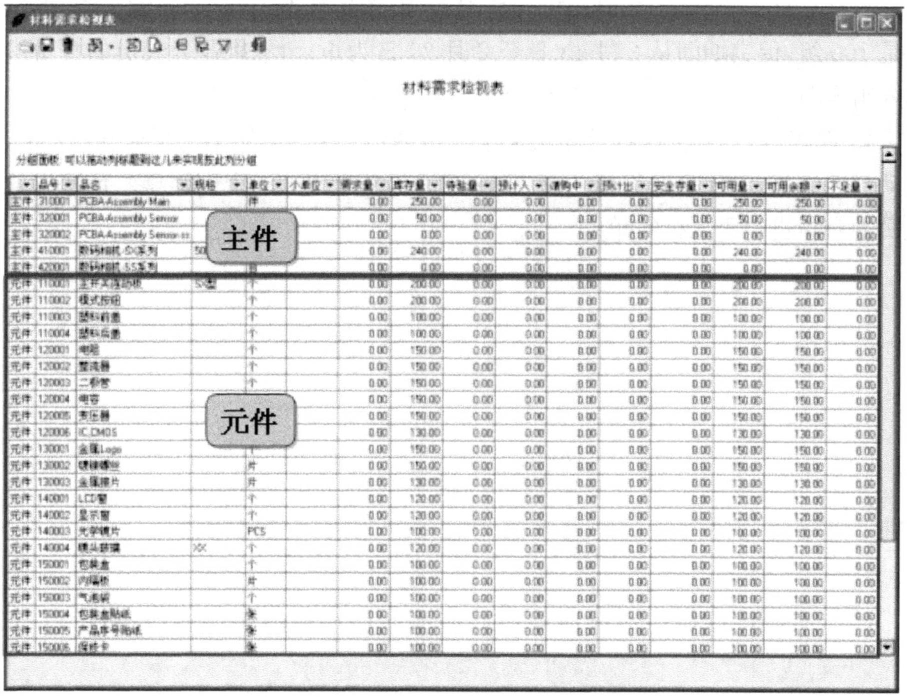

图 2.59 "材料需求检视表"报表界面

要将新产品的材料用量记录到易飞 ERP 系统。

以下是此款数码相机的产品用量表,请您以研发人员的身份将下列信息输入至系统中,并使其生效。

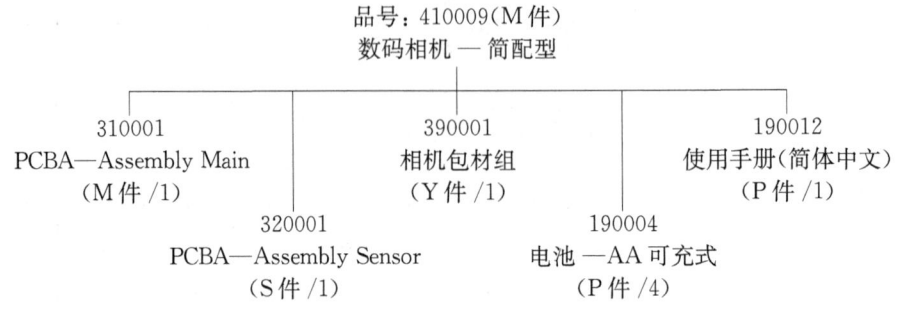

2. 成功集团研发中心在完成数码相机简配型的 BOM 建立后,发现此款相机的电池待机时间稍短,因此现需要将其修改成 190003 电池—AAA 可充式。请您以研发人员的身份对 BOM 进行变更。

3. 为了庆祝新年到来,成功集团业务部拟定一个促销活动相机促销礼包,促销商品是品号 410009 的数码相机—简配型,赠送品号为 190018 的镜头刷,促销数量是 100 组,促销期间从 2 月 13 日至 2 月 20 日为止;请您以业务人员的身份进行录入组合单。

4. 新年过后,业务部统计相机促销礼包的销售数量,尚有 5 组未销售完毕,但活动已经结束,必须将已组合的商品进行拆解,恢复原来的个别销售。请您以业务人员的身份进行录入拆解单。

第 3 章 / 批次需求计划系统

3.1 系统简介

3.1.1 系统效益与特色

优良的生产排程计划及正确的料件供应,是制造业长期以来追求的目标,却也是制造业最困扰的两个问题;优良的生产排程计划除了必须满足客户订单的出货外,还需要能兼顾工作中心的产能负荷状况。另外也能克服当采购或生产时间不能及时负荷接单出货的时间压力,或是适应市场需求的变动。至于料件供应的部分,如果补充太多或太快,将造成闲置积压的现象。如果补充太少或太慢,则又将发生停工待料的状况,影响生产或出货的进度。因此,如何准确的计算出在什么时间需要多少数量的某种料件才能满足生产的需要,又不造成闲置的现象,一直是制造业者努力追求的目标,而且目前市场的需求变动性大,产品的趋势又是少量多样,产品的 BOM 变更用料又频繁,接单出货的前置时间又因环境关系被压缩才能提高竞争力等种种原因下,如何快速的计算及反应批次生产及物料供需的问题将是非常重要的;在今天这种竞争激烈的商业环境下,谁能够有效地解决料件的供应问题,谁就掌握了制胜的条件。而易飞 ERP 的"批次需求计划系统"就是生管人员的最佳帮手,它可以用最少的时间,达到正确产生生产或采购计划的目的。

批次需求计划的系统特色如下:

(1) 可依据不同的计划来源,产生物料需求计划。可以自行定义供给和需求量的时间点,灵活按照各种物料需求状况进行设定。

(2) 可透过"发放 LRP 工单"将生产计划生成正式的工单。

(3) 可透过"发放 LRP 采购单"将采购计划生成正式的请购单或采购单。

(4) 系统会记录计划的来源依据,保留详细的记录。

(5) 可记录"计划批号"及计划的来源单号,作为后续跟催进度的依据。

(6) 系统提供"需求计划基本信息检核表",协助进行系统上线前数据检核,提高上线效率。

(7) "批次需求计划系统"适用于:

- 处理紧急订单或插单的计划。
- 以源工单为生产依据的管制类型。
- 生产或采购计划需作来源追溯的作用。

3.1.2 系统构架与关联

图 3.1 是进入"批次需求计划系统"后的流程图,这是以作业设置的顺序所组成。也可在左边菜单上,看到各作业的分类,如"基础设置"、"批次需求计划"、"生产计划"、"采购计划"、"期末处理"。从这菜单上,大致可以了解系统管理的事务,以下将会陆续介绍各项作业的用法。

图 3.2 为批次需求计划系统与其他系统的关联。

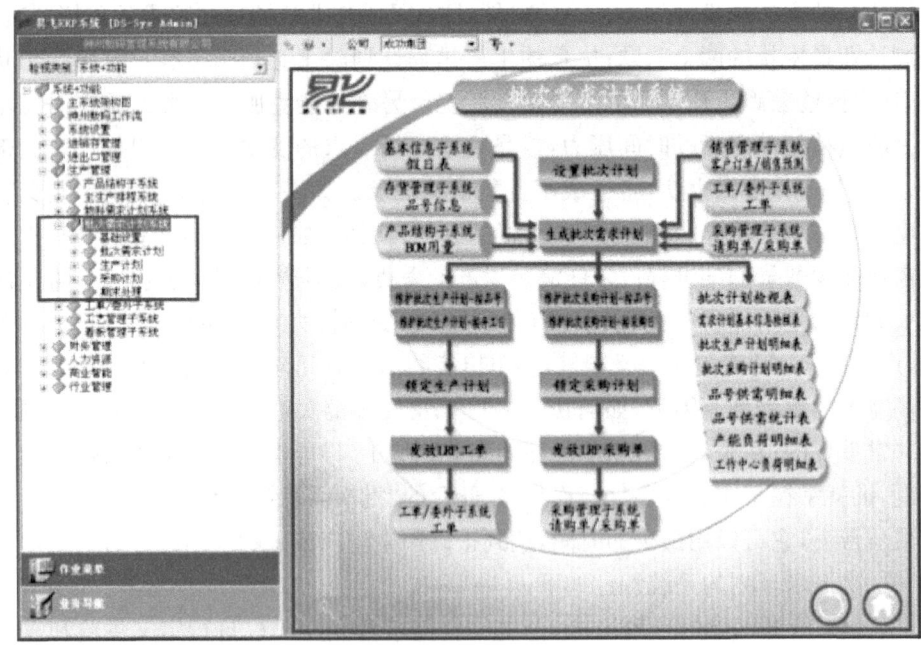

图 3.1　系统架构

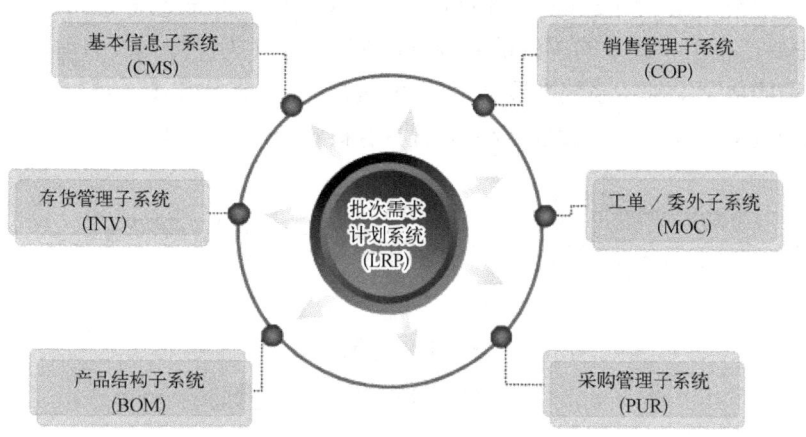

图 3.2　与其他系统的关联图

1. 基本信息子系统

从作业清单执行"批次需求计划系统"|"生成批次需求计划"会考虑"基本信息子系统"中的工厂信息、仓库信息及假日表信息。

2. 存货管理子系统

执行"批次需求计划系统"|"生成批次需求计划",需同步考虑"存货管理子系统""录入品号信息"中的库存可用量、安全存量、前置天数、批量、补货政策等信息。

3. 产品结构子系统

执行"批次需求计划系统"|"生成批次需求计划"时会根据 BOM 材料用量信息自动展算各品号的供需数量。

4. 销售管理子系统

"批次需求计划系统"可以根据订单来生成采购计划和生产计划。

5. 工单/委外子系统

"工单/委外子系统"的工单是 LRP 的来源之一,而批次需求计划系统的生产计划,最终也可以发放成工单,另外委外工单还会自动带入委外供应商加工的价格。

6. 采购管理子系统

"批次需求计划系统"的采购计划最终可以发放成请购单和采购单。

3.1.3　生产计划处理流程

分成 5 个步骤 4 个阶段来看:前置数据的建置,例如仓库、企业假日表、品号、产品结构等信息;计划产生的阶段,主要是指执行"生成批次需求计划"作业;第三个阶段是资料检核与调整,通过报表核对计划生产或采购数量是否有误,或者因实际情形在维护作业中调整生产或采购的数量;第四个阶段,是把审核无误的计划锁定后,把要产生工单或采购单的品号勾选起来,就可以执行"发放"的动作,产生工单或请采购单了。利用系统来展算,只需要执行"生成批次需求计划",系统就会自动算出相应采购或生产的数量,剩下来就只有核对及产生单据了。如图 3.3 所示。

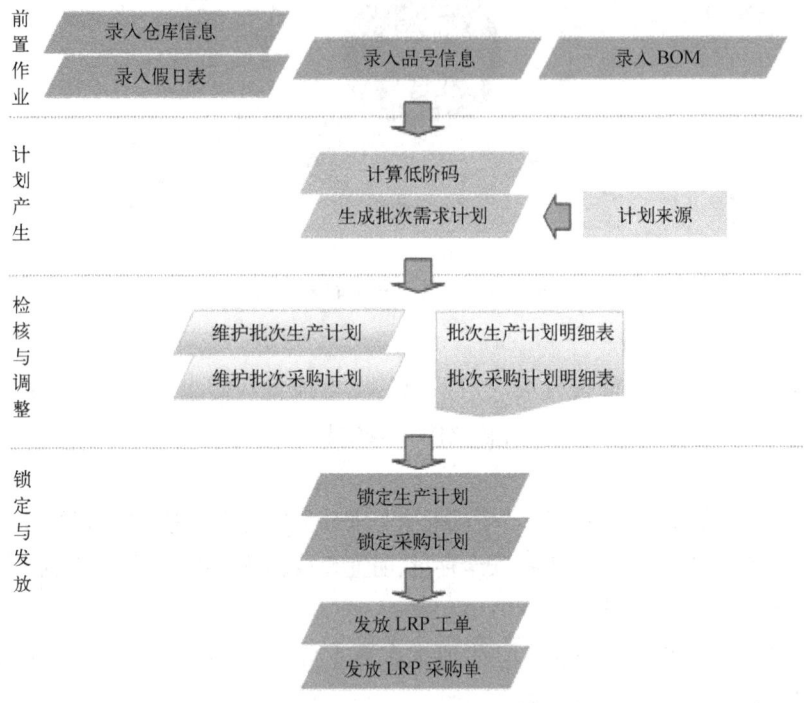

图 3.3 生产计划处理流程

3.2 基础设置

3.2.1 录入仓库信息

【目的】

须检查"基本信息子系统"|"基础设置"|"录入仓库信息"里的仓库信息是否正确。特别是生管人员要检查纳入生产计算的仓库,是否有勾选"纳入可用量计算"选项,有勾选的仓库,其库存数量才会纳入计划作规划。千万别遗漏而影响可用量

的正确性,明明仓库还有库存量,却没有纳入计划,而造成购买了多余的原材料,或是生产了多余的成品,这样就失去了使用"批次需求计划系统"的意义。图 3.4 为录入仓库信息界面。

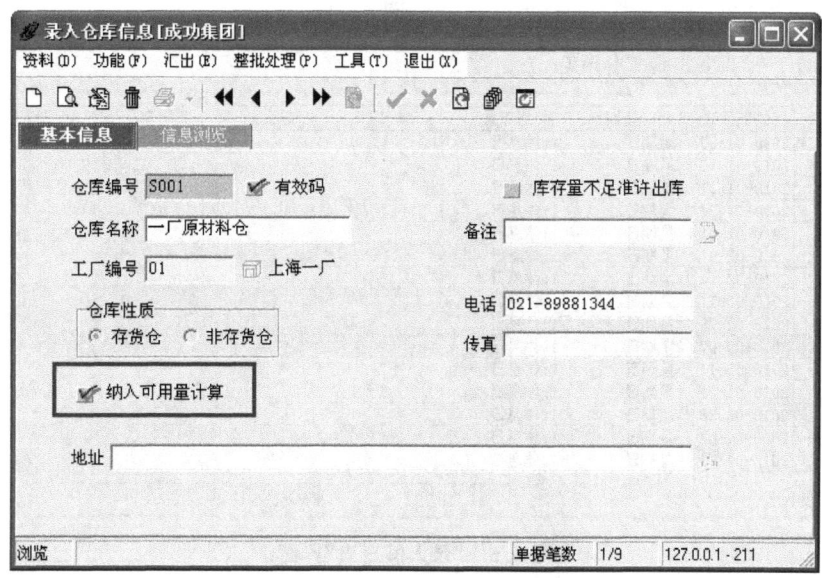

图 3.4 "录入仓库信息"界面

3.2.2 录入假日表

【目的】

确定"基本信息子系统"|"基础设置"|"录入假日表"里,是否有设定"行业别"为"1:企业"的假日表,因为生产计划将以此假日表作为推算需求及供给日期的依据。这项基础设置信息如果设置错误,影响很大,例如计划日期错误,造成工作中心无法按照正确时间完工,而影响对客户的交货时间,进而连企业的信誉也赔上了。图 3.5 为录入假日表界面。

3.2.3 录入品号信息

【目的】

生管人员必须确保"存货管理子系统"|"基础设置"|"录入品号信息"里品号信息的正确性,作为生产相关信息的依据与来源。

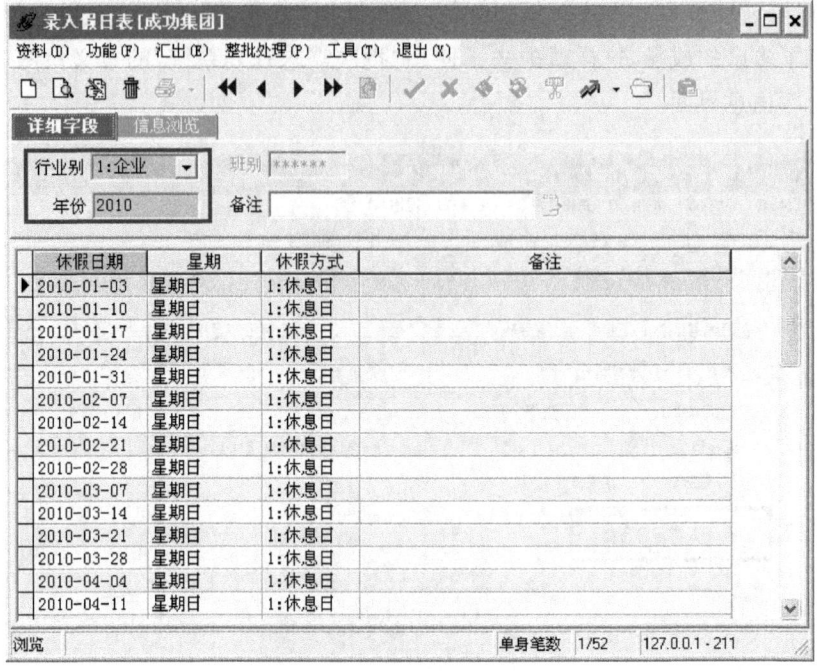

图 3.5 "录入假日表"界面

【作业重点】

① 品号属性:执行生产或采购计划时,"采购件"的需求大于供给,则系统会建议生管人员下采购单;"自制件/委外加工件"的需求大于供给,则系统会建议开立工单。如图 3.6 所示。

② 主要仓库:产生计划信息时一并产生此默认信息。如图 3.7 所示。

③ 低阶码:方便计算机运算统计,在计算生产或采购计划时展开 BOM 并控制的结束指标,须维护低阶码信息的正确性,生管人员可从作业清单执行"产品结构子系统"|"批处理"|"计算低阶码"。如图 3.7 所示。

④ 采购人员:将需求发放到请/采购单时,可将特定采购人员负责的品号,发放给指定采购人员;主供应商:产生计划信息会一并产生此默认信息。如图 3.8 所示。

⑤ 补货政策:不同特性品号的库存补充方式不同(如:按补货点),若要执行生产计划,则补货政策可设为"L:按 LRP 需求"或"M:按 MRP 需求"。如图 3.8 所示。

第 3 章 批次需求计划系统

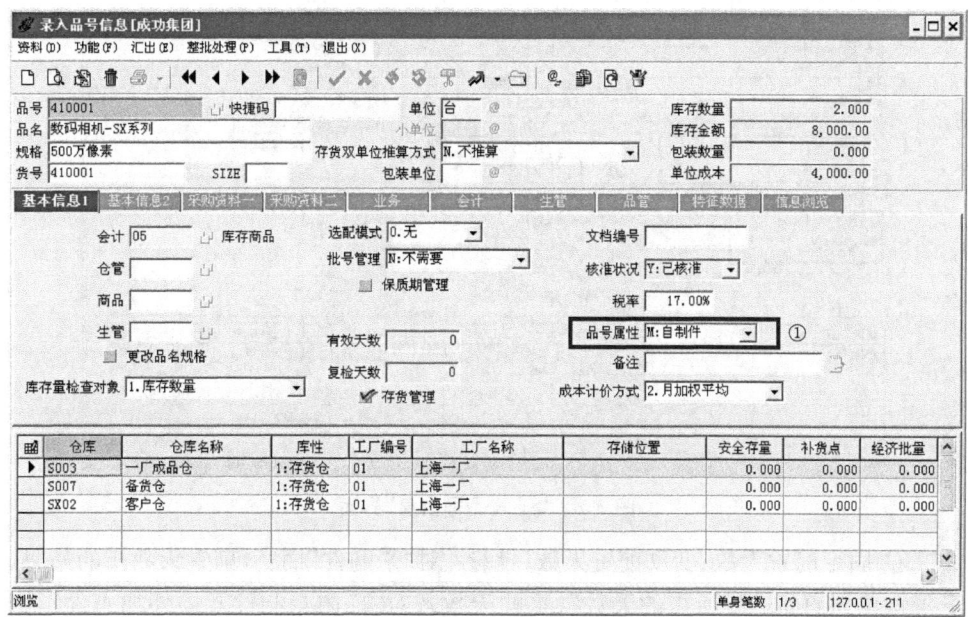

图 3.6 "录入品号信息"界面

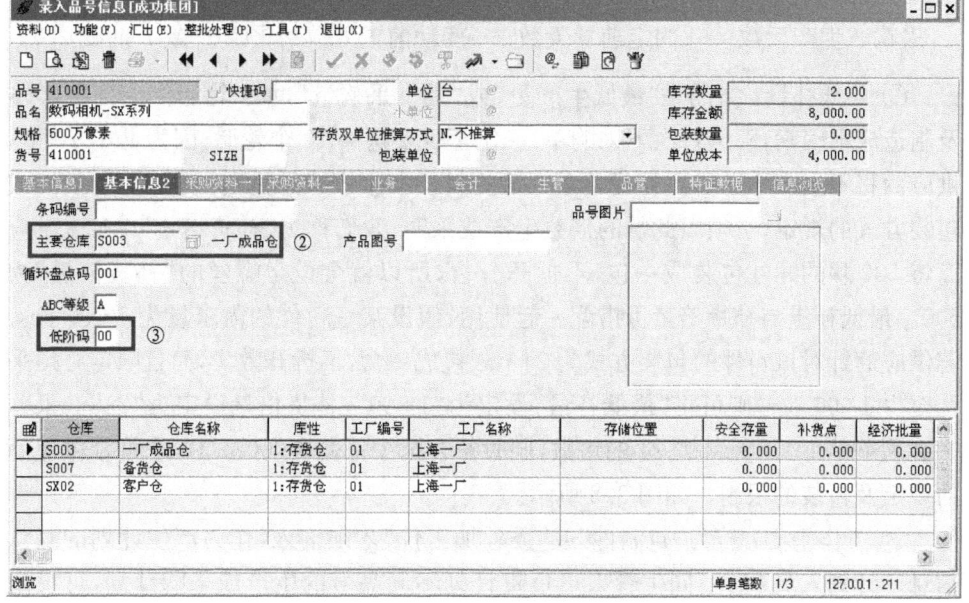

图 3.7 "录入品号信息"界面

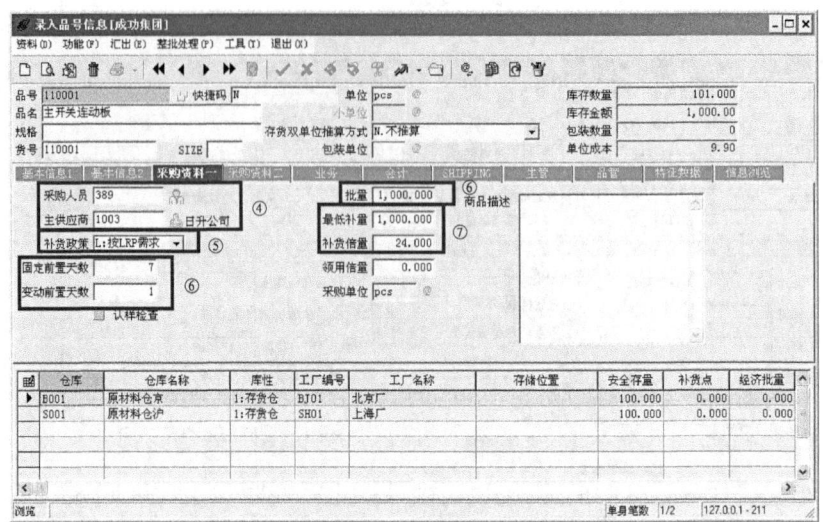

图 3.8 "录入品号信息"界面

⑥ 固定前置天数、变动前置天数、批量：对"采购件"而言，前置天数指的是"从下采购单到商品进料所需的天数"（采购天数）；对"厂内自制件及委外加工件"，则指"从领料投料生产一直到完工所耗用的天数"（生产天数）。固定前置天数指不管采购或生产数量多少都须耗用的时间；变动前置天数则会根据数量多少而改变，数量多则变动前置天数也多。如图 3.8 所示。

采购／生产天数 ＝ [固定前置天数 ＋ （变动前置天数 × 预计产量／批量）]

⑦ 最低补量：指的是"最低生产量"或"最少采购量"，如：轮胎供应商因运输及制造成本因素，限定每次下采购单，一定至少要购买 10 个轮胎，因为低于 10 个，供应商将不生产不送货。补货倍量：某些料件在生产或采购时，碍于生产条件或包装方式的规定，必须以此量的倍数生产或采购，我们称为"补货倍量"。如：供应商将 500 颗的螺丝包装成一包，不拆开分售，所以就会设定螺丝的"补货倍量"为 500。最低补量与补货倍量可搭配一起使用，假设某一料件的需求量为 1 000 pcs，若供应商针对该料件的包装方式为 24 pcs 包成一盒，不拆开散卖，而且限定必须采购至少 1 000 pcs，则可将"最低补量"设定为"1 000"，补货倍量设定为"24"。采购时必须下单 1 008 pcs（为 24 的倍数，同时符合至少采购 1 000 pcs），才符合供应商的规定及包装的限制。如图 3.8 所示。

⑧ 工作中心：若为"自制件"或"委外加工件"才须输入，作为产生计划的默认信息。计划人员：若不同生管人员负责计划不同品号的生产或采购计划，可设定此字段，后续可作为"工单／采购发放"时的条件。如图 3.9 所示。

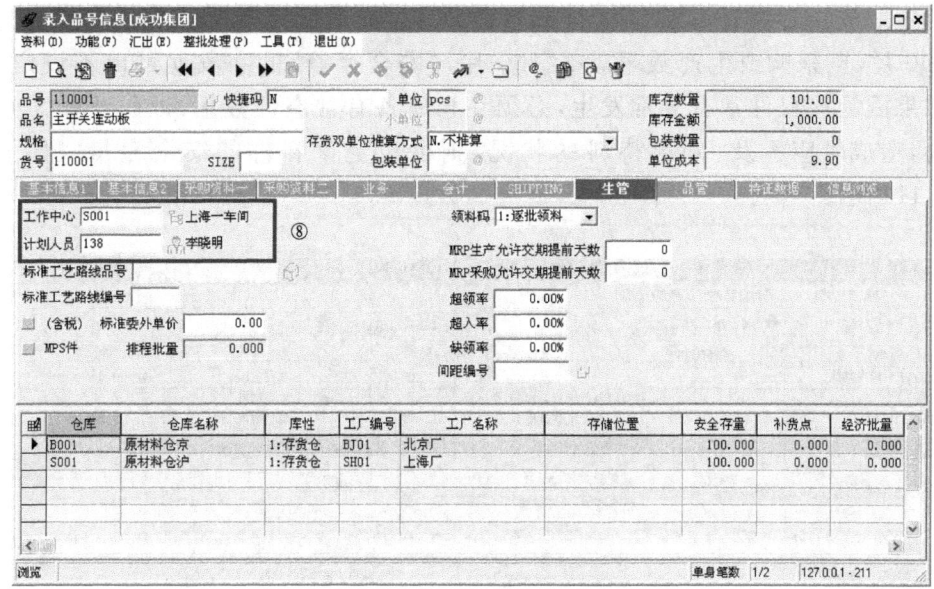

图 3.9 "录入品号信息"界面

⑨ 检验天数:确认采购件、自制件或委外加工件的质量所耗用的检验时间。系统将计算出"采购/生产天数"+"检验天数",推算出需求的预计交货日及预计完工日。如图 3.10 所示。

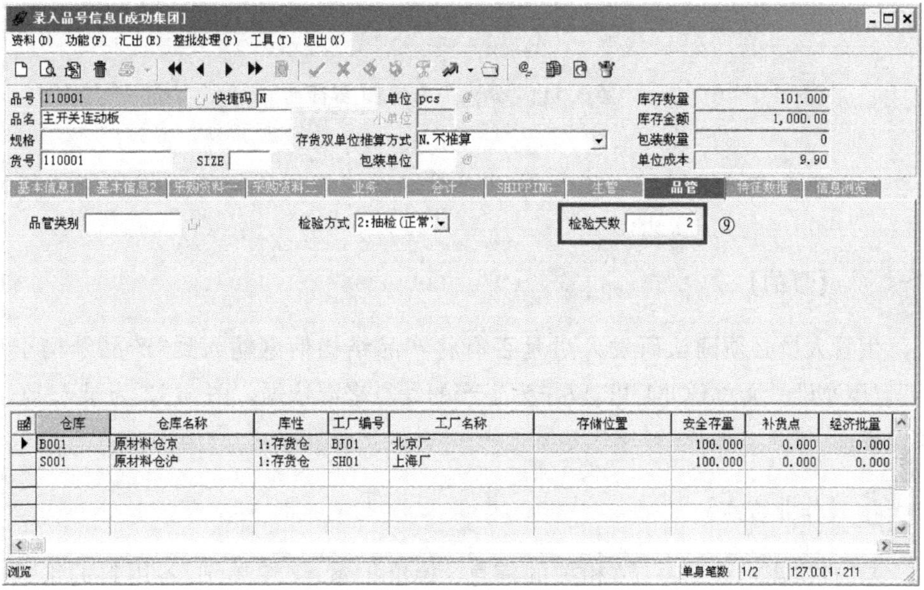

图 3.10 "录入品号信息"界面

⑩ 安全存量：一般原材料数量的规划，若是依订单需求，订单数量为100片，则采购或生产数量就为100片，"安全存量"的字段就可以不设定；如果因为该料件常有异常发生，必须在仓库备有常态性数量，以防止紧急缺料，造成供应不及、停工待料的状况，则可设定该料件的安全存量。如图3.11所示。

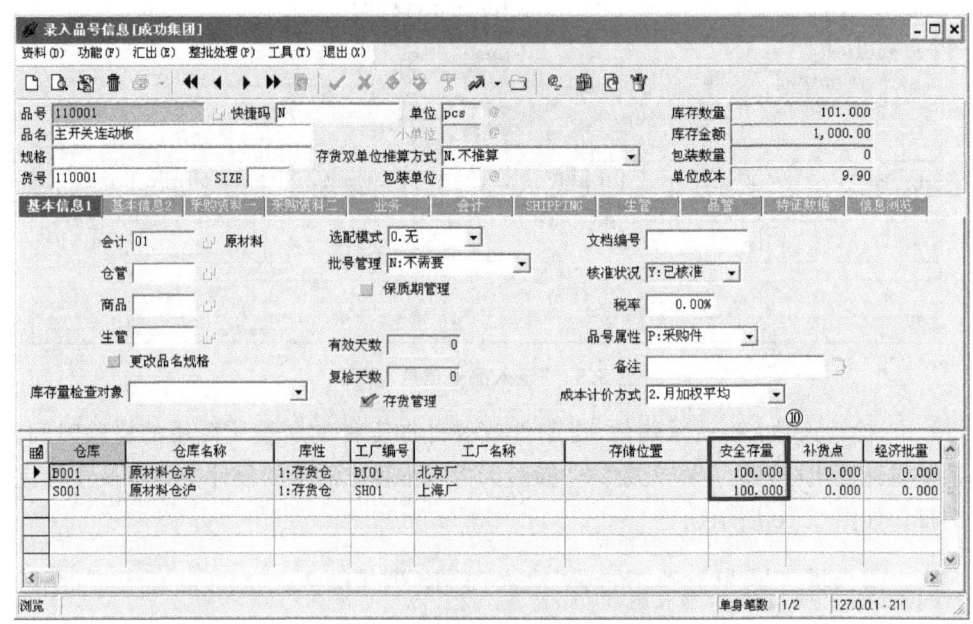

图 3.11 "录入品号信息"界面

3.2.4 录入 BOM

【目的】

生管人员必须确认研发人员是否有将产品结构信息输入到"产品结构子系统"｜"BOM"｜"录入 BOM"里，以作为生产的信息来源依据。图 3.12 为录入 BOM 作业界面。

【作业重点】

与"批次需求计划系统"相关的信息：标准批量、工单单别、各用料的组成用量、底数、损耗率、生失效日、投料间距，务必确实检查信息是否正确。

图 3.12 "录入 BOM"界面

3.2.5 设置批次计划

【目的】

从系统主界面执行"批次需求计划系统"|"设置批次计划"作业,这作业主要是设置批次计划在发放或是计算时的一些原则。图 3.13 为设置批次计划界面。

【作业重点】

① 选择将采购计划发放成"采购单"或是"请购单"。

② "净需求补货数量计算原则":以来源单据的数量作为衡量依据;有两种方式,可以根据自己的需求进行选择,在净需求补货数量计算时是以不超出来源单据的数量为原则还是补足来源单据外的需求数量。

③ 发放出来的采购单实际开单日,已经比"批次需求计划"展算的"预计采购日"晚,就要视为急单处理,急单就是在单据上备注"急料",来提醒相关人员注意及跟催。"延迟几天"需要将单据设为急单,请在这里设定;生产件开单日延迟也是一

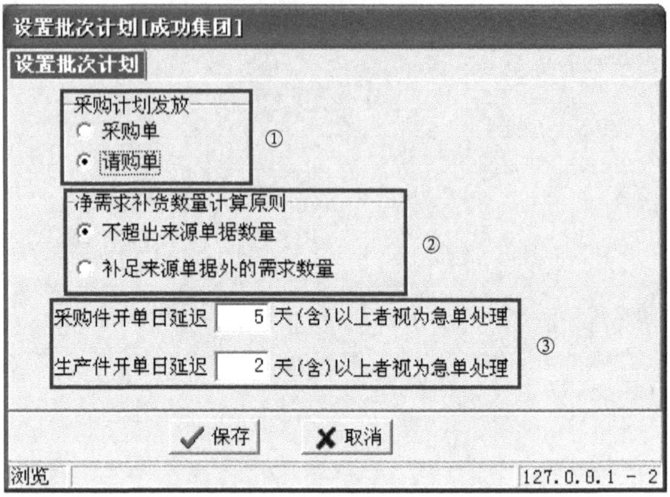

图 3.13 "设置批次计划"界面

样的道理。

3.2.6 需求计划基本信息检核表

【目的】

生管人员可利用"批次需求计划系统"|"批次需求计划"|"需求计划基本信息检核表"查看基本信息是否齐全。

【作业重点】

① 进入"需求计划基本信息检核表"界面,设置选项条件。如图 3.14 所示。
② 报表产出结果。"空白"表示数据不够完整,可能会影响生成出来的结果,所以必须要再去这个字段所属的作业下面,将数据维护完整,才不会影响到生产计划的结果。如图 3.15 所示。

3.3 生成批次需求计划

【目的】

依据需求来源,由系统自动生成满足需求的生产计划与采购计划。

图 3.14 “需求计划基本信息检核表”界面

阅览报表(需求计划基本信息检核表-工作编号:20100102000012-201001020001)

需求计划基本信息检核表

制表日期：2010-01-02　　第1页

品号	仓库 主供应商	工作中心 计划人员	品号属性 补货政策	间距编号	工单单别	日期 未(销)交清单	预计开工 预计完工	假日表
<存货管理系统>								
110001	空白	空白		品号间距编号为空				
110002	空白	空白		品号间距编号为空				
110003	空白	空白		品号间距编号为空				
110004	空白	空白		品号间距编号为空				
120001	空白	空白		品号间距编号为空				
120002	空白	空白		品号间距编号为空				
120003	空白	空白		品号间距编号为空				
120004	空白	空白		品号间距编号为空				
120005	空白	空白		品号间距编号为空				
120006	空白	空白		品号间距编号为空				
130001	空白	空白		品号间距编号为空				
130002		空白		品号间距编号为空				
130003	空白	空白		品号间距编号为空				

<续下页>

坐标(英寸)(11.30, 14.88)　(X: 1085, Y: 1428)

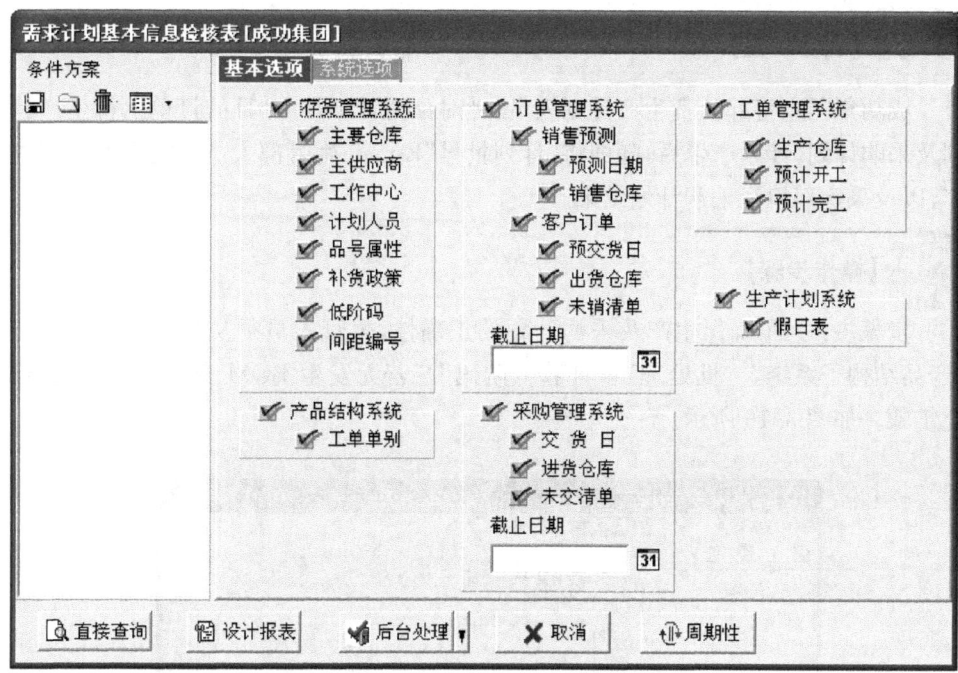

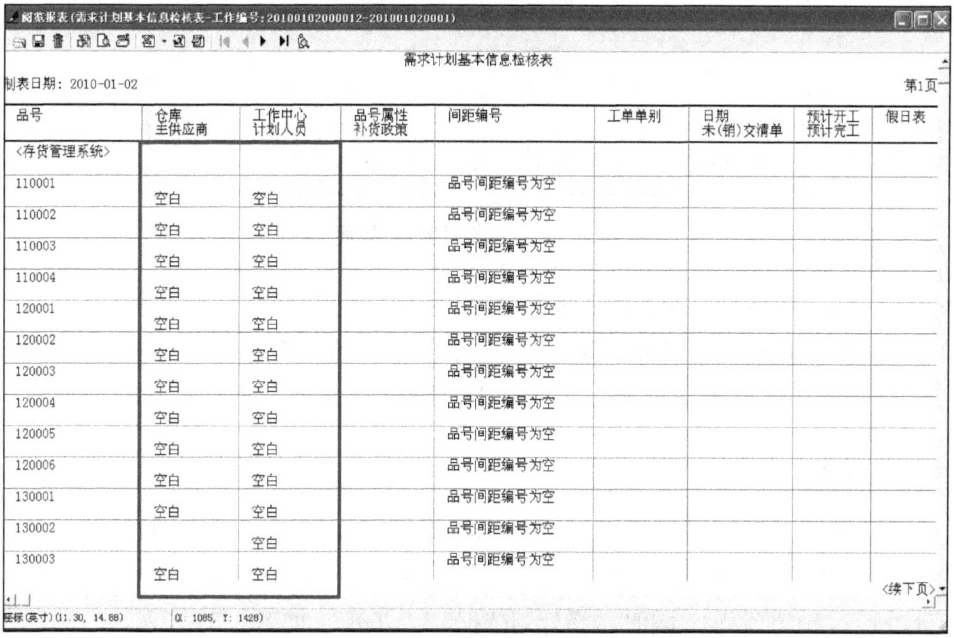

图 3.15 “需求计划基本信息检核表”界面

【业务场景】

成功集团生管部负责生产计划人员,针对预交日1月20日的订单执行生产计划及采购计划,计划产生后,随即将"计划批号"E-mail 生管部人员检视生产计划内容,以及采购部检视采购计划结果。

【操作步骤】

步骤一:为了确保生产及采购计划的正确性,生管人员须从作业清单先执行"产品结构子系统"|"批处理"|"计算低阶码"。若无发生 BOM 变更,可免去执行此步骤。如图 3.16 所示。

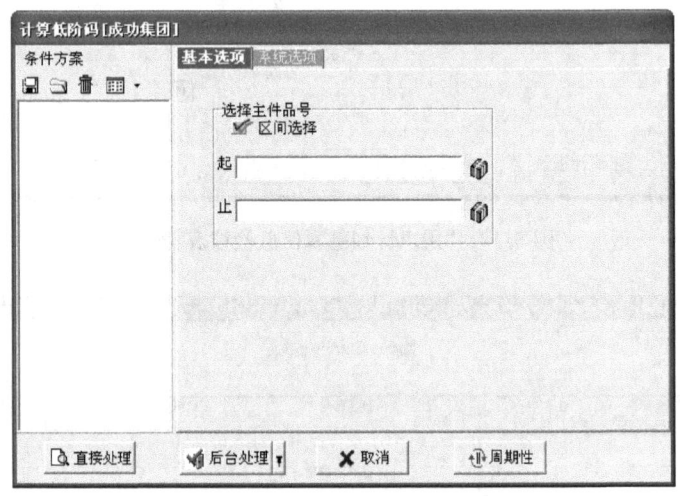

图 3.16 "计算低阶码"界面

注:只要产品结构是新增或遇有 BOM 变更,都须执行此作业。

步骤二:确认低阶码无误后,从作业清单执行"批次需求计划系统"|"批次需求计划"|"生成批次需求计划"。如图 3.17 所示。

【作业重点】

① "选择工厂"为"上海一厂",需求计划是分厂计算的。如图 3.17 所示。

② 共有 5 种计划依据方式:"1. 订单、2. 工单、3. LRP 生产计划、4. MPS 生产计划、5. 销售预测",本例"选择计划依据"为"订单"。如图 3.17 所示。

③ 选择来源的编号,单击 F2 键只可选择单别,若一张单据有两笔信息,则两

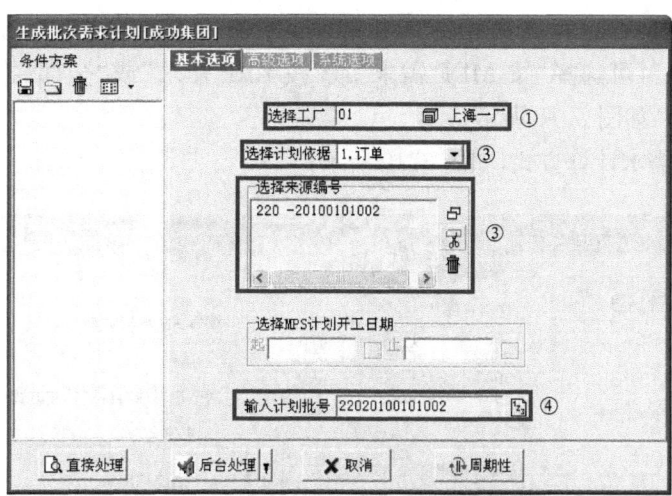

图 3.17 "生成批次需求计划"界面

笔信息都会纳入生产计划计算。单击 F3 键可按单别、单号以及序号选择来源的信息。如图 3.17 所示。

④ 选择好来源编号，系统会默认"计划批号"，但使用者可自行修改。如图 3.17 所示。

⑤ 选择仓库：可指定要将哪一个仓库的可用量纳入计划考虑，若不特别指定，系统会将该工厂中勾选"纳入可用量计算"的仓库都纳入计算。如图 3.18 所示。

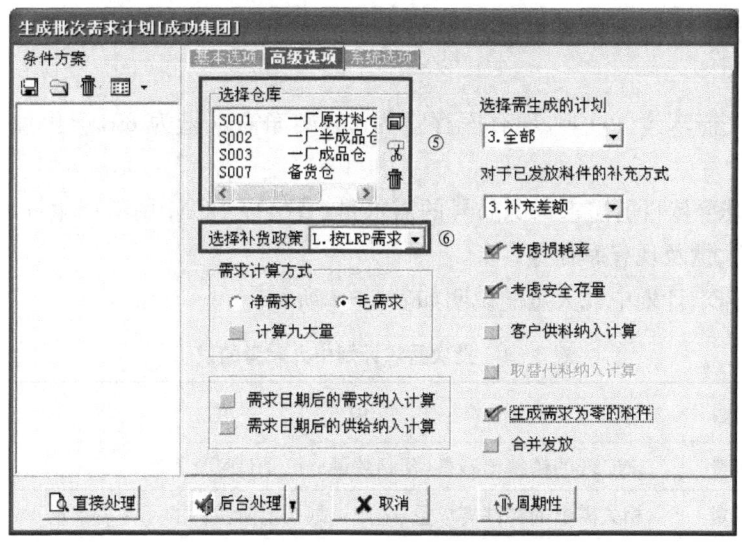

图 3.18 "生成批次需求计划"界面

⑥ 选择补货政策：指品号在"存货管理子系统"|"基础设置"|"录入品号信息"的"补货政策"，可选择"按 MRP 需求"或"按 LRP 需求"或"全部(指按 MRP 及 LRP 需求)"。如图 3.18 所示。

⑦ 批次需求计算方式，如图 3.19 所示：

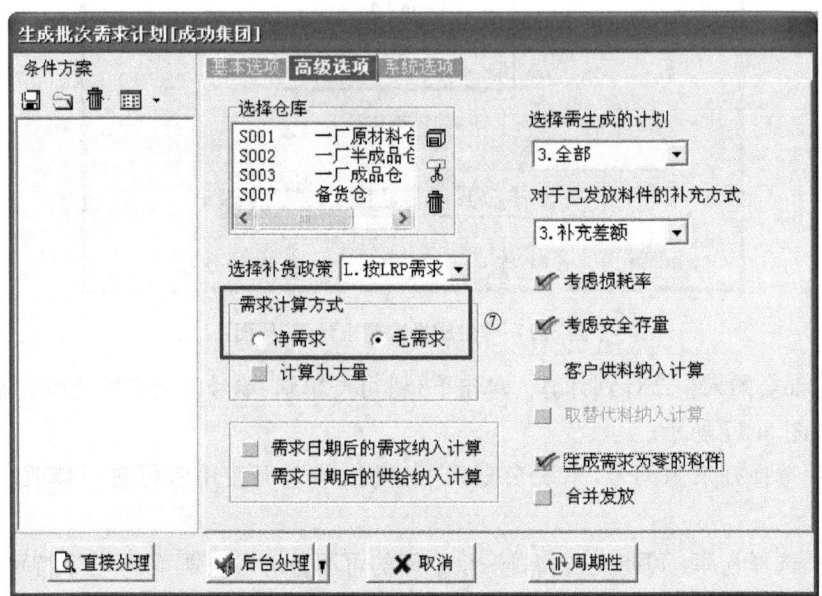

图 3.19 "生成批次需求计划"界面

净需求：依目前需求来源品号的现有库存量及九大量的考虑，计算出净需求量。

例：毛需求量为 100，现有库存量为 20，则净需求量为 80，产生计划需求量为 80。

毛需求：依目前需求来源品号的需求量，直接以 BOM 用料产生计划需求量，不考虑九大量及现有库存量。

批次需求计划中九大量的说明如表 3-1 所示。

表 3-1 批次需求计划中九大量的说明

九大量项目	说　明
计划销售量	未实现的销售预测量(预测数量－已受订量)
计划领料量	相关需求的料件需求量(生产计划档上阶主件的元件需求量)
预计销售量	未结束订单的未销货数量(订单数量＋赠品量－已交数量－赠品已交量)

(续表)

九大量项目	说　　明
预计领料量	未完工工单单身料件的应领未领料量(需领用量－已领用量)
计划生产量	生产计划内的预计生产量(生产计划档的生产数量)
计划采购量	采购计划内的预计采购量(采购计划档的采购数量)
预计进货量	未结束采购单的未进货量(采购数量－已交数量)
预计生产量	未完工工单单头主件的未生产量(预计生产－已生产量－报废数量)
预计请购量	未更新的请购数量(请购单已审核未转成采购单的请购数量)

注：计划生产量、计划领料量、计划采购量是计划所衍生的数量，而其他数量如计划销售量(销售预测)、预计销售量(客户订单)、预计领料量(工单需领)、预计进货量(采购单)、预计生产量(工单产出)及预计请购量(请购单)是系统内实际单据所统计出来的数量。

计划生产/采购量的净需求计算公式为：

$$
\begin{array}{r}
\text{出库} \left\{ \begin{array}{l} +\text{计划销售} \\ +\text{计划领料} \\ +\text{预计销售} \\ +\text{预计领料} \end{array} \right. \\
\text{入库} \left\{ \begin{array}{l} -\text{现有库存量} \\ -\text{计划生产} \\ -\text{计划采购} \\ -\text{预计进货} \\ -\text{预计请购} \\ -\text{预计生产} \end{array} \right. \\
\hline
\text{净需求}
\end{array}
$$

⑧ 计算九大量。

勾选：表示计算毛需求时，也同时计算九大量，但是不参与最后的计划计算。

不勾选：表示不计算九大量，只有毛需求量。当选择净需求时，本身计算逻辑中必须计算九大量，所以这里会显灰，不可选择。如图3.20所示。

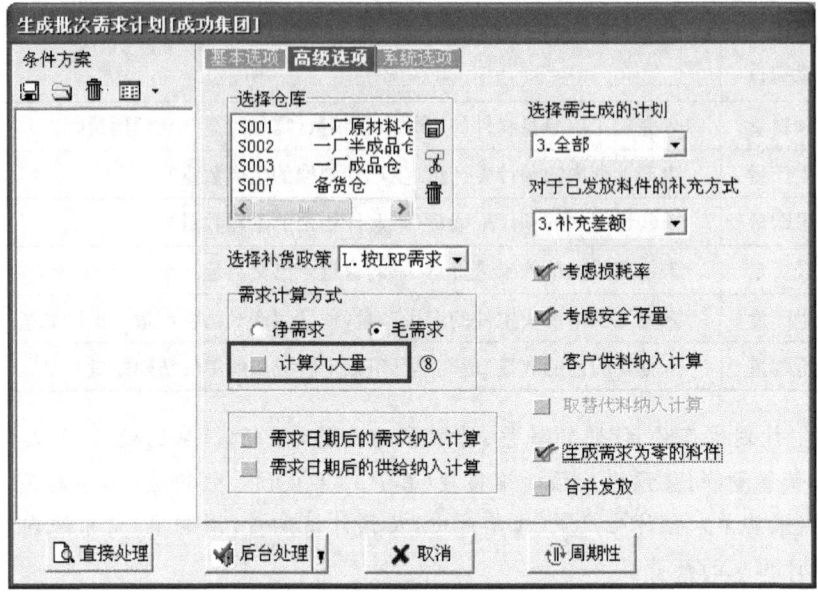

图 3.20 "生成批次需求计划"界面

⑨ 需求日期后的需求纳入计算/需求日期后的供给纳入计算,如图 3.21 所示:

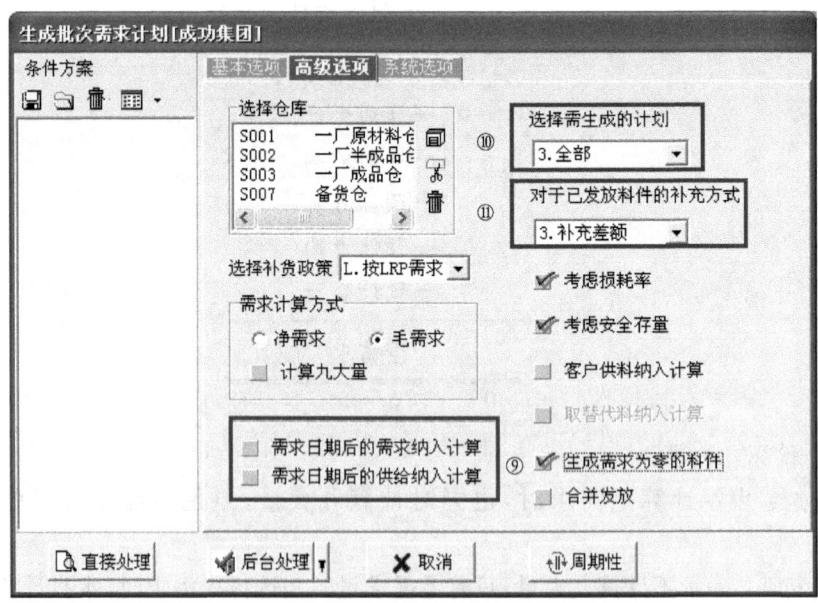

图 3.21 "生成批次需求计划"界面

勾选：表示在考虑日期因素下，料件需求日期之后的九大量纳入计算。

不勾选：表示不考虑日期因素，料件需求日期之后的九大量不纳入计算。

例：某料件 1 月 30 日的净需求为 100 pcs，

若不勾选"需求日期后的供给纳入计算"，表示 1 月 30 日的供给量 80 pcs 无法应急（如：无法将需求日期后的供给提前考虑），所以需求日期之后的九大量不纳入计算，建议生产/采购量为 100 pcs（悲观想法）。

若勾选"需求日期后的供给纳入计算"，表示 1 月 30 日的供给可应急（如：可将需求日期后的供给提前考虑），需求日之后的九大量将纳入计算（乐观想法）。

⑩ 选择需生成的计划：提供三种计划方式"1. 生产计划"、"2. 采购计划"、"3. 全部"。若选择全部，则针对品号信息中主要来源为采购件者，产生采购计划；主要来源为自制件或加工件者，也同时产生生产计划。如果零件是属于尾阶用料，要产生采购计划前，一定要先有生产计划。如图 3.21 所示。

⑪ 对于已发放件的补充方式，仅对"毛需求"的计算方式有用。不再补充：相同计划来源的品号，若存在于工单或请/采购单，则不产生计划（即已发放者不再补充）。重新补充：不管相同计划来源的品号是否存在于工单或请/采购单，则一律需产生计划。补充差额：相同计划来源的品号，若存在于工单或请/采购单，则仅需产生计划量的差额数。例：原订单来源需求为 100 pcs，已产生计划且发放工单为 100 pcs，因订单变更为 120 pcs，再次按相同订单来源产生需求时，只会产生差额数 20 pcs。如图 3.21 所示。

⑫ 考虑损耗率：企业为了避免料件在使用中的损耗，造成生产延迟，所以会设定"损耗率"，如果这个字段有勾选，系统就会依"录入 BOM"的设定，自动在生产计划中带出"损耗率"默认值。如图 3.22 所示。

⑬ 考虑安全存量：勾选，系统会将该品号在"存货管理子系统"|"基础设置"|"录入品号信息"设定的安全存量纳入考虑，以防止紧急缺料，造成供应不及，停工待料的状况。例：若某品号的需求量为 100 pcs，现有库存量为 120 pcs，安全存量设定为 50 pcs，若考虑安全存量，该品号的库存可用量，即现有库存量减安全存量（120－50＝70 pcs），所以净需求即为毛需求量扣掉库存可用量（100－70＝30 pcs），即系统会建议该品号须采购或生产 30 pcs。如图 3.22 所示。

⑭ 客户供料纳入计算：若企业是委外供应商，所需原料须向客户提领（或部分由客户供料），则可勾选此选项，系统会根据"产品结构子系统"|"BOM"|"录入 BOM"里，该料件"材料类型＝客户供料"的计划计算出来，方便向客户统计提领。如图 3.23 所示。

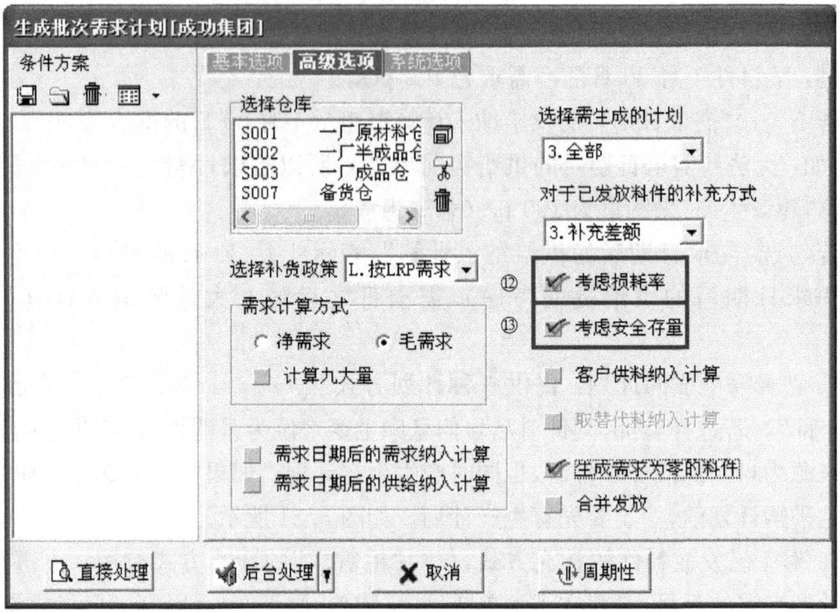

图 3.22 "生成批次需求计划"界面

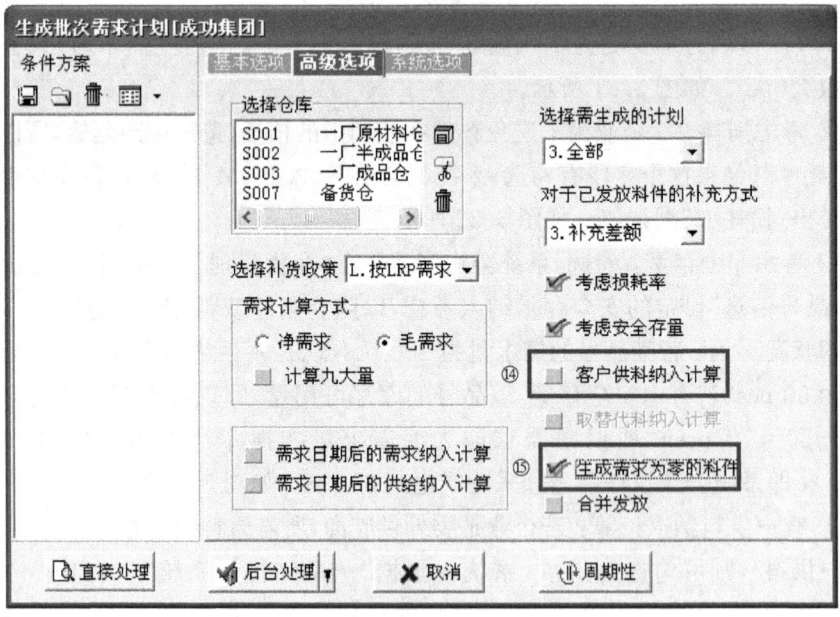

图 3.23 "生成批次需求计划"界面

⑮ 生成需求为零的料件：在生成净需求时，如果毛需求量小于库存可用量，即不需要生成该料件，如果勾选此选项，那么该料件还会显示，但数量为 0，如果不勾选，则该料件不会在计划中显示。如图 3.23 所示。

3.4 需求计划的检核

【目的】

当系统产生计划后，生管人员可以有两种方式查看执行的结果：
(1) 打印"明细表"查看信息。
(2) 开启维护作业，在计算机屏幕上查看信息。

3.4.1 批次生产计划明细表

【目的】

可以将生产计划明细信息按计划批号打印成表。

【业务场景】

生管人员将计划生成后，生管人员通过"批次生产计划明细表"来查看具体信息。

【操作步骤】

步骤一：在"批次生产计划明细表"界面上进行设置，然后单击"设计报表"功能。如图 3.24 所示。

步骤二：报表产出结果，如图 3.25～图 3.26 所示。

3.4.2 批次采购计划明细表

【目的】

可以将采购计划明细信息按计划批号打印成表。

【业务场景】

采购人员通过"批次采购计划明细表"来查看具体信息。

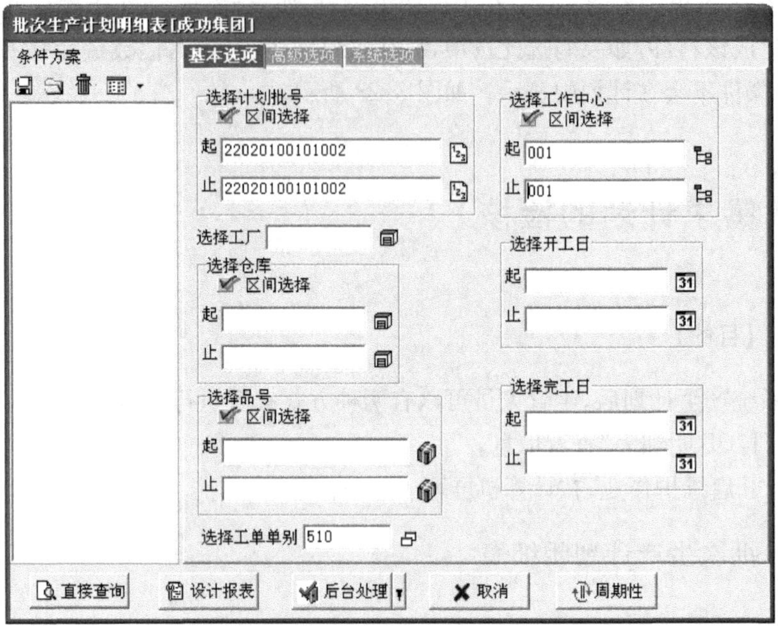

图 3.24 "批次生产计划明细表"界面

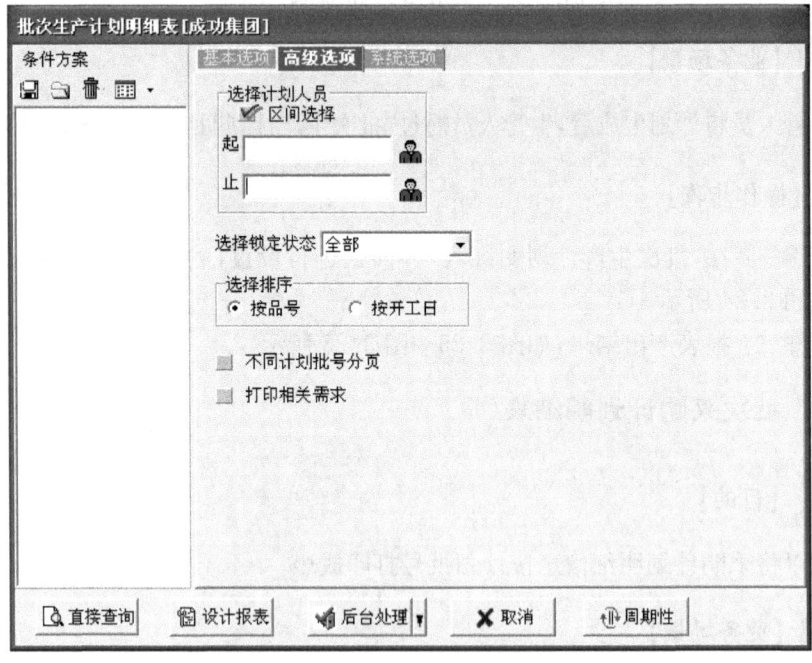

图 3.25 "批次生产计划明细表"界面

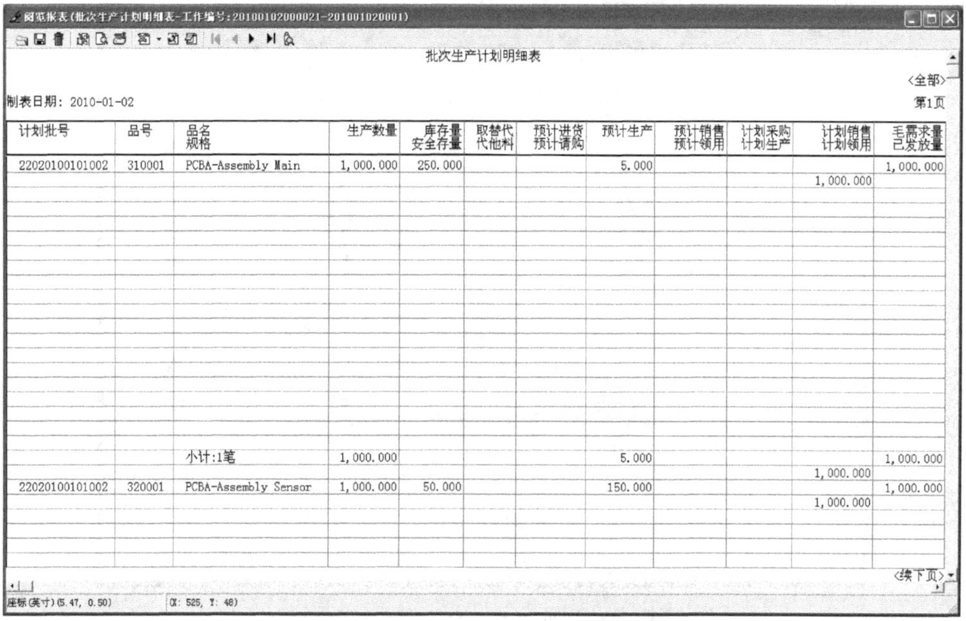

图 3.26 "批次生产计划明细表"界面

【操作步骤】

步骤一：在"批次采购计划明细表"界面上进行设置，然后单击"设计报表"功能。如图 3.27 所示。

步骤二：报表产出结果，如图 3.28～图 3.29 所示。

3.4.3 维护批次生产计划—按品号

【目的】

可以将已生成的批次生产计划或采购计划信息以品号的方式、查询、更改、删除其生产计划信息。

【业务场景】

生管人员将计划生成后，生管人员通过"维护批次生产计划—按品号"来查看具体信息。

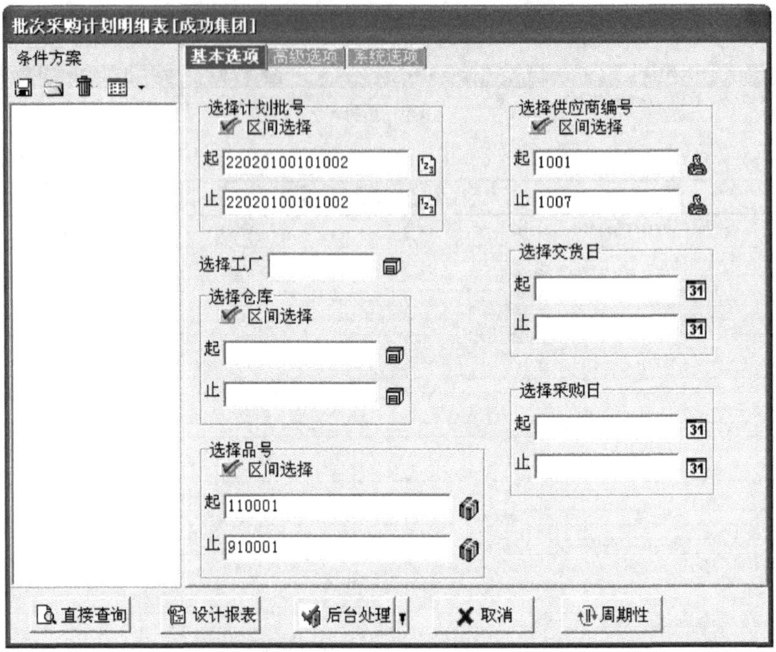

图 3.27 "批次采购计划明细表"界面

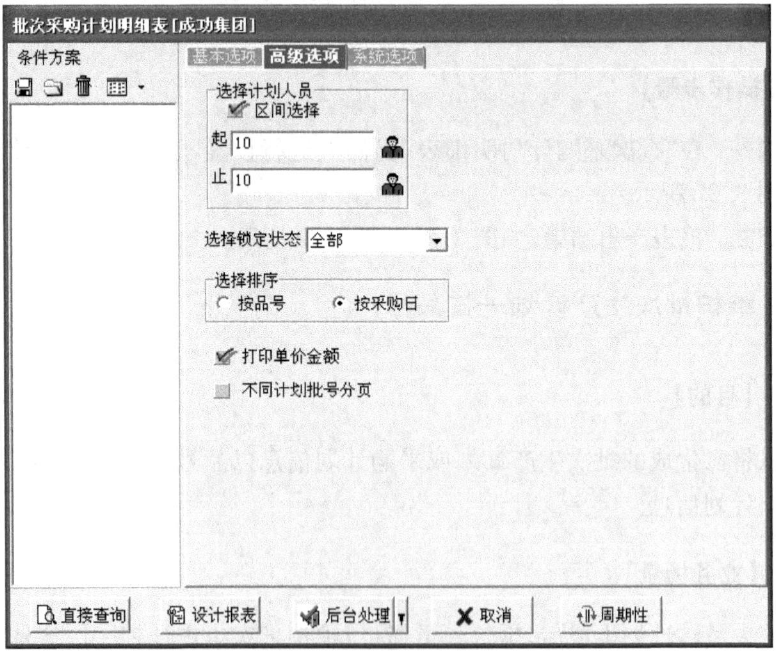

图 3.28 "批次采购计划明细表"界面

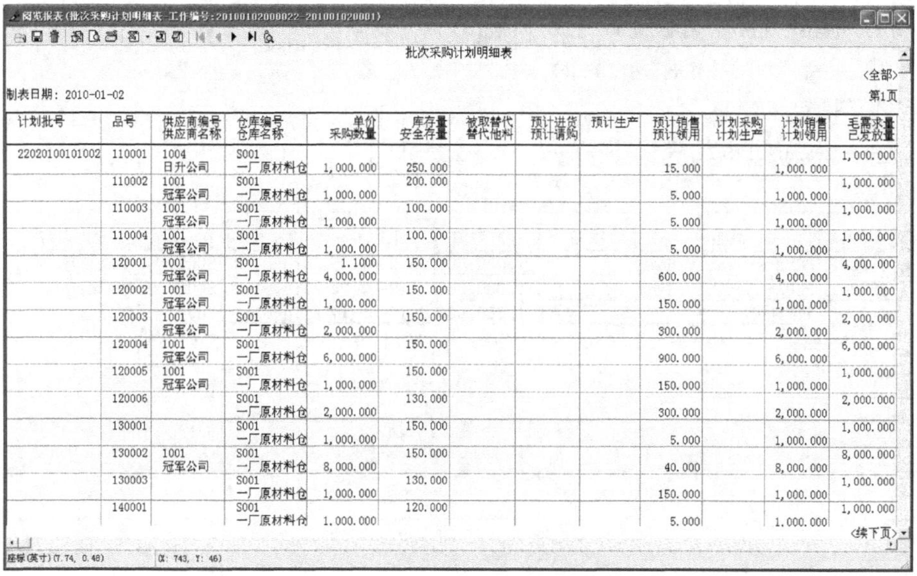

阅览报表(批次采购计划明细表-工作编号:20100102000022-201001020001)

批次采购计划明细表

<全部>

制表日期: 2010-01-02　　第1页

计划批号	品号	供应商编号 供应商名称	仓库编号 仓库名称	单价 采购数量	库存量 安全存量	被取替代 替代他料	预计进货 预计请购	预计生产	预计销售 预计领用	计划采购 计划生产	计划销售 计划领用	毛需求量 已发放量
22020100101002	110001	1004 日升公司	S001 一厂原材料仓	 1,000.000	 250.000				 15.000		 1,000.000	1,000.000
	110002	1001 冠军公司	S001 一厂原材料仓	 1,000.000	200.000				 5.000		 1,000.000	1,000.000
	110003	1001 冠军公司	S001 一厂原材料仓	 1,000.000	100.000				 5.000		 1,000.000	1,000.000
	110004	1001 冠军公司	S001 一厂原材料仓	 1,000.000	100.000				 5.000		 1,000.000	1,000.000
	120001	1001 冠军公司	S001 一厂原材料仓	1.1000 4,000.000	150.000				 600.000		 4,000.000	4,000.000
	120002	1001 冠军公司	S001 一厂原材料仓	 1,000.000	150.000				 150.000		 1,000.000	1,000.000
	120003	1001 冠军公司	S001 一厂原材料仓	 2,000.000	150.000				 300.000		 2,000.000	2,000.000
	120004	1001 冠军公司	S001 一厂原材料仓	 6,000.000	150.000				 900.000		 6,000.000	6,000.000
	120005	1001 冠军公司	S001 一厂原材料仓	 1,000.000	150.000				 150.000		 1,000.000	1,000.000
	120006		S001 一厂原材料仓	 2,000.000	130.000				 300.000		 2,000.000	2,000.000
	130001		S001 一厂原材料仓	 1,000.000	150.000				 5.000		 1,000.000	1,000.000
	130002	1001 冠军公司	S001 一厂原材料仓	 8,000.000	150.000				 40.000		 8,000.000	8,000.000
	130003		S001 一厂原材料仓	 1,000.000	130.000				 150.000		 1,000.000	1,000.000
	140001		S001 一厂原材料仓	 1.000.000	120.000				 5.000		 1.000.000	1,000.000

<续下页>

座标(英寸)(7.74, 0.48)　(X: 743, Y: 46)

图 3.29　“批次采购计划明细表”界面

【操作步骤】

步骤一：从系统主界面执行“批次需求计划系统”|“维护批次生产计划—按品号”作业。

【作业重点】

① 系统会先找出需求日，再扣掉检验天数，推算自制件或委外加工件的“完工日”(预计)，再以该品号的前置天数，推算该品号的“开工日”(预计)。如图 3.30 所示。例：品号 410001 数码相机—SX 系列在订单的预交日为 2010-02-20，则该品号的需求日期就是 2010-01-19，由于该品号的检验天数为 1，所以推算出其“预计完工日”为“2010-01-18”；而此品号的固定前置天数为 1 天、变动前置天数为 1 天、批量为 200，若预计生产数量为 1 000，则预计生产天数即为：

$$生产天数=[(预计产量/批量)\times 变动前置天数)+固定前置天数]$$

$$=\left[\left(\frac{1\,000}{200}\times 1\right)+1\right]=6\text{ 天}$$

故以其完工日往前推 6 天(扣除假日 1 月 17 日)，则其预计开工日为“2010-01-11”。

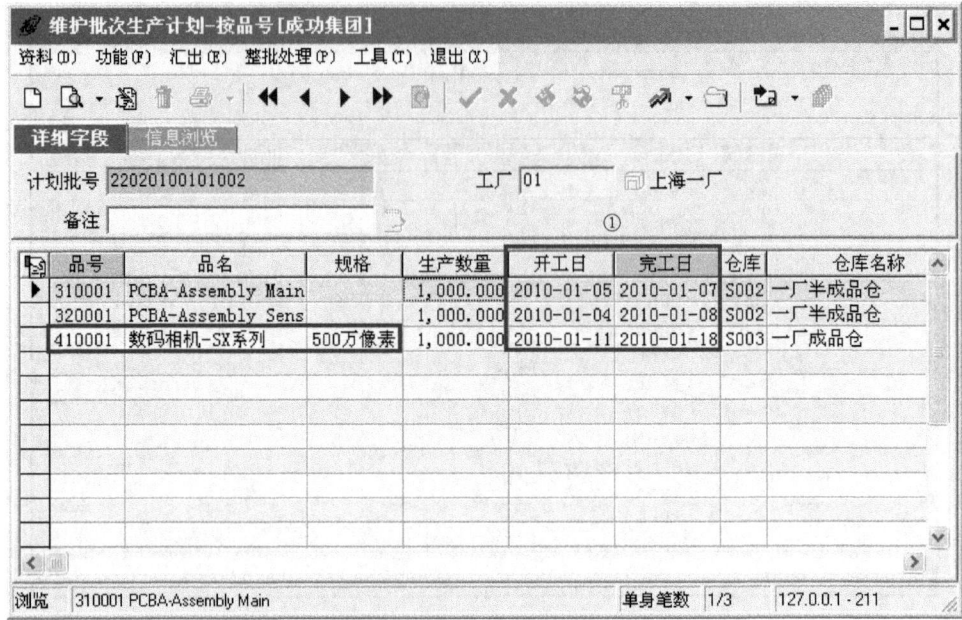

图3.30 "维护批次生产计划—按品号"界面

2010 年 01 月						
日	一	二	三	四	五	六
					1	2
3	4	5	6	7	8	9
10	11	12	13	14	15	16
17	18	19	20	21	22	23
24	25	26	27	28	29	30
注：星期日放假						

② 系统会默认带出该品号在"录入品号信息"作业中的主要仓库。如图3.31所示。

③ 系统会根据执行计划时的条件计算出各品号的预计生产数量。如图3.31所示。影响条件：

- 采"净需求"或"毛需求"的计算方式。
- 考虑安全存量。

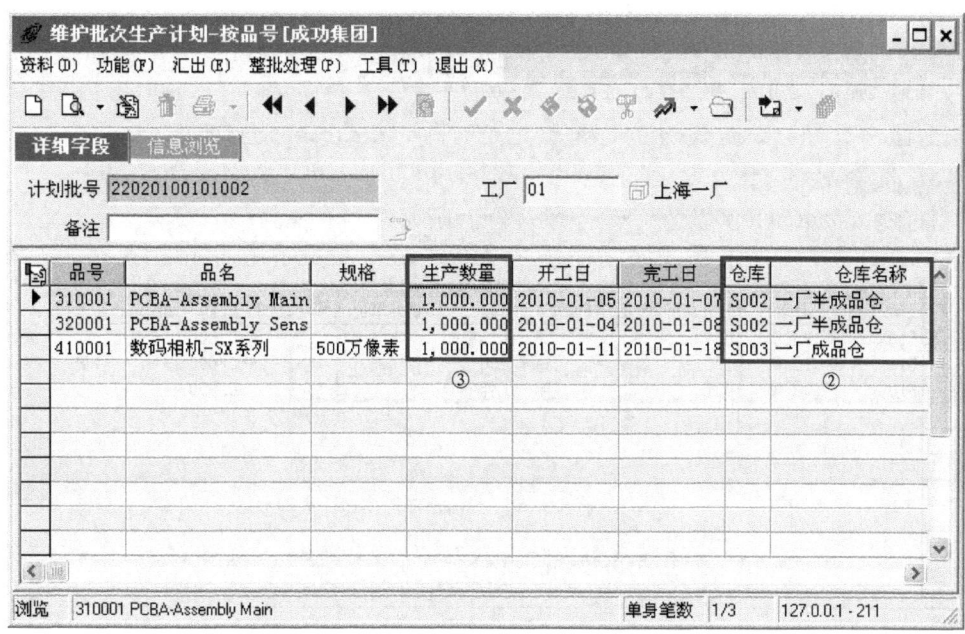

图 3.31 "维护批次生产计划—按品号"界面

- 需求日期后的供给和需求纳入考虑。
- 已发放料件的补充方式。

若选择"批次需求计算方式＝净需求或毛需求(且有勾选'计算九大量')",可在"生产数量"字段按 F2 键查看各数量信息。如图3.32所示。

④ 系统默认发放生产计划的工单,是此自制件在"产品结构子系统"｜"BOM"｜"录入 BOM"预设的"工单单别";若要发放成另一张工单,可在本作业修改。如图 3.33 所示。

⑤ 系统会默认带出该品号的委外供应商或工作中心,如图 3.33 所示。

厂内自制件:默认"录入品号信息"的"工作中心"为此品号的工作中心,可修改。

委外加工件:默认"录入品号信息"的"主

图 3.32 "查询库存可用量"界面

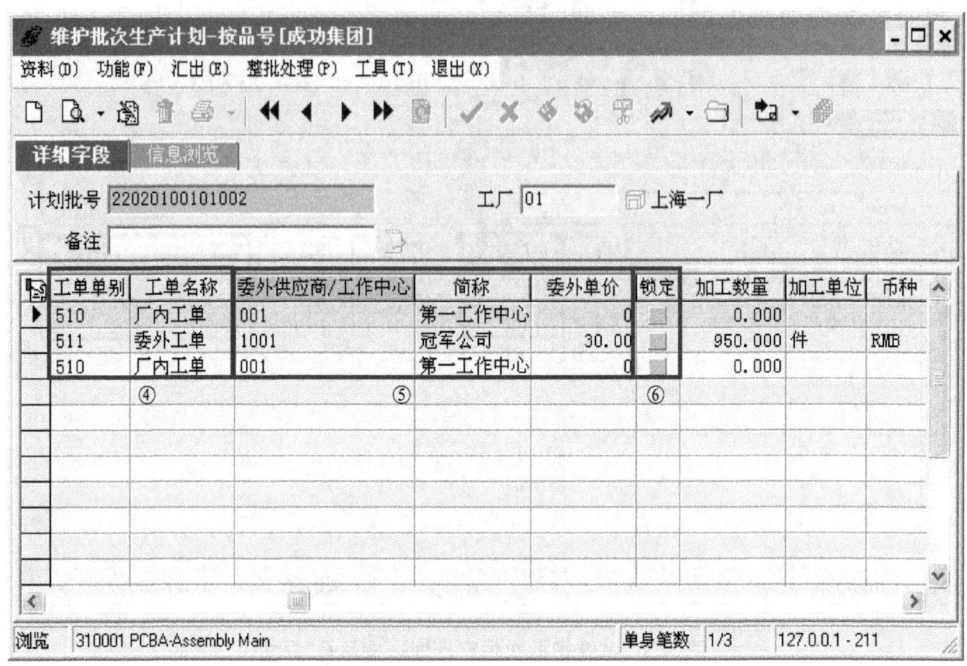

图 3.33 "维护批次生产计划—按品号"界面

供应商"是此品号的委外供应商,可在此作业变更修改。如果委外供应商在"工单委外子系统"有委外价格信息时,也会默认在此带出委外单价。

⑥ 生产信息审核后,可将"锁定"选项打钩,作为生产计划发放的筛选依据。如图 3.33 所示。

锁定的方式:

(1)可在"维护批次生产计划"中手动锁定计划信息。

(2)可在"锁定生产计划"中,整批锁定计划信息。

⑦ 可查看每一笔生产计划的依据及来源。如图 3.34 所示。

⑧ 在本维护作业里,可单击单身左上角查看该自制件的用料信息。如图 3.35 所示。

⑨ 其用料的"预计领料日"推算,是根据该自制件的"预计开工日",再加上该用料在"录入 BOM"的"投料间距"设定算出的。如图 3.36 所示。

预计领料日=预计开工日+投料间距

第 3 章 批次需求计划系统 | 83

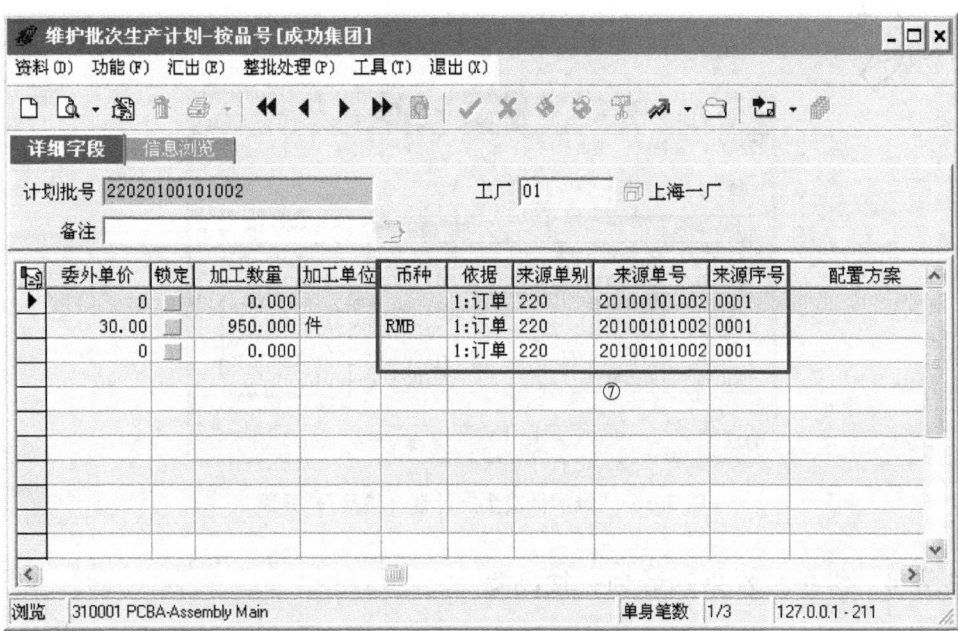

图 3.34 "维护批次生产计划—按品号"界面

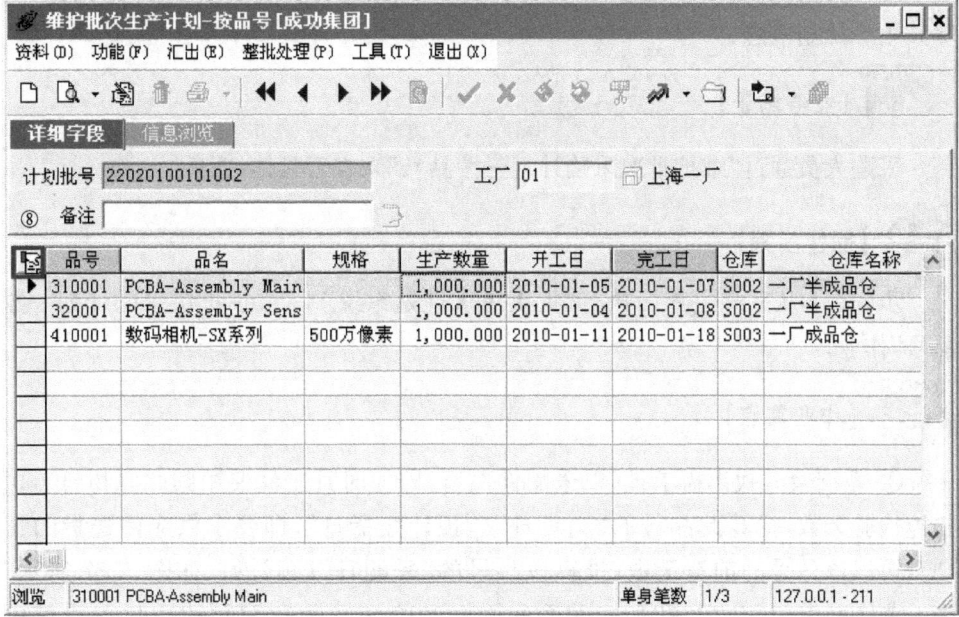

图 3.35 "维护批次生产计划—按品号"界面

单击单身左上角按钮可查看该自制作的用料信息,如图3.36所示:

图3.36 "维护批次生产计划—按品号"界面

3.4.4 维护批次采购计划—按品号

【目的】

可以将已生成的批次生产计划或采购计划信息以品号的方式、查询、更改、删除其生产计划信息。

【业务场景】

采购人员通过"维护批次采购计划—按品号"来查看具体信息。

【操作步骤】

步骤一：从系统主界面执行"批次需求计划系统"|"维护批次采购计划—按品号"作业。

【作业重点】

① 系统会先找出需求日（以采购件而言,即何时其主件要用到此原物料),再扣掉检验天数,推算此品号的"交货日"（"预计交货日"),即要求供应商送货的日期),再以该品号的前置天数,推算该品号的"采购日"(预计)。如图3.37所示。例：成品410001—数码相机—SX系列须于2010年1月11日预计开工,这个产成品会用到料号190009防尘相机套—黑色,该采购件的进货检验天数为2天,所以

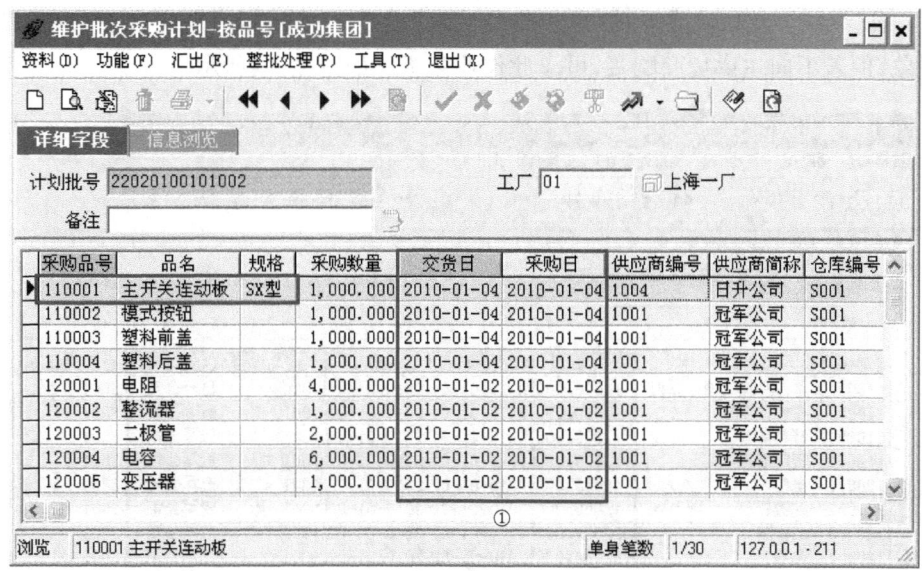

图 3.37 "维护批次采购计划—按品号"界面

推算扣除 1 月 10 日休假日,原料供应商在 2010 年 1 月 7 日必须将货送达;而此品号的固定前置天数为 2 天、变动前置天数为 1 天、批量为 1 000,若预计采购数量为 1 008,则预计生产天数即为:

$$采购天数 = [((预计采购量/批量) \times 变动前置天数) + 固定前置天数]$$

$$= \left[\left(\frac{1\,008}{1\,000} \times 1\right) + 2\right] = 4\ 天$$

由于 $\frac{1\,008}{1\,000} = 1.008$(无条件进位至整数 2),因另外的 8 pcs 为下一批量数。

故以其预计交货日往前推 4 天(须扣除假日 1 月 3 日),则算出在"2010 - 01 - 02",就必须下采购单给供应商了。

2010 年 01 月						
日	一	二	三	四	五	六
					1	2
3	4	5	6	7	8	9
10	11	12	13	14	15	16
17	18	19	20	21	22	23
24	25	26	27	28	29	30
注:星期日放假						

② 系统会默认该品号在"录入品号信息"设定"主供应商"是此次下采购单的对象，但若不向主供货商购买，可于此作业变更。如图 3.38 所示。

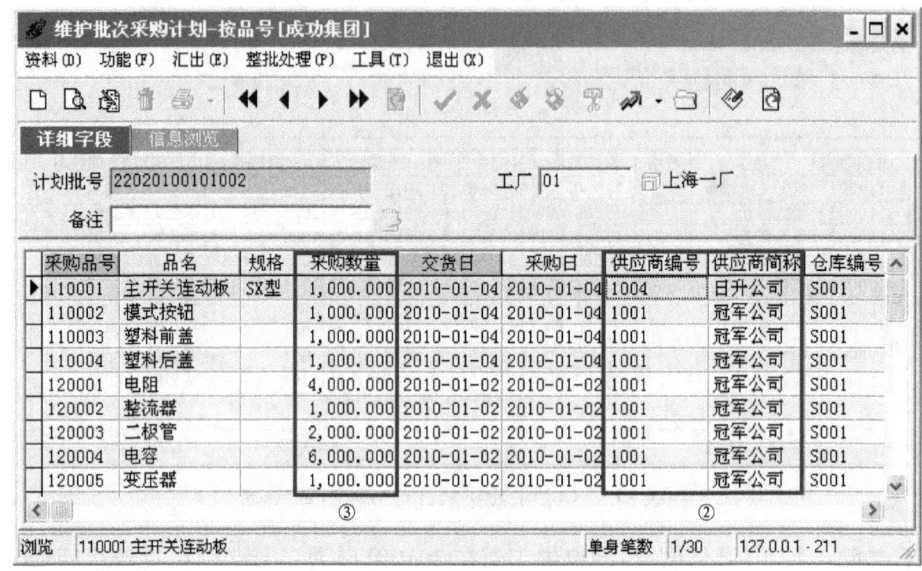

图 3.38 "维护批次采购计划—按品号"界面

图 3.39 "查询库存可用量"界面

③ 系统会根据执行计划时的条件计算出各品号的预计采购数量。如图 3.38 所示。影响条件如下：

- 采"净需求"或"毛需求"的计算方式。
- 考虑安全存量。
- 需求日期之后的供给和需求纳入计算。
- 已发放料件的补充方式。
- 该料件在"录入品号信息"里设定的"最低补量"及"补货倍量"。

若选择"批次需求计算方式＝净需求或毛需求（且有勾选'计算九大量'）"，可在"采购数量"字段按 F2 键查看各数量。如图 3.39 所示。

④ 若成功集团与此主供应商曾议价，有将核价信息输入到"录入供应商料件价格"，系统产生计划信息时，会带出此核价

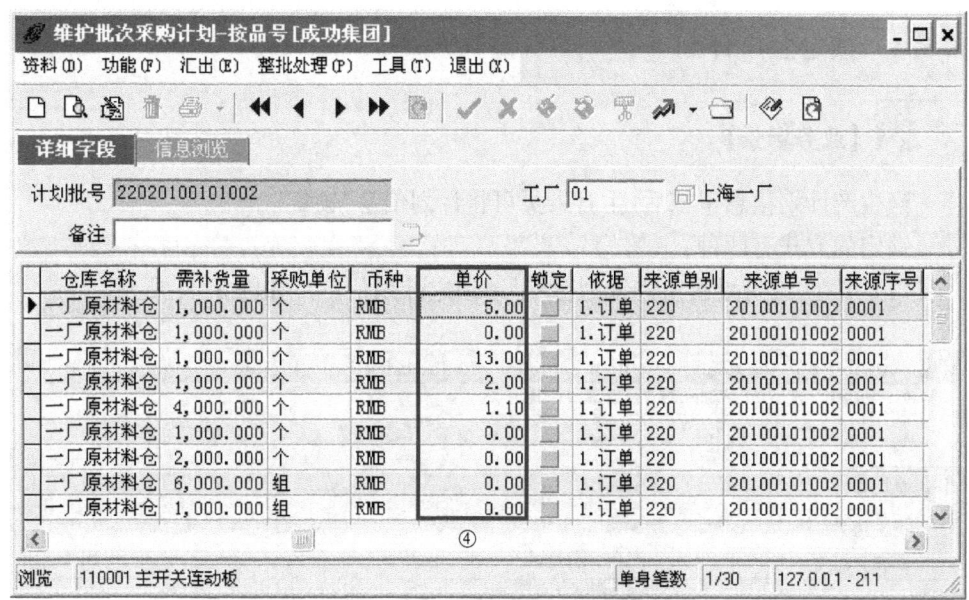

图 3.40 "维护批次采购计划—按品号"界面

信息的有效单价；若不曾议价过，则会先抓取品号的"最近进价"作为参考单价；若不曾进货则会以品号的"标准进价"作为参考单价；也可在"单价"字段按 F2 键开窗查询历史单价，或按 F3 键查询品号供应商建立的单价。如图 3.40 所示。

3.5 需求计划的锁定

【目的】

（1）可将审核过的信息与未审核的信息区分开来，作为计划发放的筛选依据。

（2）若批次需求计划产生后，部分计划结果在考虑产能因素后有所调整，可将人工调整的项目进行锁定，再依相同计划来源条件，重新执行"批次需求计划产生作业"，以求计划结果的最佳化。

（3）若批次需求计划先执行生产计划再产生采购需求者，必须先将生产计划锁定，才能产生出采购计划需求内容。

（4）若产生计划的依据为"依 LRP 生产计划"，则需先在"维护批次生产计划"中，自行建立计划信息，并将计划信息锁定，才能执行"生成批次需求计划"作业。

3.5.1 锁定生产计划

【业务场景】

当生产计划信息审核后,生管人员可将计划信息"锁定"。

锁定的方式有两种:

(1)可在"维护批次生产计划"中手动锁定计划信息。如图 3.41 所示。

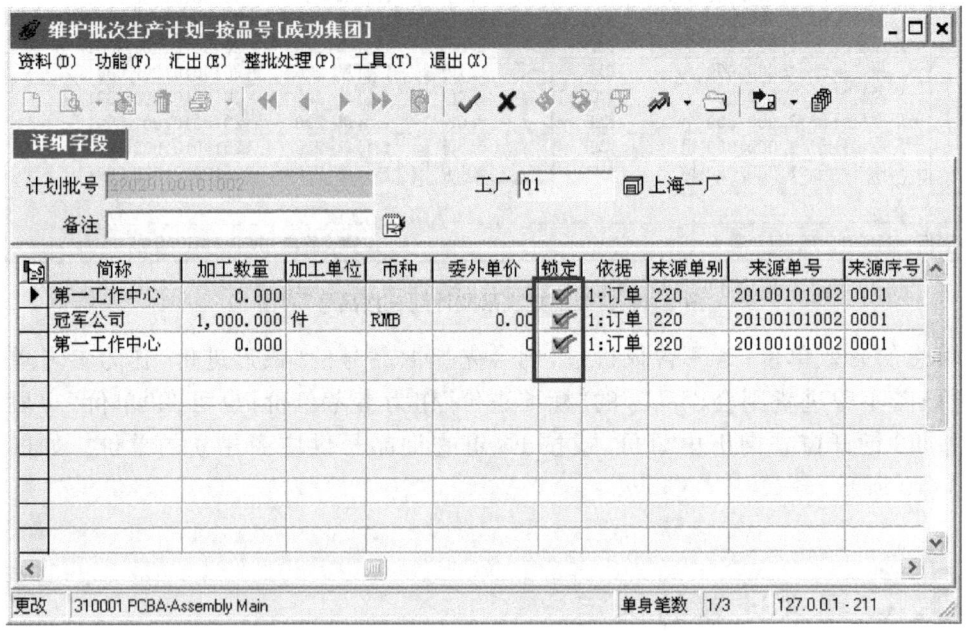

图 3.41 "维护批次生产计划—按品号"界面

(2)可在"锁定生产计划"中,整批锁定计划信息。如图 3.42 所示。

3.5.2 锁定采购计划

【业务场景】

当采购计划信息审核后,采购人员可将计划信息"锁定"。

锁定的方式有两种:

(1)可在"维护批次采购计划"中手动锁定计划信息。如图 3.43 所示。

(2)可在"锁定采购计划"中,整批锁定计划信息。如图 3.44 所示。

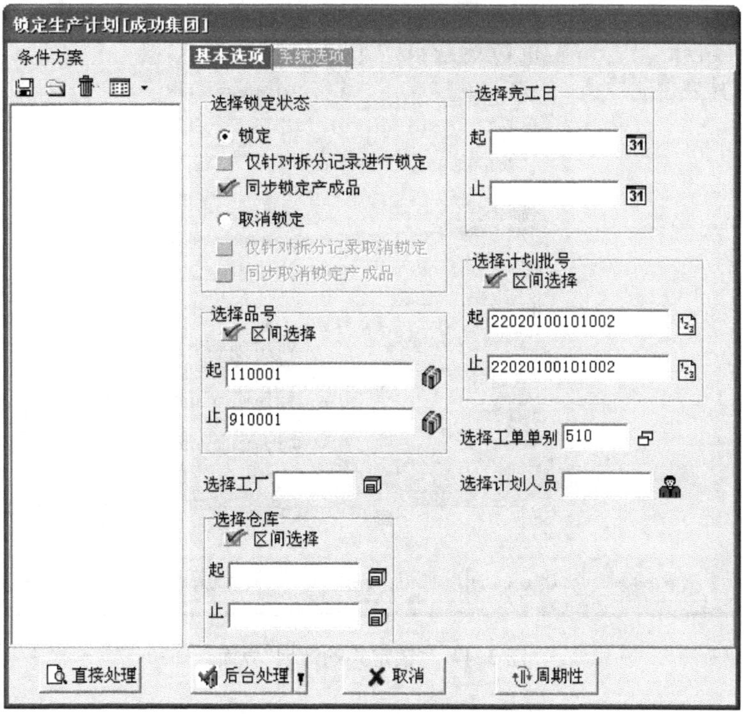

图 3.42 "锁定生产计划"界面

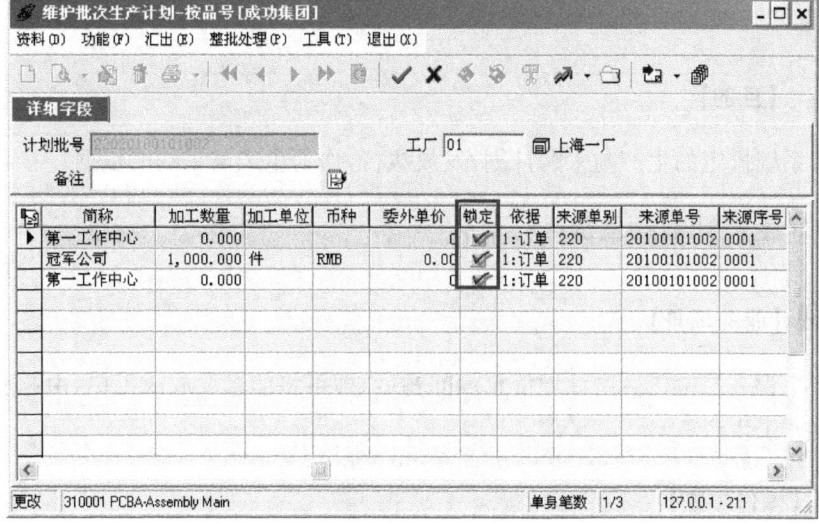

图 3.43 "维护批次采购计划—按品号"界面

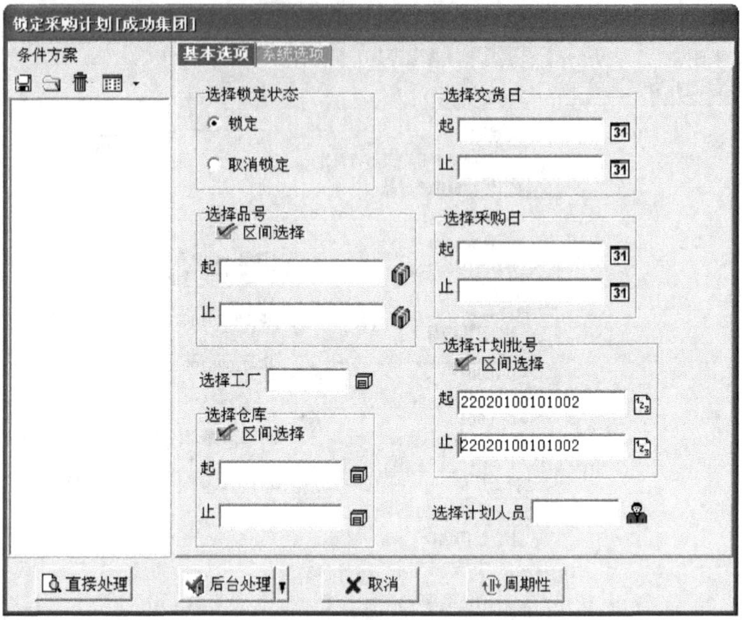

图 3.44 "锁定采购计划"界面

3.6 需求计划的发放

【目的】

将系统排定的生产与采购计划,发放执行,作为生产与采购的依据。

3.6.1 生产计划的发放

【业务场景】

当生管人员检核生产计划信息没问题后,即可将信息发放成工单,由制造部按单领料开工生产。

【操作步骤】

步骤一:从系统主界面执行"批次需求计划系统"|"发放 LRP 工单"作业,进入"发放 LRP 工单"界面,对其发放条件进行设置。

【作业重点】

① 选择将"维护批次生产计划"里维护好的信息,选择特定的"品号"、"预计完工日"、"计划批号"、"工厂"、"仓库"、"锁定状态"(可只发放已锁定的计划)、"工单单别"(可选择发放在计划里维护好的工单单别)、"工单性质"(厂内或委外工单)、"计划人员"负责的计划发放到"工单委外子系统"|"录入工单"。如图 3.45 所示。

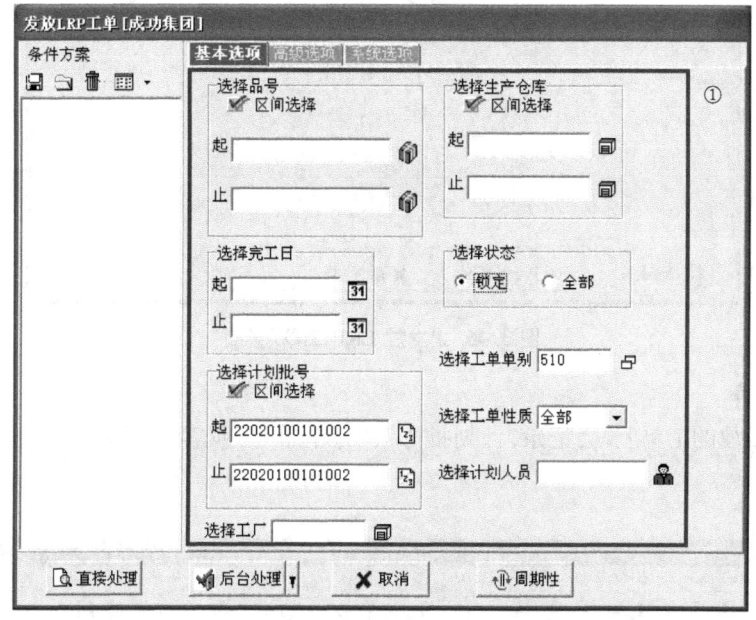

图 3.45 "发放 LRP 工单"界面

② 产生工单时,可依"计划批号"或"品号"作为发放的排序依据。如图 3.46 所示。

③ 若相同计划批号有不同预计开工日的相同品号,可合并一起发放成工单;系统会将同一个计划批号的相同品号的生产数量累加,并以最早一笔预计开工日的信息,记录在工单单头相关字段里。如图 3.46 所示。

④ 可勾选"发放委外工单的委外单价为零者"的选项,即使产生的生产计划,其委外单价为零者,也会发放到工单。若不勾选,表示希望委外单价须再进行确认,在"维护批次生产计划"补入确认后的委外单价后,再发放委外工单。此选项的目的,主要是担心信息众多,单价为零者没有事先查看就发单而产生问题。如图 3.46 所示。

⑤ 若计划产生的开工日、预计领料日及完工日小于发放日期,可选择以输入的"发放日期",作为发放工单的"预计开工日"及"预计完工日"。如图 3.46 所示。

步骤二:从系统主界面执行"工单/委外子系统"|"录入工单"作业,查看发放

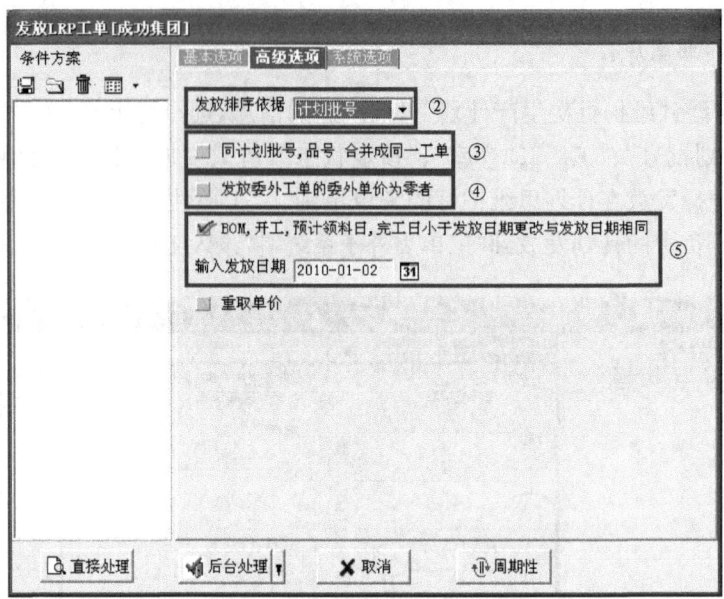

图 3.46 "发放 LRP 工单"界面

出来的工单。

⑥ 发放的工单上,会记录"计划批号"、"订单单号"及客户相关信息。如图 3.47 所示。

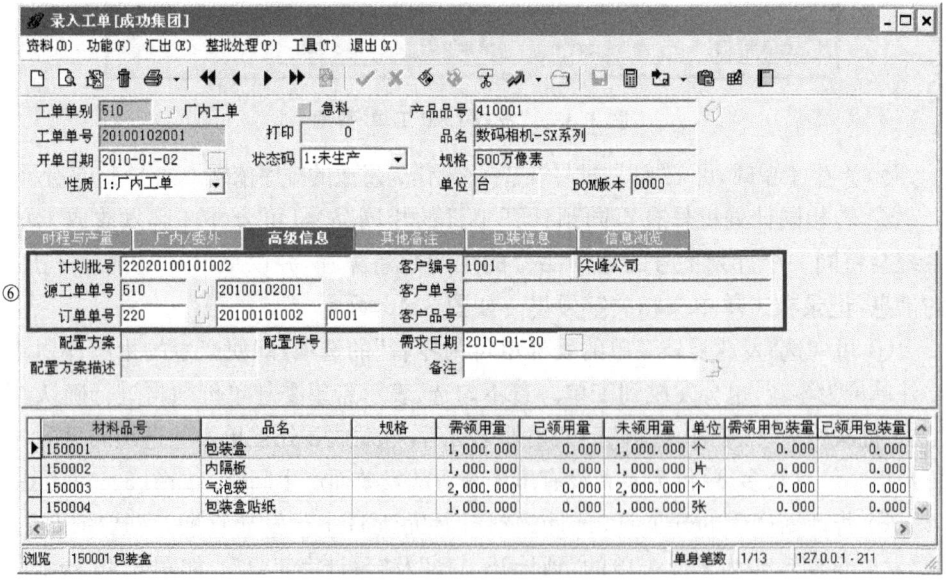

图 3.47 "录入工单"界面

3.6.2 采购计划的发放

【业务场景】

当采购计划信息没问题,采购人员即可将信息发放成请购单或采购单,进行请采购程序。

【操作步骤】

步骤一:从系统主界面执行"批次需求计划系统"|"发放 LRP 采购单"作业,进入"发放 LRP 采购单"界面,对其发放条件进行设置。

【作业重点】

① 可选择"维护批次采购计划"里维护好的信息,选择特定的"供应商"、"品号"、"采购日"、"计划批号"、"工厂"、"仓库"、"币种"、"锁定状态"、特定"计划人员"负责的计划信息发放到"采购管理子系统"|"录入请购单或录入采购单"里。如图 3.48 所示。

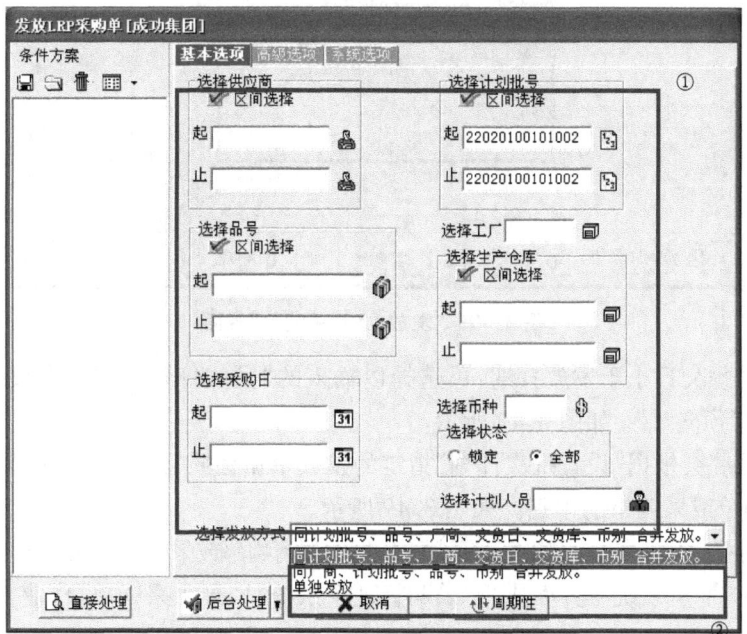

图 3.48 "发放 LRP 采购单"界面

② 共有三种发放方式可供选择,如图3.48所示:

■ 同计划批号且同品号、厂商、交货日、交货库、币别的采购计划,是否要将数量累加合并发放。

■ 同厂商且计划批号、品号、币别的采购计划,是否要将数量累加合并发放。

■ 所有品号都单独发放。

③ 可勾选"发放采购单价为零的计划"的选项,即使产生的采购计划,其采购单价为零,也会发放到请购单或采购单,由采购人员在采购流程与供应商议完价后再补入(维护请购信息)。若不勾选,则表示采购单价须再进行确认,并在"维护批次采购计划"中补入确认后的采购单价,再发出请购单或采购单。如图3.49所示。

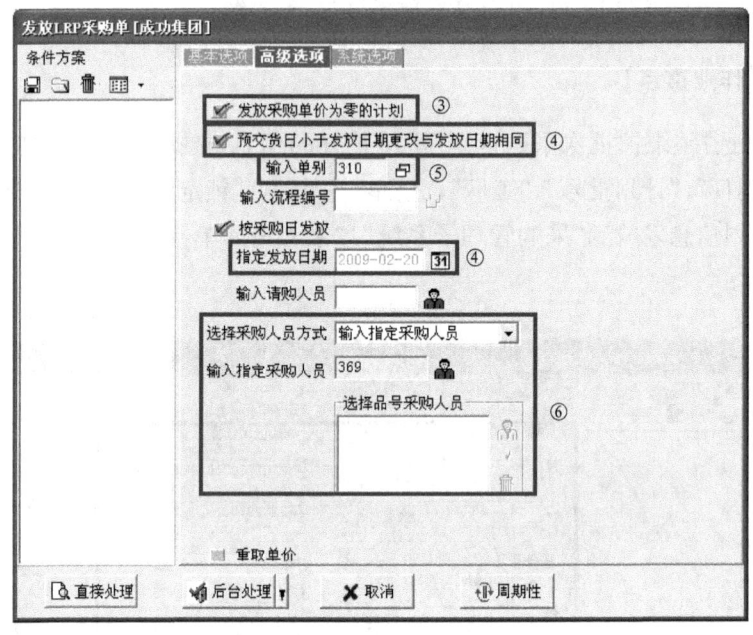

图3.49 "发放LRP采购单"界面

④ 若预交日小于发放日期,可选择以输入的"发放日期",作为发放请购单或采购单的"预交日"。如图3.49所示。

⑤ 系统会根据"设置批次计划"指定的发放单据性质,让使用者在"输入单别"带出请购单或采购单的单别。如图3.49所示。

⑥ 可指定属于特定采购人员负责的品号发放请购单或采购单。如图3.49所示。

步骤二:从系统主界面执行"采购管理子系统"|"录入采购单"作业,查看发放出来的采购单。

⑦ 发放的采购单上,会记录其"来源单号"(即计划批号)及"参考单别、单号、

序号"(订单单别、单号及序号或工单单别单号)。如图 3.50 所示。

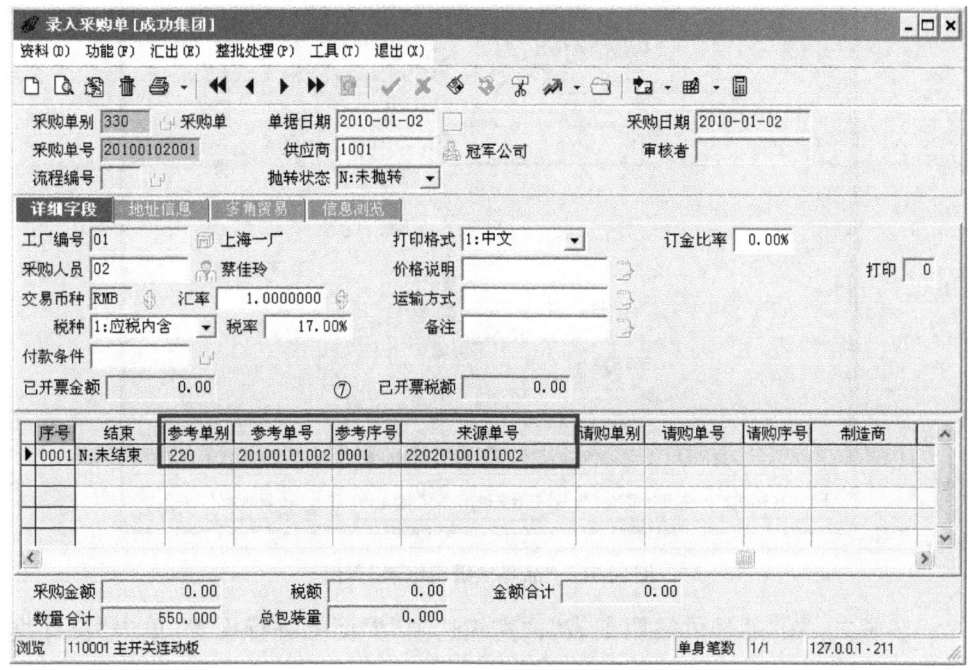

图 3.50 "发放 LRP 采购单"界面

3.7 常用报表简介

3.7.1 品号供需明细表

【目的】

以品号及截止时点来呈现未来供给需求的"九大量明细资料"及"库存预计结余数量",以确实掌握料件的供需平衡,同时也可以作为"产能变动"分析借调用料可行性的参考报表。

【操作步骤】

步骤一:在"品号供需明细表"、"基本选项"界面上进行设置。如图 3.51 所示:

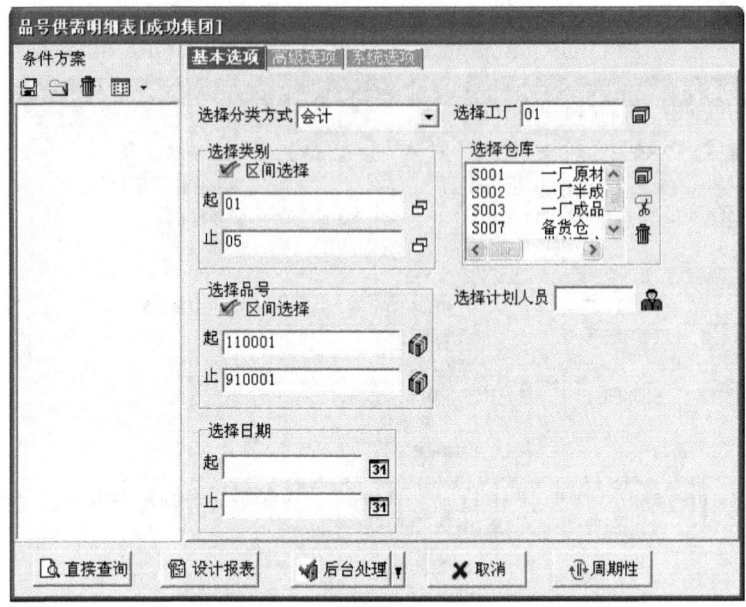

图 3.51 "品号供需明细表"界面

步骤二：在"品号供需明细表"、"高级选项"界面上进行设置，单击"设计报表"。如图 3.52 所示：

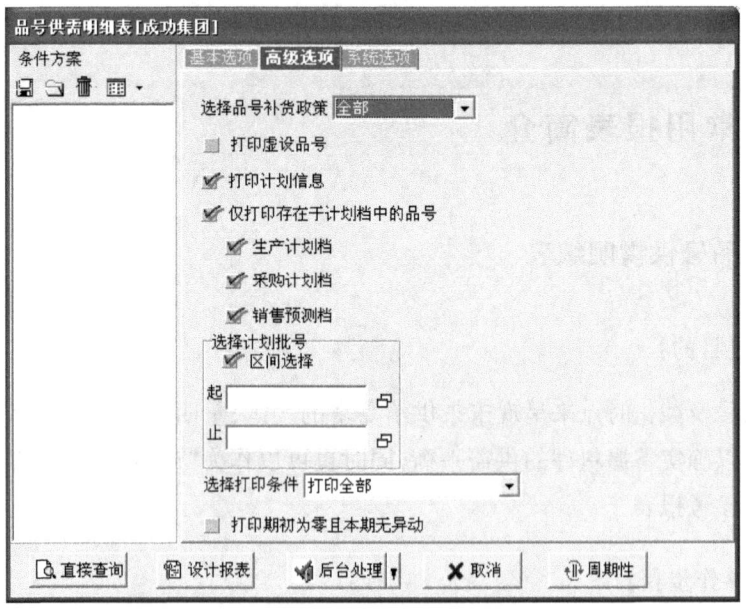

图 3.52 "品号供需明细表"界面

步骤三：报表产出结果。如图 3.53 所示。

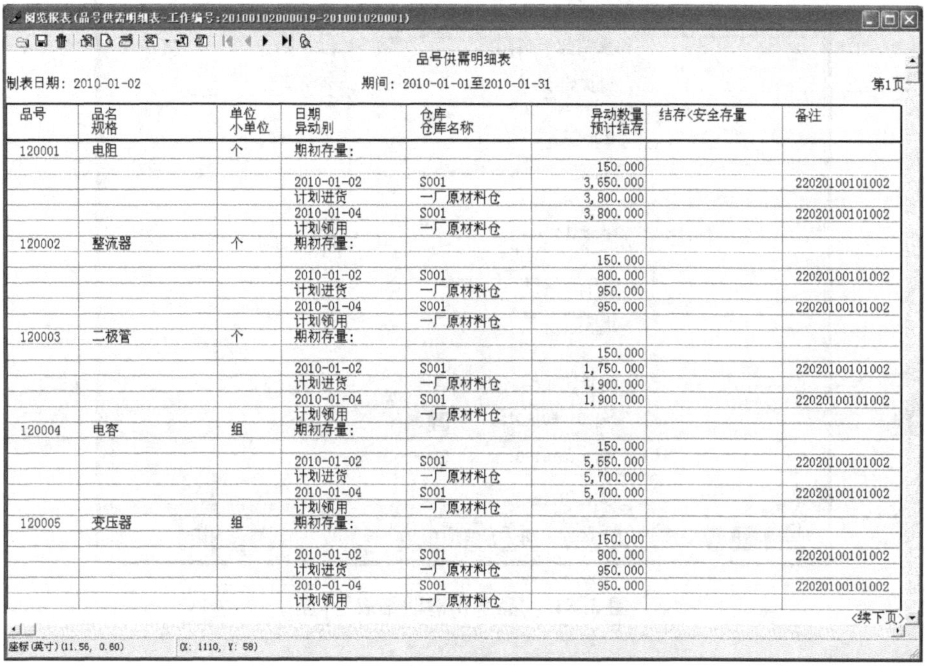

阅览报表(品号供需明细表-工作编号:20100102000019-201001020001)

品号供需明细表

制表日期：2010-01-02　　期间：2010-01-01至2010-01-31　　第1页

品号	品名 规格	单位 小单位	日期 异动别	仓库 仓库名称	异动数量 预计结存	结存<安全存量	备注
120001	电阻	个	期初存量:				
					150.000		
			2010-01-02	S001	3,650.000		22020100101002
			计划进货	一厂原材料仓	3,800.000		
			2010-01-04	S001	3,800.000		22020100101002
			计划领用	一厂原材料仓			
120002	整流器	个	期初存量:				
					150.000		
			2010-01-02	S001	800.000		22020100101002
			计划进货	一厂原材料仓	950.000		
			2010-01-04	S001	950.000		22020100101002
			计划领用	一厂原材料仓			
120003	二极管	个	期初存量:				
					150.000		
			2010-01-02	S001	1,750.000		22020100101002
			计划进货	一厂原材料仓	1,900.000		
			2010-01-04	S001	1,900.000		22020100101002
			计划领用	一厂原材料仓			
120004	电容	组	期初存量:				
					150.000		
			2010-01-02	S001	5,550.000		22020100101002
			计划进货	一厂原材料仓	5,700.000		
			2010-01-04	S001	5,700.000		22020100101002
			计划领用	一厂原材料仓			
120005	变压器	组	期初存量:				
					150.000		
			2010-01-02	S001	800.000		22020100101002
			计划进货	一厂原材料仓	950.000		
			2010-01-04	S001	950.000		22020100101002
			计划领用	一厂原材料仓			

<续下页>

座标(英寸)(11.56, 0.60)　(X: 1110, Y: 58)

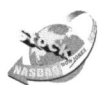

图 3.53 “品号供需明细表”界面

3.7.2 品号供需统计表

【目的】

以“每日”或“每周”、“每旬”、“半月”及“每月”的汇总方式，打印出某品号在特定截止时点的未来供给需求的“九大量资料”及“库存预计结存数量”。

【操作步骤】

步骤一：在“品号供需明细表”、“基本选项”界面上进行设置。如图 3.54 所示。

步骤二：在“品号供需明细表”、“高级选项”界面上进行设置，然后单击“设计报表”。如图 3.55 所示。

步骤三：报表产出结果。如图 3.56 所示。

【课后习题】

1. 成功集团接到这样一张订单，由客户 1001 第一公司订购 250 个品号为

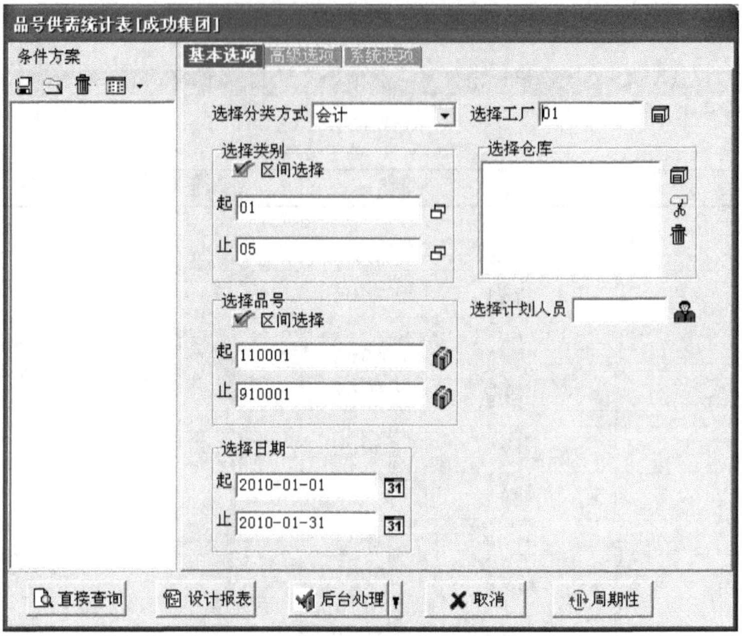

图 3.54 "品号供需明细表"界面

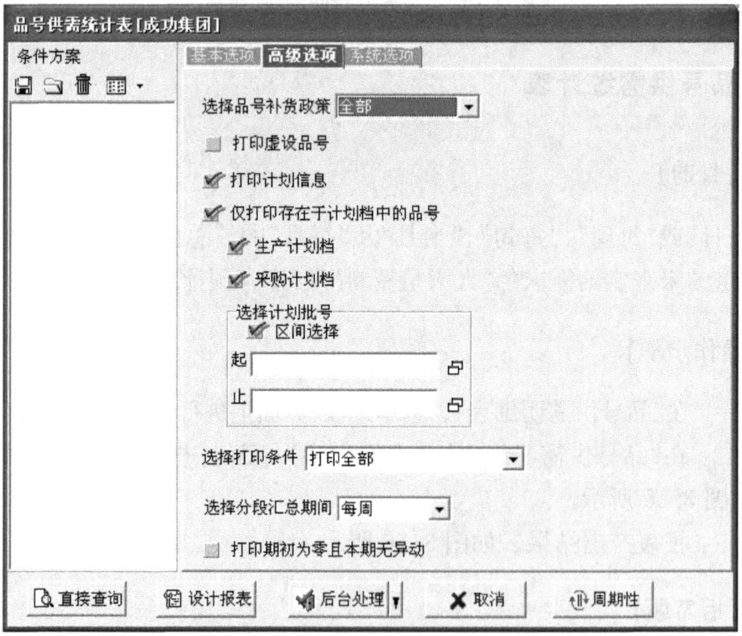

图 3.55 "品号供需明细表"界面

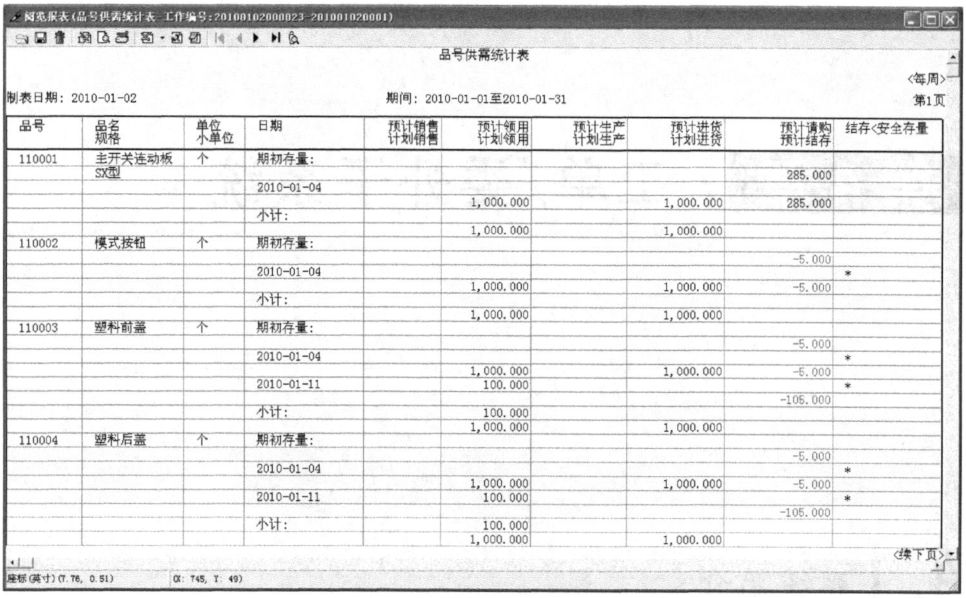

阅览报表(品号供需统计表 工作编号:20100102000023-201001020001)

品号供需统计表

<每周>

制表日期：2010-01-02　　期间：2010-01-01至2010-01-31　　第1页

品号	品名 规格	单位 小单位	日期	预计销售 计划销售	预计领用 计划领用	预计生产 计划生产	预计进货 计划进货	预计请购 预计结存	结存<安全存量
110001	主开关连动板 SX型	个	期初存量:						
								285.000	
			2010-01-04						
					1,000.000		1,000.000	285.000	
			小计:						
					1,000.000		1,000.000		
110002	模式按钮	个	期初存量:						
								-5.000	
			2010-01-04						*
					1,000.000		1,000.000	-5.000	
			小计:						
					1,000.000		1,000.000		
110003	塑料前盖	个	期初存量:						
								-5.000	
			2010-01-04						*
					1,000.000		1,000.000	-5.000	
			2010-01-11		100.000				*
								-105.000	
			小计:		100.000				
					1,000.000		1,000.000		
110004	塑料后盖	个	期初存量:						
								-5.000	
			2010-01-04						*
					1,000.000		1,000.000	-5.000	
			2010-01-11		100.000				*
								-105.000	
			小计:		100.000				
					1,000.000		1,000.000		

<续下页>

座标(英寸)(7.76, 0.51)　　(X: 745, Y: 49)

图 3.56 “品号供需明细表”界面

4100001 的数码相机，单价为 3 000 元。现在请您以生管人员的身份根据此订单生成批次需求计划，包括生产和采购两部分，计算方式选择毛需求。

2. 上题中生成出的生产计划和采购计划可以分别存放在维护生产计划和维护采购计划中，可以看到在维护生产计划中有三笔生产信息，除了成品还有两个半成品，由于发现仓库里的 320001—PCBA—Assembly Sensor 有 40 个库存，所以只需要生产 210 个即可，请在维护生产计划中修改相关生产数量。

3. 请将上题中修改的品号的生产计划锁定，并只将其发放成工单/委外子系统中的工单。

第4章 / 工单/委外子系统

4.1 系统简介

4.1.1 系统效益与特色

在不同的企业里,"工单"都有不同的名称,如:工单(Job Order、Shop Order、Work Order)、生产工单(Production Order)等。工厂内的一切活动都是以生管部门发出的"工单"作为办事的依据。因此,如果能确实掌握所有工单的状况,就能让工厂内的一切活动有条不紊,按部就班地进行。从三个方面来看系统带来的效益:

第一,系统提供了厂内以及委外工单的建立,日常生产的领、退料以及产成品生产后的入库动作,另外,如果产品外包时,委外加工的领退料、完工后的委外加工进、退货以及委外单价的管理等等,和工厂生产相关的日常这些工作活动都能记录。

第二,系统提供多种与生产相关的管理报表,例如:工单生产状况表、工单需求检视表、料件缺料状况表、工单用料分析表、委外价格异常表等,让管理者从系统中可以取得和生产相关的信息,充分掌握信息以避免生产异常所造成的损失。

第三,"工单/委外子系统"的日常单据都是成本结算时搜集成本信息的来源,例如:工单、领退料单及生产入库单、委外进退货单等。

工单/委外子系统的特色如下:

(1) 系统符合多任务,多工作中心的生产形态,可以同时兼做厂内生产工单以及委外工单的管理。

(2) 在厂内工单管理方面,提供生产进度表、工单需求检视表、料件缺料状况表、工单欠料状况表、料件预计领用表、工单用料分析表等多张报表。

（3）委外管理方面，提供委外加工的委外加工记录表，还有管理委外进货异常的数据，包括：委外价格异常表、委外进货异常表等多张报表来协助您做好委外管理。

（4）日常工作中常见和生产有相关的单据，例如：工单、领料单、生产入库单以及委外进退货等等，都可以在系统中按照内部管理的需要，自行制定符合内部管理的签核流程。

（5）系统提供多种不同的领料方式，无论是采用备料制？或是领料制？还是自动扣料制？系统都可以按照企业内部管理来灵活运用。

（6）工单用料展开时，如果工单需要使用的材料有短缺，系统提供"取替代料"判断来提醒这个材料有建立取替代料，可以达到实时替换料件的功能，以避免重复购买。

（7）如果有运用 LRP、MRP 或 MPS 时，可以按照库存数量和料件的预计进出库的状况，来自动计算料件的生产顺序和备料的数量，并自动产生工单，这样就能精确的计算出每一段期间内应准备的材料。

4.1.2　系统构架与关联

图 4.1 为工单/委外子系统构架。

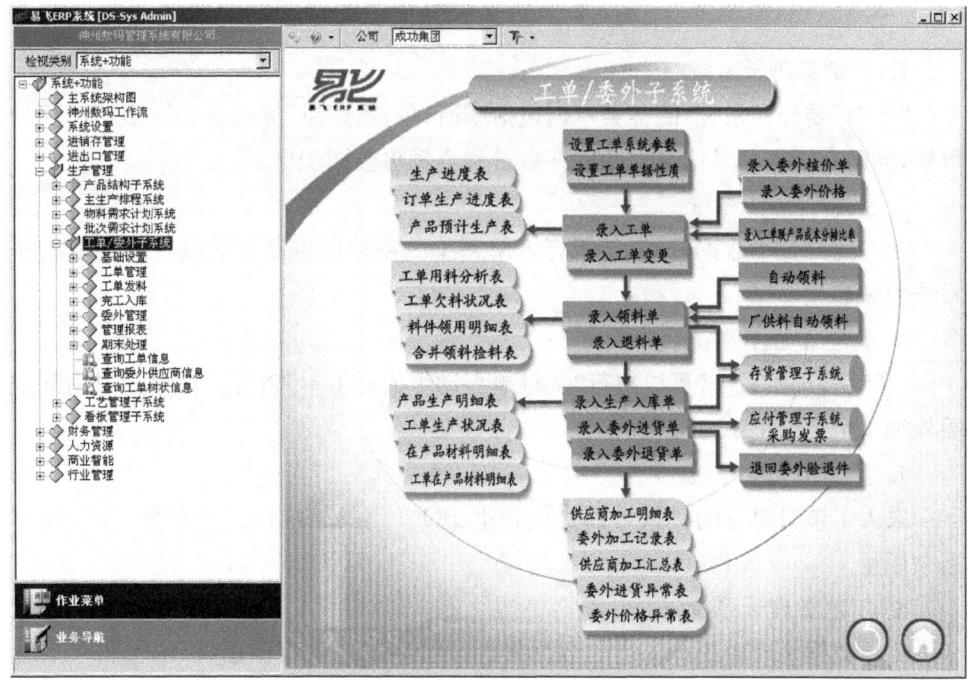

图 4.1　系统架构

图 4.2 为工单/委外子系统与其他系统的关联。

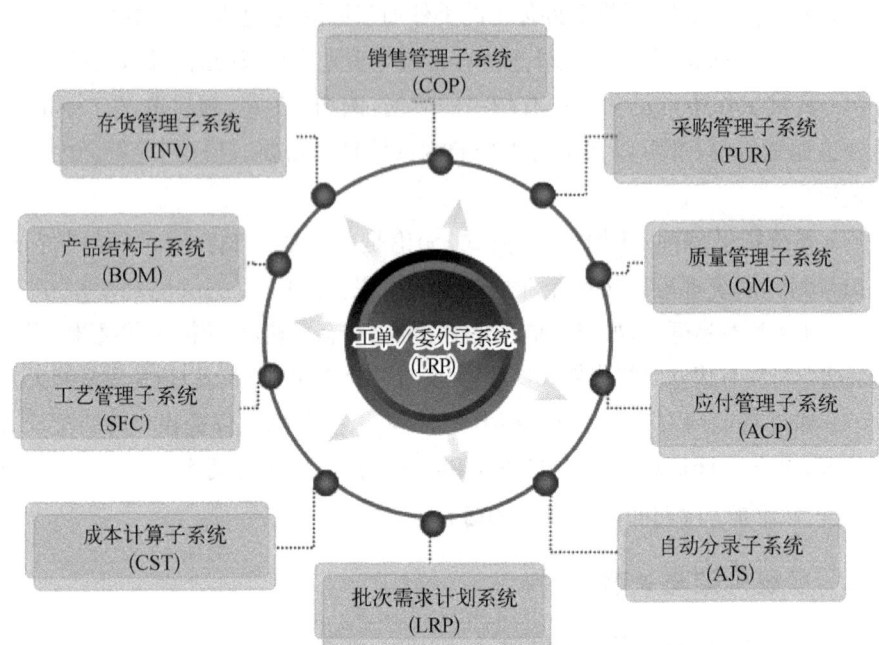

图 4.2　与其他系统的关联图

1. 存货管理子系统

"工单/委外子系统"的各类单据包括"领料单、入库单"等都会实际影响库存的数量,同时在录入品号信息中的库存数量和金额也会同步更新。

2. 采购管理子系统

供应商的基本数据资料,是所有工单系统的委外供应商都必须在采购管理子系统中来建立。

3. 销售管理子系统

"销售管理子系统"可以执行"从订单自动生成源工单"将客户订单转成内部或委外加工生产的工单。

4. 产品结构子系统

录入工单时单身的材料可以直接根据 BOM 产品结构信息自动带出,并计算需领用量。

5. 工艺管理子系统

工单数据是产生工单工艺的数据来源,所以"工艺管理子系统"的投料单后续也可以自动产生领料单。

6. 应付管理子系统

公司产品有委外加工,当供应商加工完成交货后,要填写委外进货单,而所要支付的加工费用就要交给"应付管理子系统"来处理。

7. 自动分录子系统

"工单/委外子系统"的领(退)料单、生产入库单以及委外进(退)货单是财会人员生成会计凭证的数据来源,在"自动分录子系统"中,通过"自动生成分录底稿"来产生分录底稿或者会计凭证。

8. 质量管理子系统

工单成品品号的"检验方式"为抽检并运行了生产入库检验程序,则必须通过"质量管理子系统"的检验。

9. 成本计算子系统

成会人员会根据"工单/委外子系统"中的领(退)料单、生产入库单以及委外进(退)货单等数据进行核对,并在"成本计算子系统"中执行"计算生产成本",算出每张工单的生产成本。

10. 批次需求计划系统

执行批次需求计划时,会参考工单的预计生产以及预计领用数量,来估算该生产多少数量? 该何时开工? 以及该何时完工。

4.2 生产制造流程

业务部门接到客户订单,公司召开产销协调会,各部门进行产能、物料的初步协调。生管部门执行需求计划排定,并将针对所产生的采购计划发放成采购单,后续采购流程由采购人员跟催;同时也将针对所产生的生产计划,视产能状况,发放成厂内工单或委外工单;若有订单、用料、日期等信息调整,就须执行工单变更调整。实际开工时,记录相关领退料信息;完工后,厂内自制件,记录入库信息;委外加工件,在委外进货单中记录信息;同时在进货检验发现不良品,可立即退回加工厂商;或完成品入库后发现有不良时,要跟委外供应商协调作退货处理。单据输入完保存,可以打印各种报表,例如:经常会使用到的单据凭证、单据的清单及明细表,以及工单系统所提供的管理报表比如:生产进度表、工单需求检视表、工单在产品材料明细表等。以上就是生产制造流程。如图 4.3 所示。

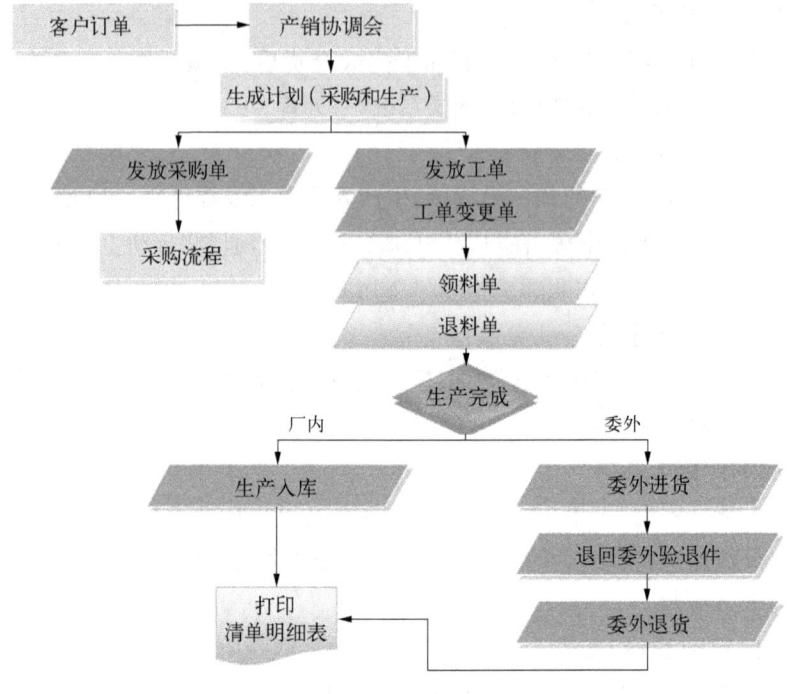

图 4.3　生产制造流程

4.3 基础设置

4.3.1 录入品号信息

【目的】

检查"基本信息子系统"|"基础设置"|"录入品号信息"里的领料码是否正确，以作为生产信息的来源依据。

【作业重点】

领料码：是设定工单/委外子系统生产成品时所用组成料件的领料模式。共有逐批领料、自动扣料、单独领料三种。如图 4.4 所示。

- 逐批领料：当生产产成品时，下阶的用料必须逐批填写领料单才可领出生产。一般制造业的批次用料都是采用这种管理模式。

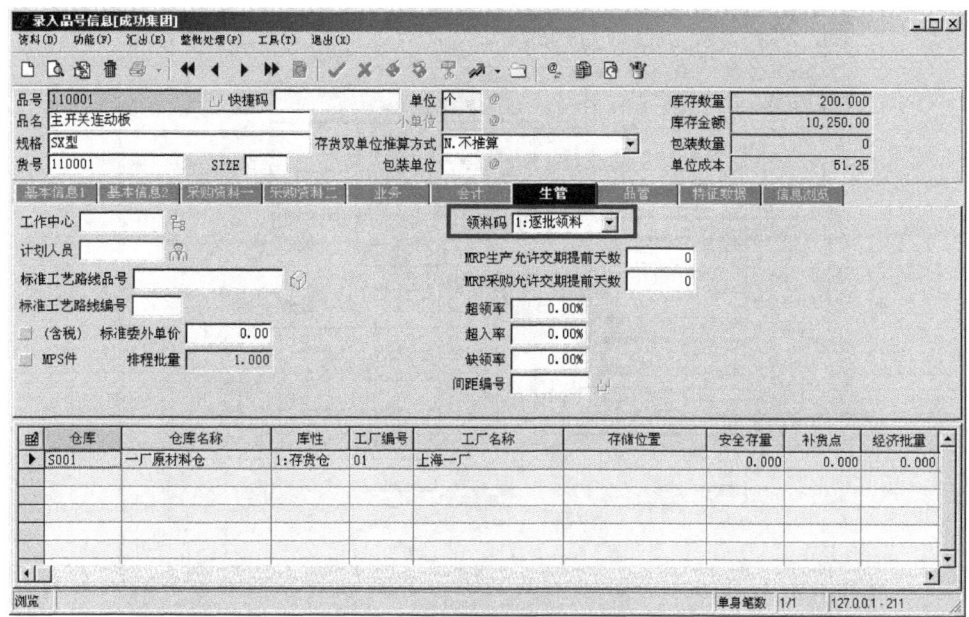

图 4.4 "录入品号信息"界面

- 自动扣料:多发生在塑料业或素材加工业,这些用料也必须管制其库存,但是因为包装方式特殊无法分割,所以等成品入库时,用产成品入库数量倒推下阶的标准用料来产生领料单扣除库存。
- 单独领料:需要区别其他料件单独领用时使用,比如特别贵重的部件;或是一些生产时所需使用的费用性材料,如:手套、模型、模具等,这一类的料件,就可以设定为"单独领料"。

4.3.2 设置工单单据性质

【目的】

检查"工单/委外子系统"|"基础设置"|"设置工单单据性质"里的各类单据性质是否建立完整。

【作业重点】

① 单别:最多可编 4 码,建议以数字或英文字母作为单别的代号。如图 4.5 所示。

② 单据性质:工单/委外子系统中共可以设置 11 种不同的单据性质,包括:

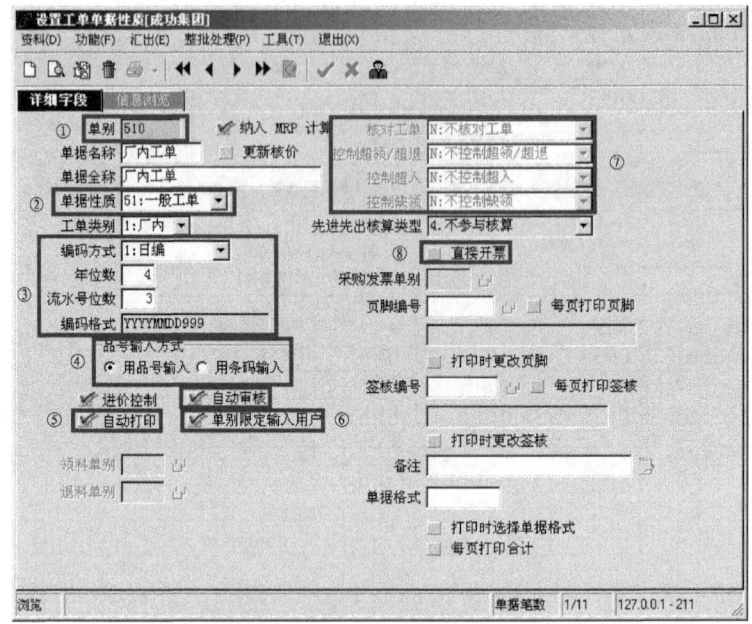

图 4.5 "设置工单单据性质"界面

一般工单、返工工单、厂内领料、委外领料、厂内退料、委外退料、生产入库、委外进货、委外退货、核价单和挪料单。如图 4.5 所示。

- "51：一般工单"：日常在录入工单时候使用。
- "52：返工工单"：已入库产品质量发生异常，需要重新加工或更换零件等状况时使用。
- "54：厂内领料"：仓库备料或现场工作中心领料时使用。
- "55：委外领料"：发料给委外供应商时使用的领料单据。
- "56：厂内退料"：生产完工有余料，需退料仓库时使用的单据。
- "57：委外退料"：委外供应商加工完毕有余料，要退回厂内时使用。
- "58：生产入库"：质检检验良品后入库时使用的单据。
- "59：委外进货"：委外供应商加工完成后，进货入库时使用的单据。
- "5A：委外退货"：委外供应商产品入库后发现质量问题，要将产品退还给委外供应商所使用的单据。
- "5B：核价单"：产品给委外供应商或是旧品号变更委外单价时使用。
- "5C：挪料单"：生产发生料件短缺时，同时有其他批工单已经完工但还有余料没有退料，可使用挪料单据，来挪用其他批工单的用料。

③ 编码方式、年位数、流水号位数、编码格式：共 4 种编码方式（日编、月编、流

水号、手动编号);系统默认"设置共用参数里"、"日期格式"的年码格式;在"编码格式"字段里,可看到单号格式,编码总长度不可以超过11码。如图4.5所示。

④ 品号输入方式:结合条形码扫描器输入品号数据,可选择"用条码输入"。如图4.5所示。

⑤ 自动审核、自动打印:单别在数据输入后,要立即审核,可设定"自动审核";单别在数据输入完毕保存后要马上打印,可设定为"自动打印"。如图4.5所示。

⑥ 单别限定输入用户:设定允许以此单别新增资料的用户名单。如图4.5所示。

⑦ 核对工单:管控进出库单据,例如领退料单、生产入库单、委外进退货单、挪料单,在输入时是否一定要输入工单单别单号;有使用易飞"成本计算子系统",必须设定核对工单,以确保成本计算结果的正确性。如图4.5所示。

⑧ 直接开票:委外进/退货单据在审核的同时,系统会在应付管理子系统产生一张采购发票,这就是直接开票。如图4.5所示。

4.4 录入工单

【目的】

工单的录入,可以正确记录工厂生产产品所需的材料,时间及产量。依企业流程上的不同而有所差异,其信息来源有以下几种:

(1) 客户订单:若企业为接单生产,可在接到客户订单后,直接在"销售管理子系统"|"订单管理"|"录入客户订单"记录,再在"工单/委外子系统"|"从订单自动生成源工单",将客户的需求直接转为工单。

(2) 生产计划:若企业在生产前须执行生产计划,可执行"批次需求计划系统"|"批处理"|"生成批次需求计划",由系统产生计划建议,计划确认后,再执行"发放生产计划",将计划转为正式的工单。

(3) 生管人员也可自行在"工单/委外子系统"|"工单管理"|"录入工单"新增工单。

4.4.1 录入工单—厂内

【业务场景】

成功集团业务部1月8日,接到来自客户"茂圣公司"的急单,订购品号410001

"数码相机—SX 型"200 台,预计 1 月 26 日交货,因目前"数码相机—SX 型"无库存,经过产销协调后,生管部同意插单生产,于是按品号 410001"数码相机—SX 型"的产品结构,录入三张工单:工单 1:生产成品"数码相机—SX 型",品号:410001,厂内生产,预计产量:200,预计开工日 1 月 22 日,因为成品组装后需要包装所以派工给厂内工作中心:"组装车间二组"加工。

【操作步骤】

步骤一:执行系统主画面"工单/委外子系统"|"录入工单"作业,进入"录入工单"界面后,开始建立工单信息。

【作业重点】

① 在"工单单别"直接输入单别编号,或按 F2 键开窗选择单别,可选择厂内及委外性质的单别(单别须在"设置工单单据性质"设好),选好后,系统会自动带出该工单"性质"信息,无须输入。工单开单日期将默认为系统日期,可修改。如图 4.6 所示。

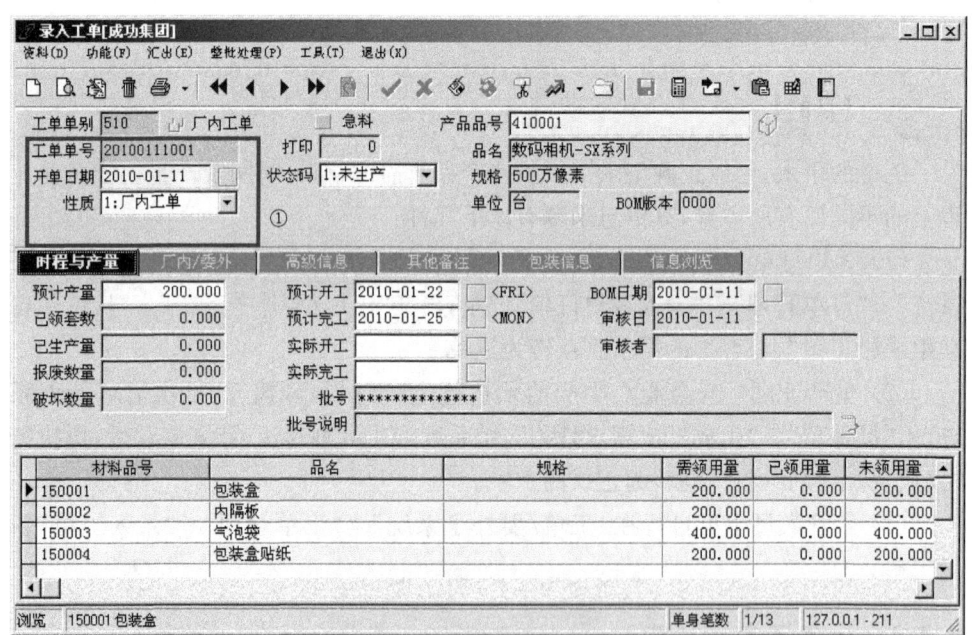

图 4.6 "录入工单"界面

② "状态码"的信息会根据此工单在不同的生产阶段而有所变化。如图 4.7 所示。

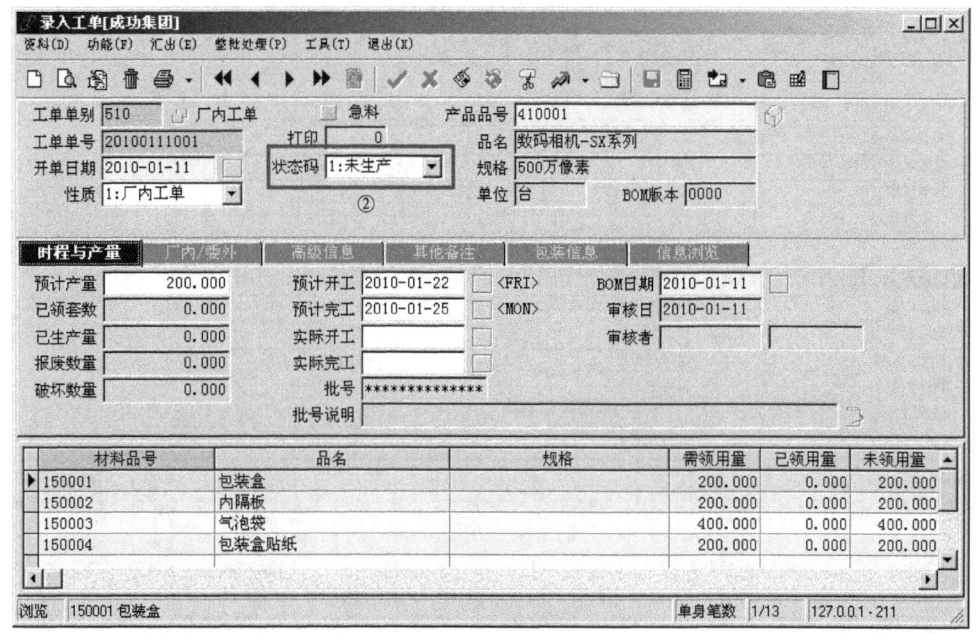

图 4.7 "录入工单"界面

未生产：工单输入完毕后的默认值。

已发料：工单已经有了领料单，进入了发料的阶段。

生产中：工单已发料且已部分入库。

已完工：最后一批入库使得"已生产量＋报废数量＋破坏数量"大于等于"预计产量"时，该生产入库单或委外进货单的日期将被赋予实际完工日。

指定完工：工单开工生产后，因故必须终止生产（如：订单被取消、或生产到一半确定不再生产），则必须将此工单指定结束，以避免生产及用料计划的误差。若要将某一工单指定完工，可通过工单变更单或工单中的"指定完工"按钮来执行工单指定完工的动作。

步骤二：输入产品品号。

③ 输入要生产的产品品号，也可按 F2 键开窗选择品号，系统会默认带出品名、规格及单位，使用者不需再手动输入。如图 4.8 所示。

步骤三：决定预计生产数量。

④ "预计产量"：输入预计生产的数量，此预计产量也是单身材料品号需领用量的推算依据。"已领套数"是"领料单"审核回写的；"已生产量"、"报废数量"及"破坏数量"是半成品或成品完工入库时，由"生产入库单"（厂内自制件）或"委外进货单"（委外加工件）审核后回写，使用者无须手动输入。如图 4.9 所示。

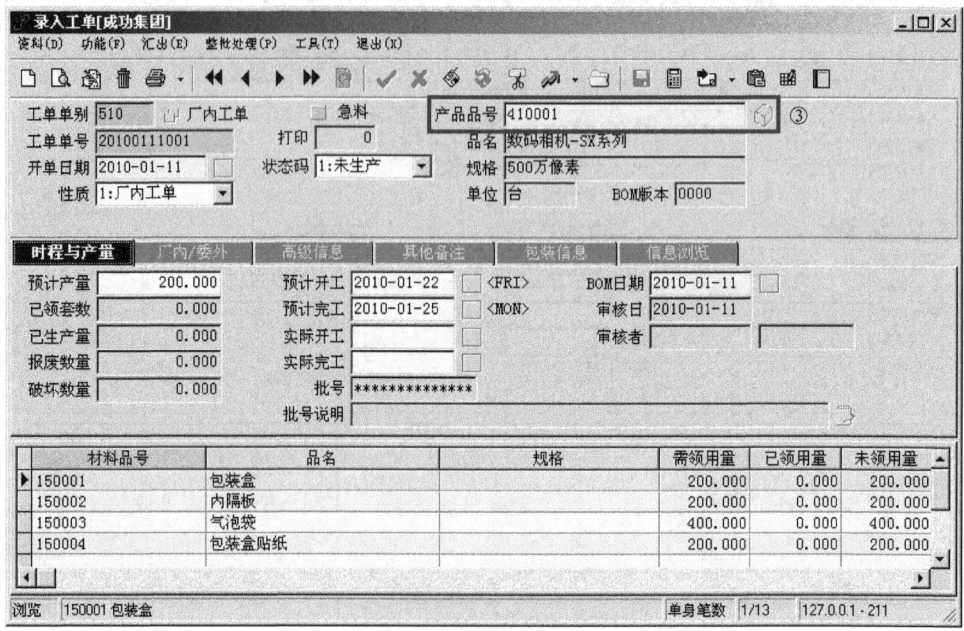

图 4.8 "录入工单"界面

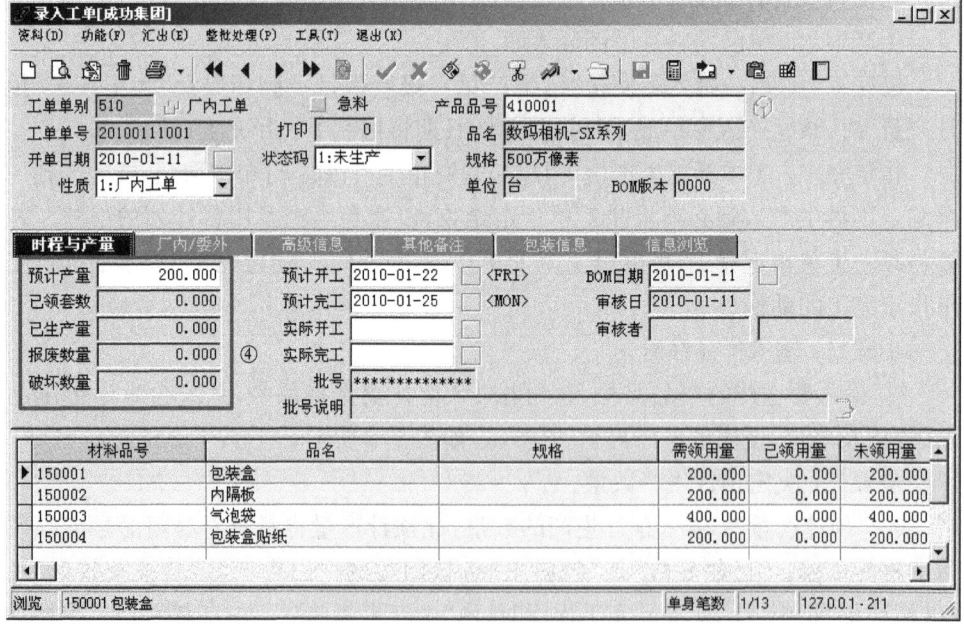

图 4.9 "录入工单"界面

步骤四：输入预计开工日期。

⑤ 在"预计开工"字段输入预计开工日期，系统会根据此生产品号在"录入品号信息"里设定的前置天数，加上"行业别＝1.企业"的假日表设定（系统将自动排除假日表上的休假日），计算所需的生产天数，推算出预计完工日期，让管理者可以掌握生产状况。"实际开工日"是第一张"领料单"审核后将审核日期回写，"实际完工日"是第一张"生产入库单"或"委外进货单"审核后回写，若后续输入"生产入库单"或"委外进货单"的入库或进货日期比本字段的日期还大，也将会回写最新实际完工日。如图 4.10 所示。

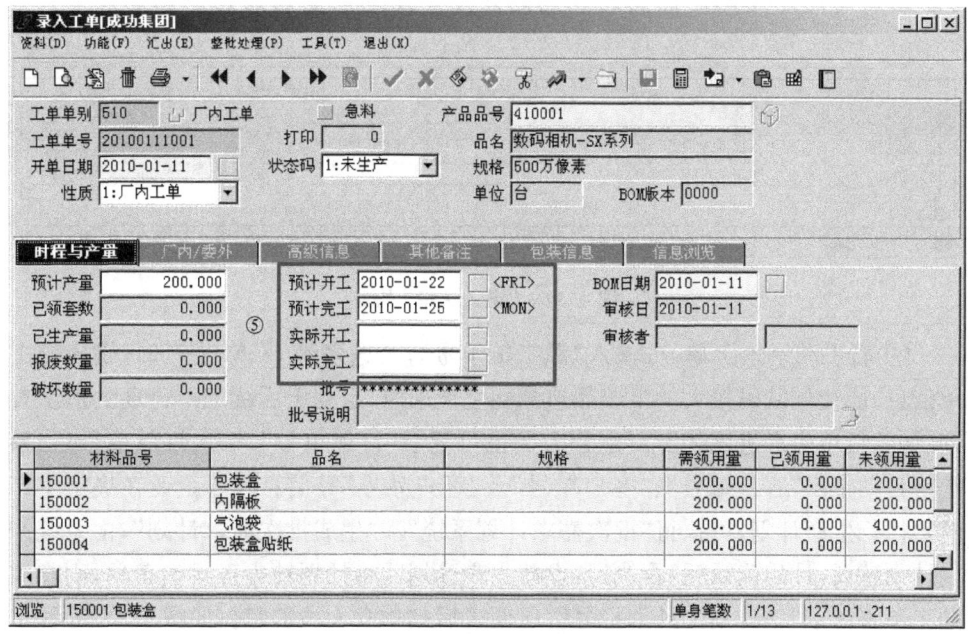

图 4.10 "录入工单"界面

步骤五：输入负责生产的工厂、工作中心或委外供应商。

⑥ 选择页签"厂内/委外"，指定负责生产的工厂、工作中心（若产出产品为厂内自制件）或委外供应商（若产出产品为委外加工件，该委外供应商的基本数据须先在"采购管理子系统"｜"供应商管理"｜"录入供应商信息"设定好）。若为委外加工件，负责外包的生管人员，可在"工单/委外子系统"｜"委外管理"｜"录入委外核价单"，输入与委外供应商谈妥的加工单价，则在录入工单、输入产品品号及委外供应商时，系统会自动带出"单价"等信息。若加工单价在完工后才知道，也可在录入工单时不输入，等半成品或成品完工入库后，在"委外进货单"中记录。如图 4.11 所示。

步骤六：记录工单录入的来源。

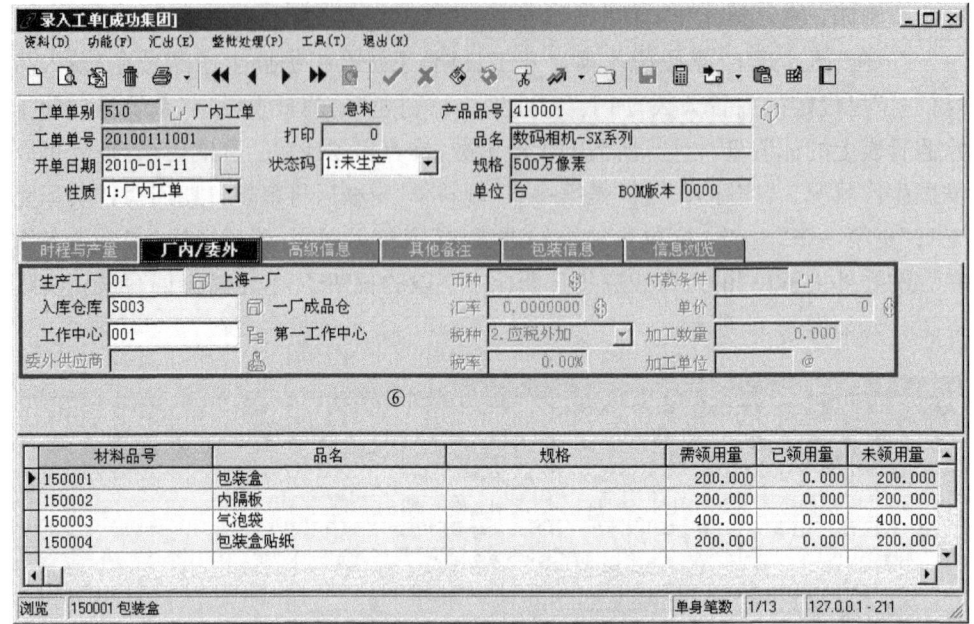

图 4.11 "录入工单"界面

⑦ 若手动录入工单,可输入"源工单单号";若遇多阶 BOM 生产时,输入源工单信息,能让低阶码较大的半成品追溯到生产来源,也利于后续工单进度的追踪查询(如:"订单生产进度表")。生管人员也可记录"订单单号",输入订单单号后,系统将自动带出"客户编号"、"客户单号"及"客户品号"等信息。若企业在决定生产时须执行生产计划,可执行"批次需求计划系统"|"生成批次需求计划",由系统产生计划建议,计划确认后,再执行"发放生产计划",将计划转为正式的工单,则产生的工单将记录"该计划的计划批号",以便于后续物管人员追踪。如图 4.12 所示。

步骤七:输入产品品号的用料。

⑧ 鼠标单击"录入工单"单身字段,系统自动弹出展阶的窗口,后续根据此窗口的选项,计算出生产此品号所需的材料及其所需用量。如图 4.13 所示。

⑨ 展开方式:展生产品号的单阶材料还是尾阶材料,若选择"展开方式":单阶:则系统将针对生产品号的单阶 BOM 展开所需料件;尾阶:则将针对生产品号所有材料都展算出来,但不包含半成品。如图 4.14 所示。

⑩ 若勾选"计算损耗率",表示将依"录入 BOM"设定的"损耗率"计算所需使用的材料用量。例:产出 100 个成品,材料 A 的标准用量为 100,若预计在生产的过程中,此材料会产生耗损状况,则可设定某一百分比的损耗率,如 5%,则仓库将多发 5%的材料给工作中心,以此例则会发 105 个材料 A 给工作中心。如图 4.14 所示。

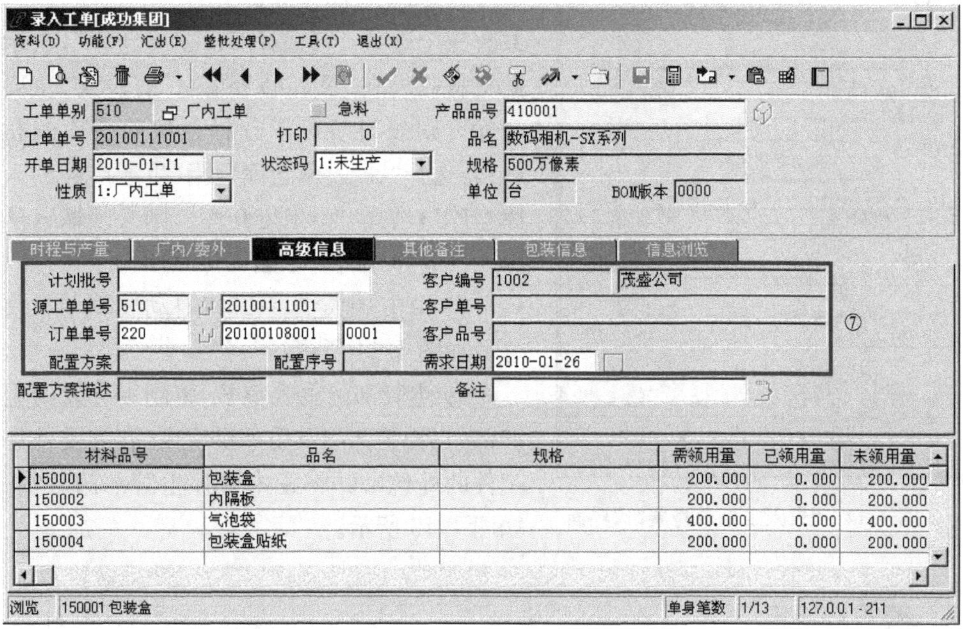

图 4.12 "录入工单"界面

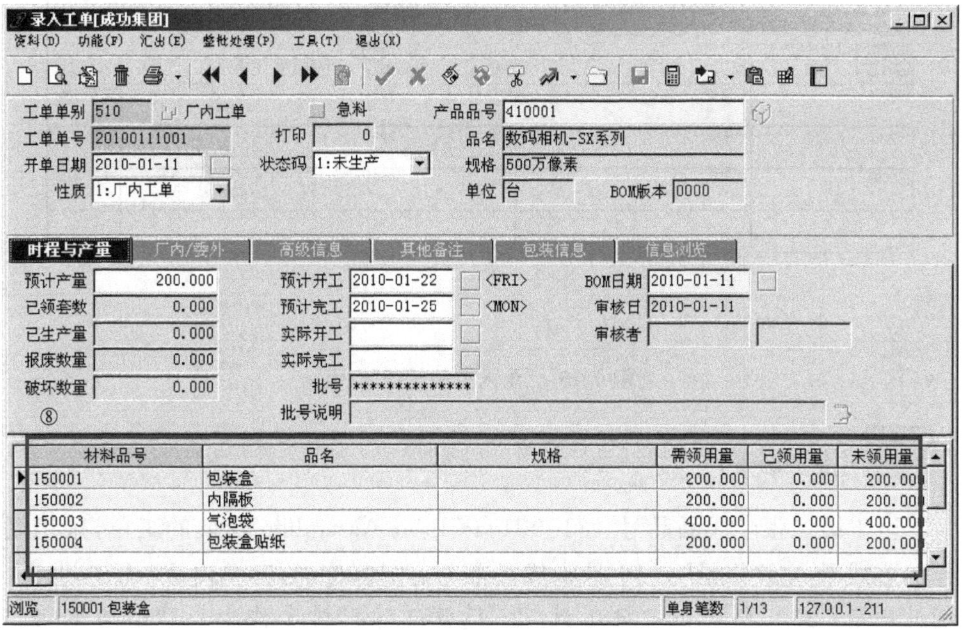

图 4.13 "录入工单"界面

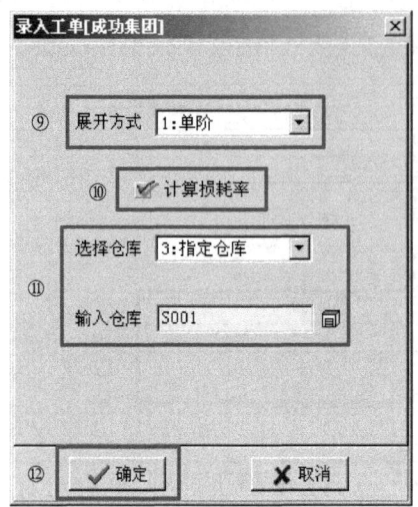

图 4.14 "录入工单单身展阶"界面

⑪ 选择仓库：指要从哪一个仓库领料。共有三个选项：若选择"1. 主要仓库"，表示此材料品号在"录入品号信息"有设定"主要仓库"，则领料时可以选择领取此仓库的材料；若选择"2. 入库仓库"，指"生产产品的入库仓库"；选择"3. 指定仓库"，则必须输入从哪一个仓库领料。如图 4.14 所示。

⑫ 单击"确定"，系统将自动展算用料信息。如图 4.14 所示。

⑬ 生管部门主管审核，将副本分发给生产部门、物管部门及委外供应商（若为委外加工件的外包），并将正本留存生管部门备查。如图 4.15 所示。

图 4.15 "录入工单凭证"界面

【业务场景】

至于第二张半成品品号：310001，PCBA—Assembly Main 的工单，采用同样的方式录入完毕，图 4.16 是半成品品号：310001 的工单内容：厂内生产，预计产量：200，预计开工日 1 月 12 日，派工给厂内工作中心："组装车间二组"加工。

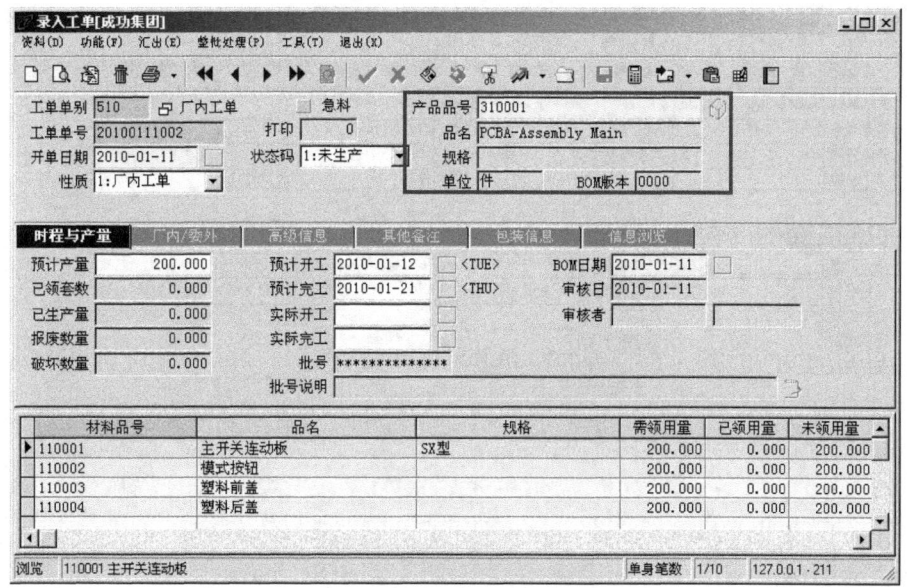

图 4.16 "录入工单"界面

4.4.2 录入工单——委外

【业务场景】

外包人员还需要录入第三张的委外加工工单,生产半成品 PCBA—Assembly Sensor,品号:320001,预计产量:150,预计开工日 1 月 13 日,委托外包厂商"达智科技"进行加工。

【操作步骤】

步骤一:录入方式与厂内相同,执行系统主画面"工单/委外子系统"|"录入工单"作业,进入"录入工单"界面后,开始建立工单信息。

【作业重点】

① "工单单别"直接输入单别编号,或按 F2 键开窗选择单别,此例须选择委外性质的单别。如图 4.17 所示。

② 直接输入半成品品号 320001"PCBA—Assembly Sensor",也可按 F2 键开窗选择品号,系统默认带出品名、规格及单位,使用者不需手动输入。如图 4.17 所示。

③ 决定预计生产数量,此例须在"预计产量"输入数量 150;预计产量也是单身

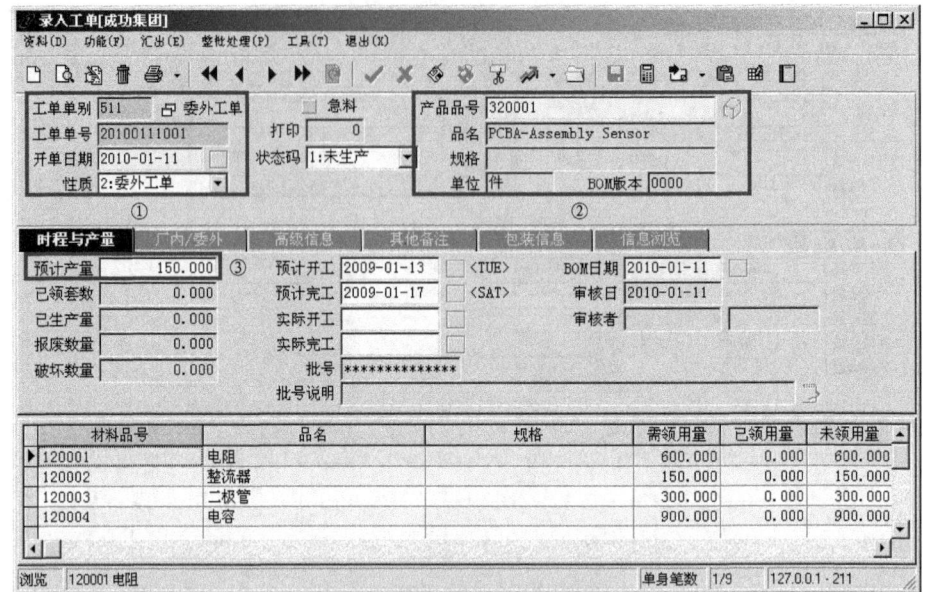

图 4.17 "录入工单"界面

材料品号需领用量的推算依据。如图 4.17 所示。

步骤二：输入负责生产的工厂、工作中心或委外供应商。

④ 指定负责委外加工件的委外供应商"达智科技"。如图 4.18 所示。

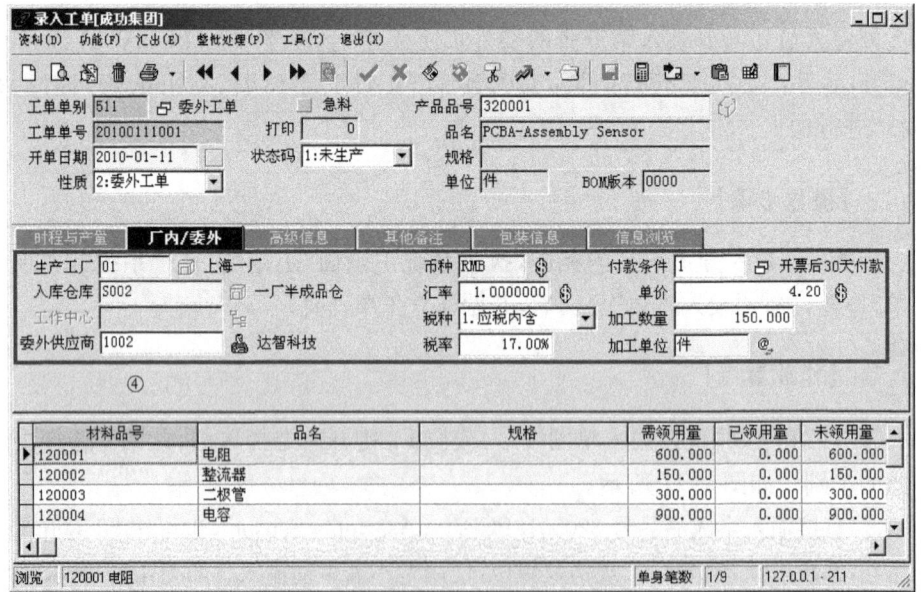

图 4.18 "录入工单"界面

步骤三：输入产品品号的用料。

⑤ 单击"录入工单"单身字段，系统自动弹出展阶窗口，后续根据此窗口选项，计算出生产此品号所需的材料及其所需用量。如图 4.19 所示。

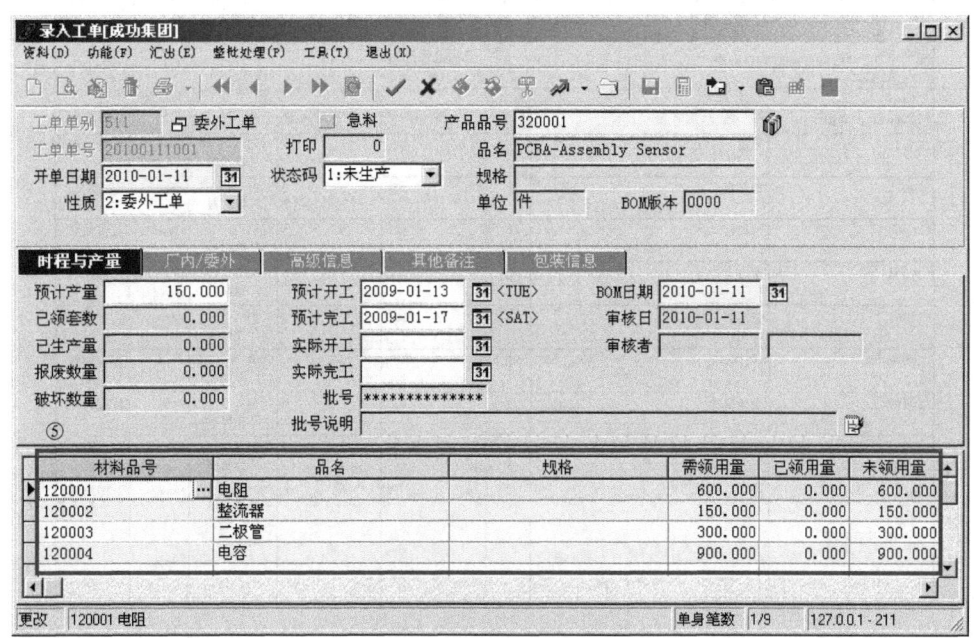

图 4.19 "录入工单"界面

步骤四：打印工单内容，由生管部门主管审核后，再将工单凭证送至仓管部以便开工生产前准时备料完成。如图 4.20 所示。

4.5 工单变更

【目的】

当产能、产量、用料、需求等有变更时，生管人员可在"录入工单变更单"做修改、指定完工及打印工单变更的相关信息，则可保留原始工单记录。可以变更的工单信息有：

(1) 可变更预计产量、预计开工及预计完工日。
(2) 可变更生产工厂、工作中心或委外供应商。
(3) 可变更用料。

委外工单

制表日期:2010-01-11　页次: 1 / 1

工单编号:511 -20100111001 产品品号:320001　件　生产工厂: 01　上海一厂　审核码:未审核
开单日期:2010-01-11 <一> 品　名:PCBA-Assembly Sensor　入库仓库: S002　一厂半成品仓　急料:N
预计开工:2009-01-13 <二> 规　格:　委外供应商:1002　达智科技
预计完工:2009-01-17 <六> 状 态 码:未生产　预计包装产量:　预计产量: 150　税种: 币　种:RMB　总金额:
BOM 日期:2010-01-11 <一> 源工单单号:511 -20100111001　0　委外单价: 4.2　应税内含　630
性　质:厂外　联 系 人:李智　加工单位: 件　包装单位:　汇　率:1
生产批号: ********************　批号说明:
供应商地址:　传真:
(　)　电话: 021-60998765

材料品号 / 备注	品 名 / 规 格	单位	需领用量	已领用量	仓库	工艺	材料类型
120001	电阻	个	600	0	S001 一厂原材料	****	直接材料
120002	整流器	个	150	0	S001 一厂原材料	****	直接材料
120003	二极管	个	300	0	S001 一厂原材料	****	直接材料
120004	电容	组	900	0	S001 一厂原材料	****	直接材料
120005	变压器	组	150	0	S001 一厂原材料	****	直接材料
120006	IC,CMOS	个	300	0	S001 一厂原材料	****	直接材料
130003	金属接片	片	150	0	S001 一厂原材料	****	直接材料
190001	PCB电板	件	150	0	S001 一厂原材料	****	直接材料
200001	锡	克	15	0	S001 一厂原材料	****	直接材料
以下空白//							

图 4.20 “录入工单凭证”界面

(4) 可将因故不再生产的工单指定完工，避免生产及用料计划的误差。

4.5.1 录入工单变更

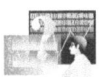

【业务场景】

2010 年 1 月 9 日这天，收到 1 月 8 日工单的部门向生管部提出协调，仓管部反应原本委外生产的半成品库存已挪作他用，制造部反应电阻品号：120001 及二极管品号：120003 的生产损耗率有提高，建议多备料。外包组评估后，变更工单内容。变更事项一：原本工单的委外生产数量为 150 个，将该工单预计产量需增加至 200 个。变更事项二：电阻的需领用量由原本的 800 个增加至 824 个，二极管的需领用量由原本的 400 个增加至 408 个。

【操作步骤】

步骤一：选择需要变更的工单。

【作业重点】

① 在"工单单别"按 F2 键开窗选择要变更哪一张工单,选好后,会在"变更版本"的字段看到"0001",表示这一张工单目前是第一次做变更;"变更日期",期初会默认带系统日期。系统会默认单头的信息是原始工单的信息,如产品品号、工单性质等,不可修改。如图 4.21 所示。

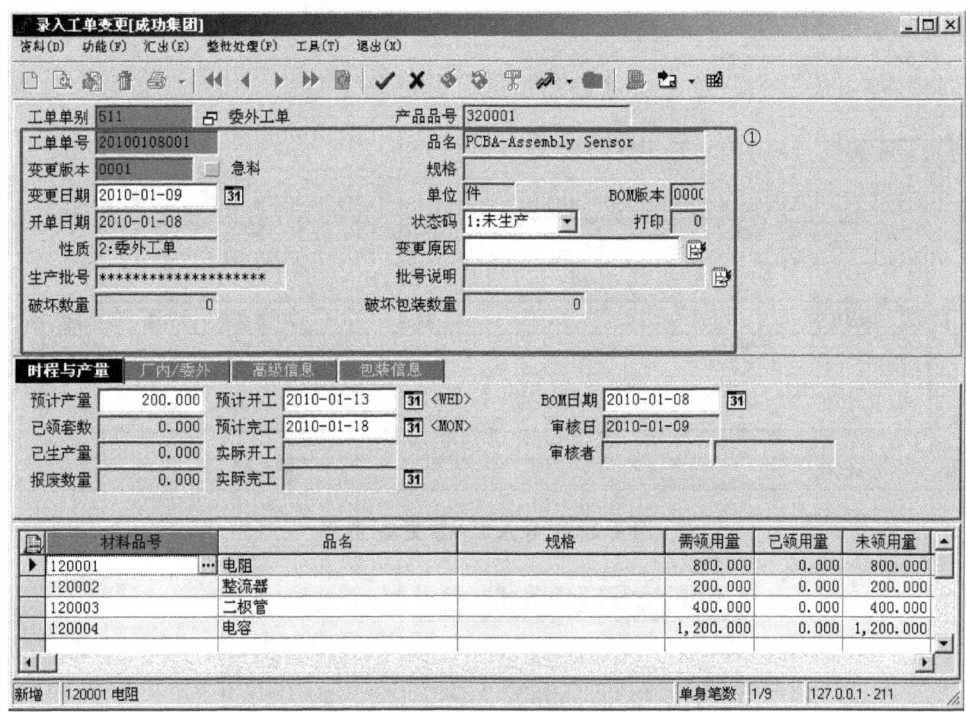

图 4.21 "录入工单变更单"界面

步骤二:输入变更事项。

② 本例要变更"预计产量 200",直接在相关字段修改即可;"预计完工日"有变更需求时,同样直接修改该字段内容即可。如图 4.22 所示。

③ 鼠标单击单身材料品号时,系统会显示图 4.23 的提示,询问是否要重计单身用料的用量。

④ 单击"确定"后,单身的"用量"发生相应的变更。如图 4.24 所示。

⑤ 若要变更用料,为了保留原始材料的记录,可选中某材料品号,再可单击单身左上角"原工单单身信息查询",如图 4.25 所示,就可看如图 4.26 该材料在原工单的信息。

⑥ 若要指定完工，只需将状态码，改为"y：指定完工"即可。如图 4.25 所示。

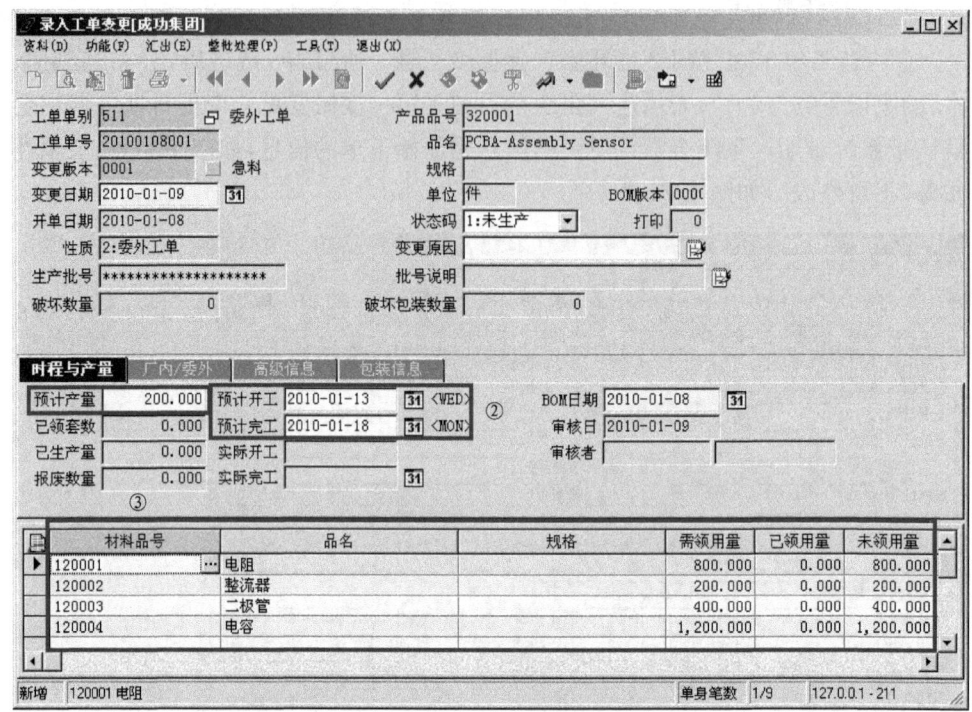

图 4.22 "录入工单变更单"界面

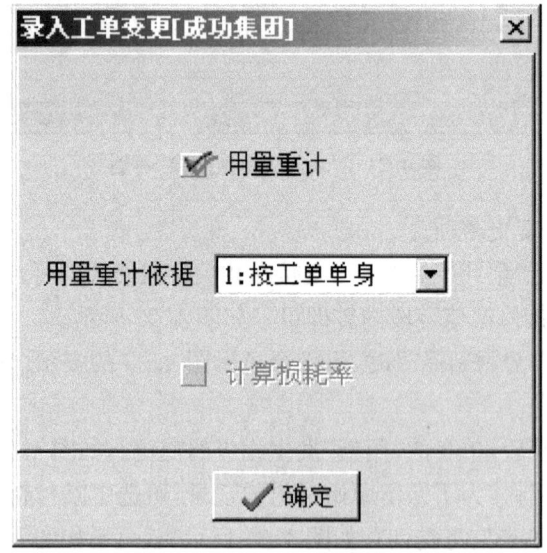

图 4.23 "录入工单变更单用料变更"界面

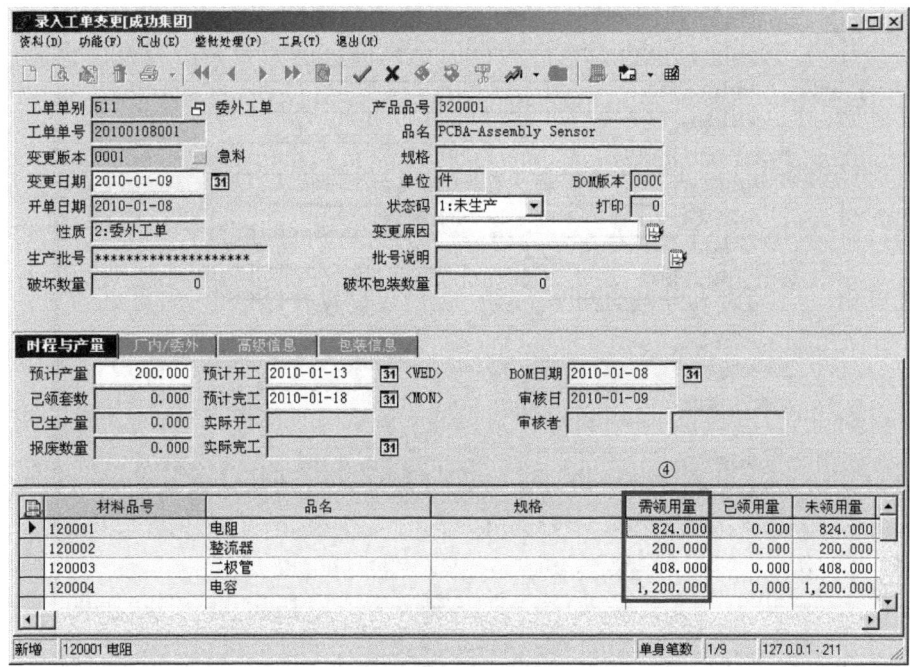

图 4.24 "录入工单变更单"界面

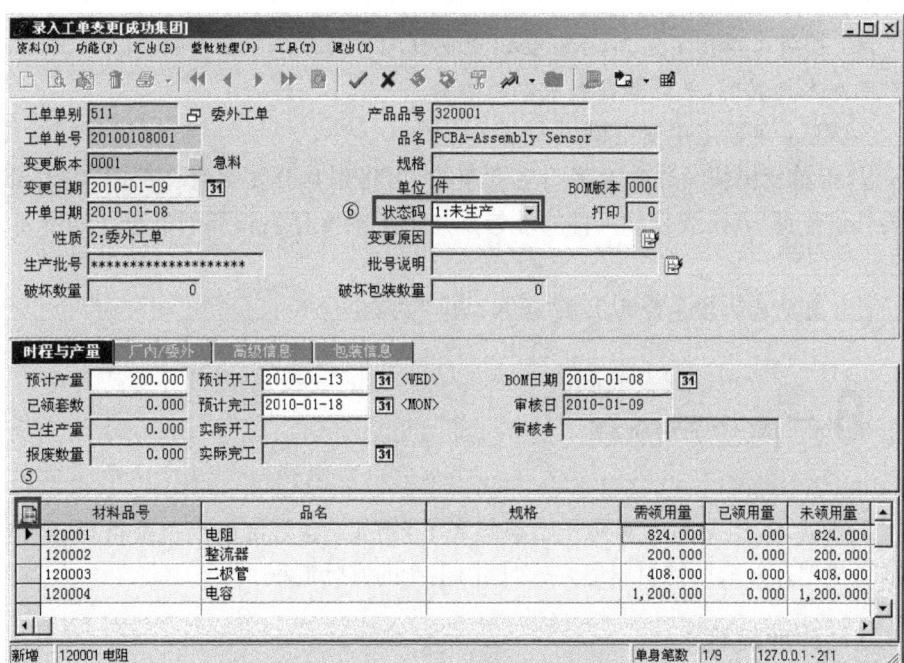

图 4.25 "录入工单变更单"界面

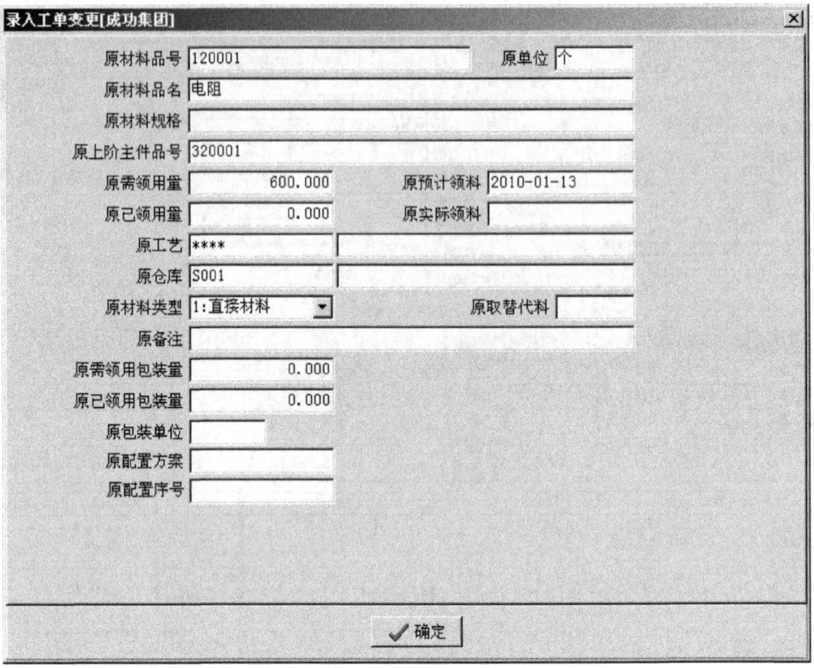

图 4.26 "原工单单身信息查询"界面

注：若将工单指定完工，系统会以变更日期作为该工单的"实际完工"日期，后续产品成本计算时，是计算在制成本的依据。

步骤三：审核工单变更单。

⑦ 工单变更须经过生管部门主管审核，再将副本分发给生产部门、物管部门及委外供应商（若是委外加工件的外包），并将正本留存生管部门备查。如图 4.27 所示。

注：变更后的信息会马上在"录入工单"显示。

4.6 厂内生产流程

工单就绪，相关部门就要开始动起来了，例如：仓管部门准备要备料、制造部要准备机器及领取所需材料等，来看厂内生产的实际流程。

4.6.1 作业流程

仓管部根据工单需求，准备相关所需材料，送至组装车间二组；生产完成，车间

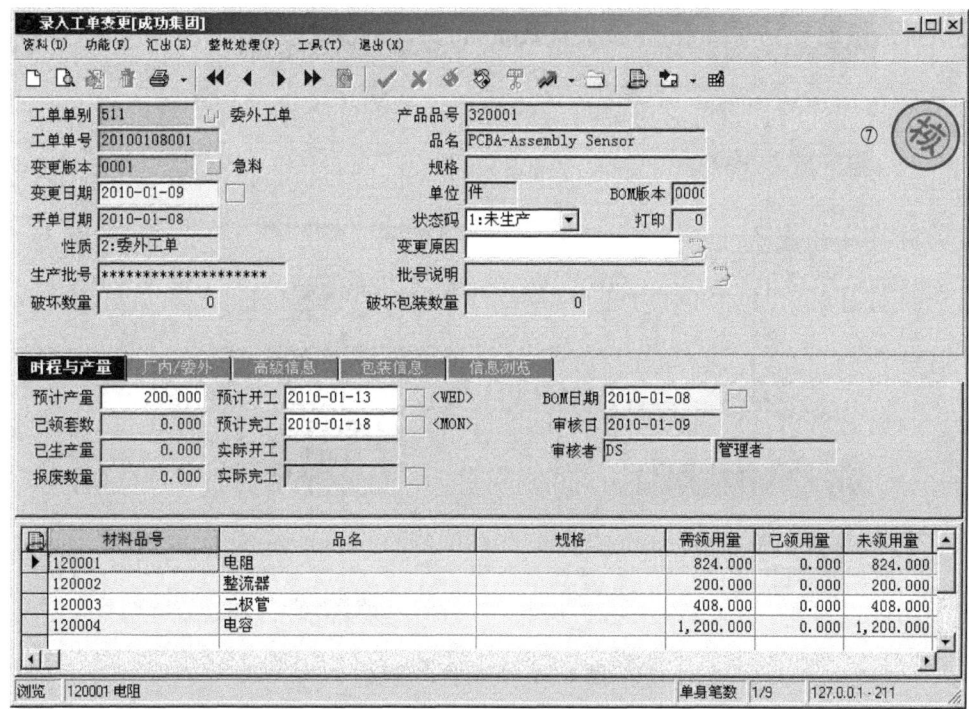

图 4.27 "录入工单变更单"界面

二组将完工的成品或半成品信息记录到"录入生产入库单",且打印凭证通知质检部检验,检验完成,再通知仓管人员点收入库,入库后才可将生产入库单审核,仓库的数量就会增加;若车间有未使用的余料,则须将余料做退料处理,要录入于"退料单",打印凭证交由仓库人员点收入库,单据审核后,增加库存数量。图 4.28 为厂内生产流程图。

4.6.2 生产领料

【目的】

制造车间需要有材料,才能开工生产,也就是要领料;制造业发料原则一般有两种:一为领料制,一为备料制(发料制)。

(1) 领料制:生产现场根据工作中心的派工指令,填写领料单向物管部门申请发料,主动权在制造车间。

(2) 备料制:物管部门根据生产排程表,将料件准备好,发送到制造车间,主动权在物管部门。

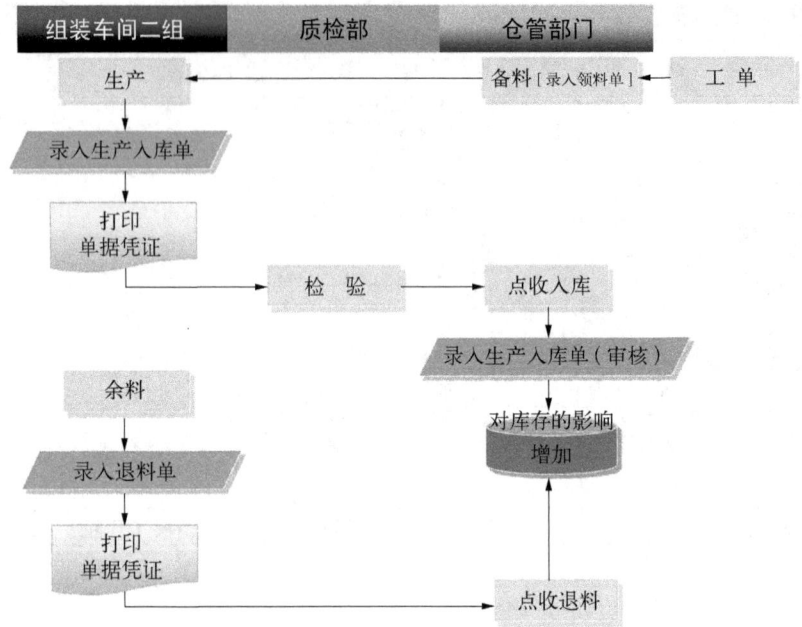

图 4.28　厂内生产流程

有关发料、领料制度的规划必须配合料件的管理属性来管理：一般 BOM 中有些材料是难以或无经济效益做批次发料的,如螺丝、螺帽、胶带,这些材料一方面要跟着工单分批来领料,光点数量及过秤,还要标示及管理,花费的时间不少,因此这些料件通常会以采购的包装单位来领用,采用的是领料制,使用者可以在"存货管理子系统"|"基础设置"|"录入品号信息"里,设定该料件的"领料码"(如设定为"单独领料、自动扣料")作为控管点。

【业务场景】

1月11日这天,仓管部于"PCBA—Assembly Main"工单生产前,开使录入领料单,并且按"用量表"检料,将料件备妥交由"组装车间二组"。

【操作步骤】

步骤一：从系统主界面执行"工单/委外子系统"|"录入领料单"作业,进入"录入领料单"界面,开始建立领料信息。

【作业重点】

① 在"领料单别"直接输入单别编号(厂内自制件及委外加工件领料须

分开),或按 F2 键开窗选择单别(单别须在"设置工单单据性质"设好),选好后,系统将默认系统日期为领料单录入的"单据日期",可修改。如图 4.29 所示。

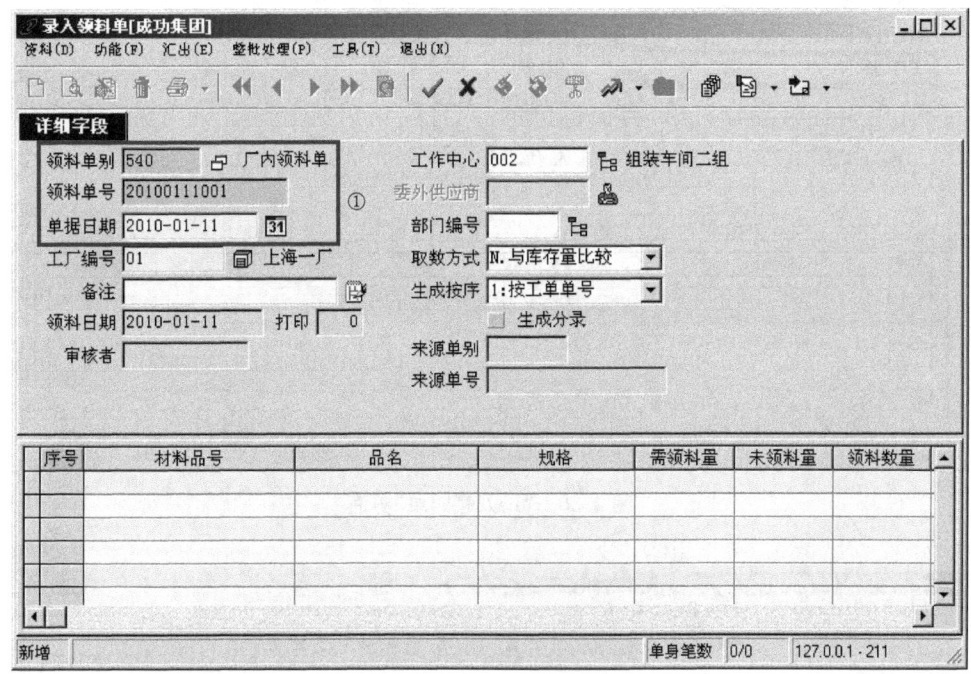

图 4.29 "录入领料单"界面

步骤二:选择领料的工厂及工作中心/委外供应商。

② 在"工厂编号"字段选择领料的工厂,若为厂内自制,则可记录领料的"工作中心",若为委外加工,则可记录领料的"委外供应商"。如图 4.30 所示。

步骤三:选择要领哪一张工单的用料及领料方式。

③ 可单击工具栏的"工单信息输入",如图 4.31 所示,系统自动显示如图 4.32 窗口,输入要领哪一张工单的用料及其领料方式。

④ 须单击工具栏上的"维护",方可选择工单信息。如图 4.32 所示。

⑤ 在"工单单别"字段,按 F2 键开窗选择指定工单单号。如图 4.33 所示。

⑥ 选好领料的工单单号,单击"确定",即可回到前一画面,系统将自动带出该工单单号要生产的产品品号、品名及规格。如图 4.34 所示。

⑦ 指定"领料方式"。如图 4.35 所示。假设某一工单,其预计产量为 100 套

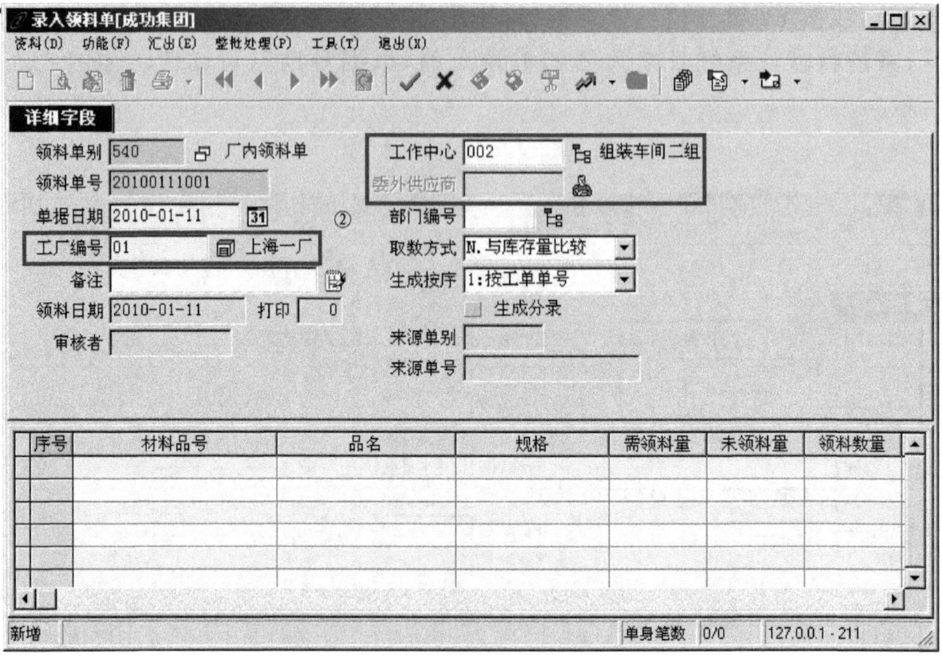

图 4.30 "录入领料单"界面

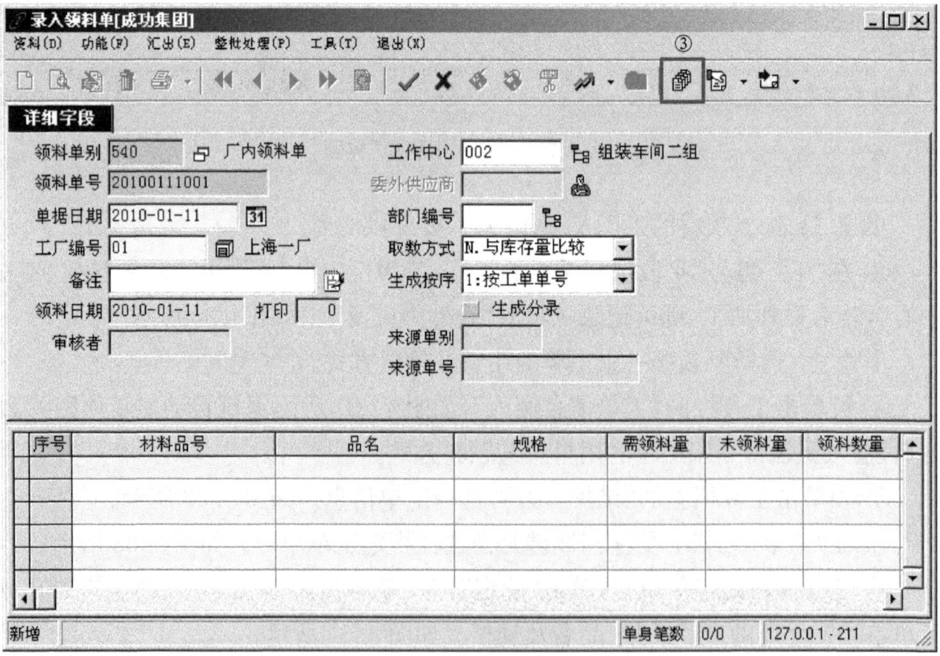

图 4.31 "录入领料单"界面

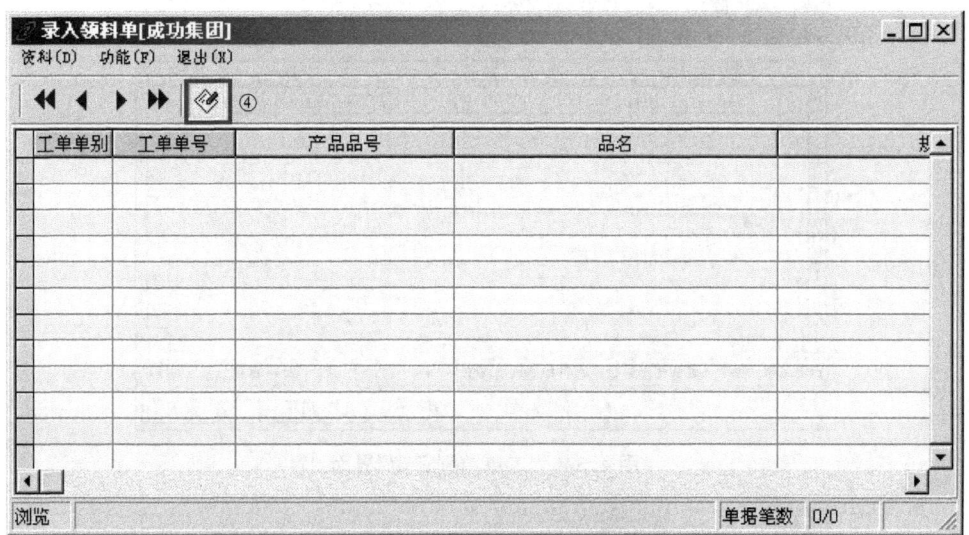

图 4.32 "工单信息输入"界面

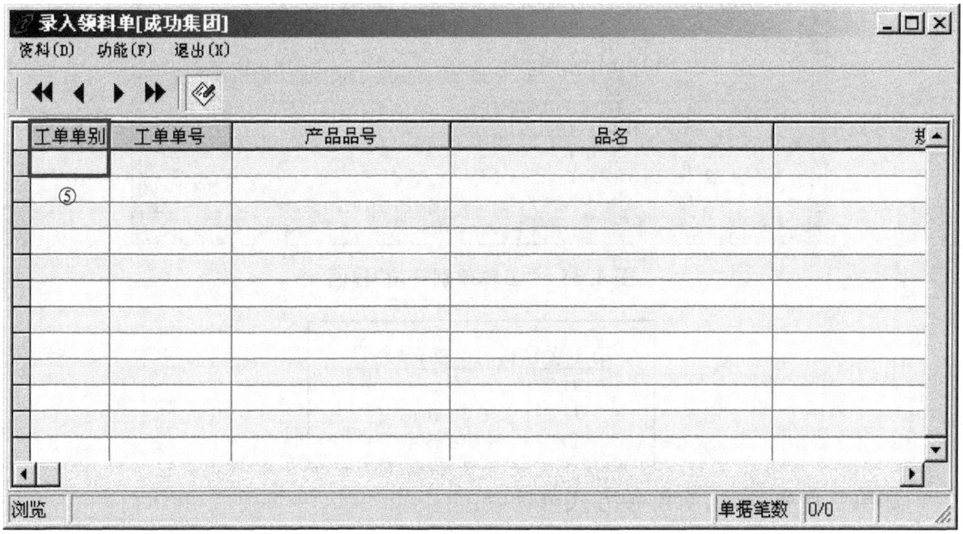

图 4.33 "工单信息输入"界面

品 A",此"成品 A"须领"材料 B、C 及 D"各 100 pcs。若第一次领料时,我们只领 50 套所需的用量,所以我们设定"领料方式＝1. 成套领料",我们应该提领"材料 B、C 及 D"各 50 pcs。但是由于"材料 D"的库存量不足,所以在第一次领料时,我们只领了以下的材料:

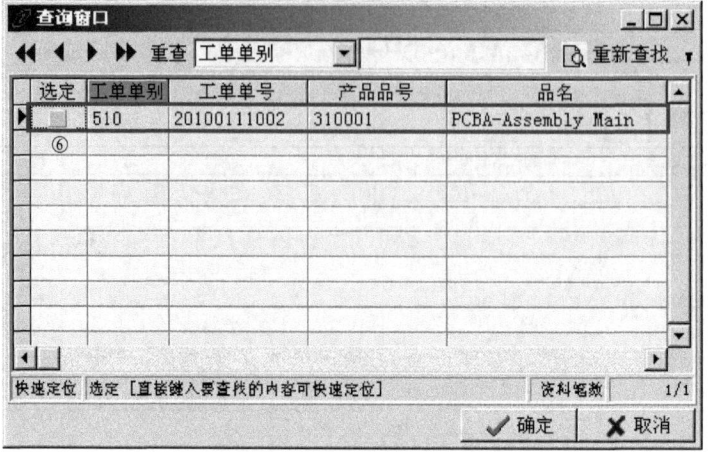

图 4.34 "工单单别开窗"界面

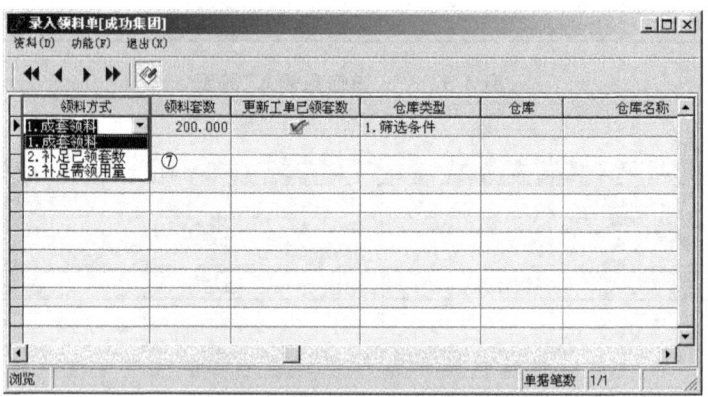

图 4.35 "工单单别开窗"界面

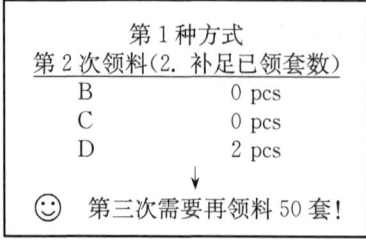

第 1 次领料(1. 成套领料)	
B	50 pcs
C	50 pcs
D	48 pcs

那第二次领料时,有两种方式可选:

第 1 种方式	
第 2 次领料(2. 补足已领套数)	
B	0 pcs
C	0 pcs
D	2 pcs
↓	
☺ 第三次需要再领料 50 套!	

第 2 种方式	
第 2 次领料(3. 补足需领用量)	
B	50 pcs
C	50 pcs
D	52 pcs
↓	
☺ 材料已经全部领完了!	

⑧ 可利用"录入品号信息"中"领料码"特性(1. 逐批领料、2. 自动扣料、3. 单独领料),输入领料码作为领料时过滤的条件。如图 4.36 所示。

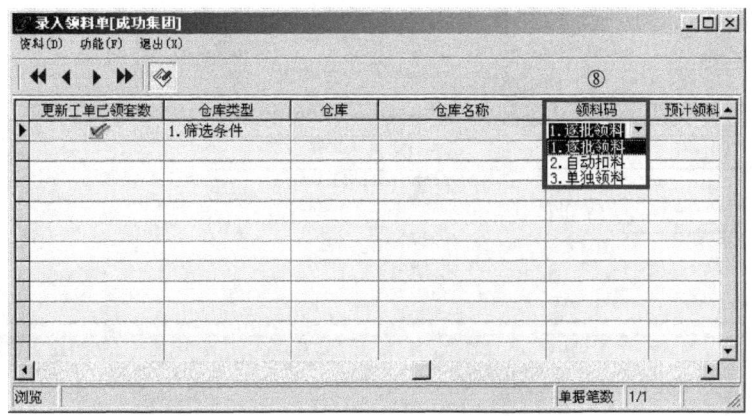

图 4.36 "工单单别开窗"界面

⑨ 选择领用材料的"材料类型",除了"供应商供料"以"委外进货单"的入库数量反推供应商代买的材料,其余类型都可在此作业记录领料信息。如图 4.37 所示。

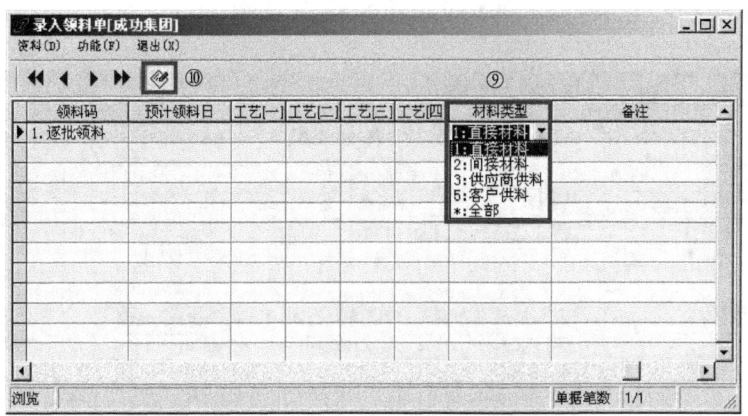

图 4.37 "工单单别开窗"界面

⑩ 单击"维护",离开此画面。如图 4.37 所示。

⑪ 系统根据设定的条件选项,自动在领料单单身产生需领用的材料品号,请记得要将此单据保存。如图 4.38 所示。

步骤四:审核领料单。

⑫ 发料时,仓管人员须将领料单审核,并经领料人(如:工作中心负责人员)签收,而领料单副本也须交给成本会计人员,用于成本计算。如图 4.38 所示。

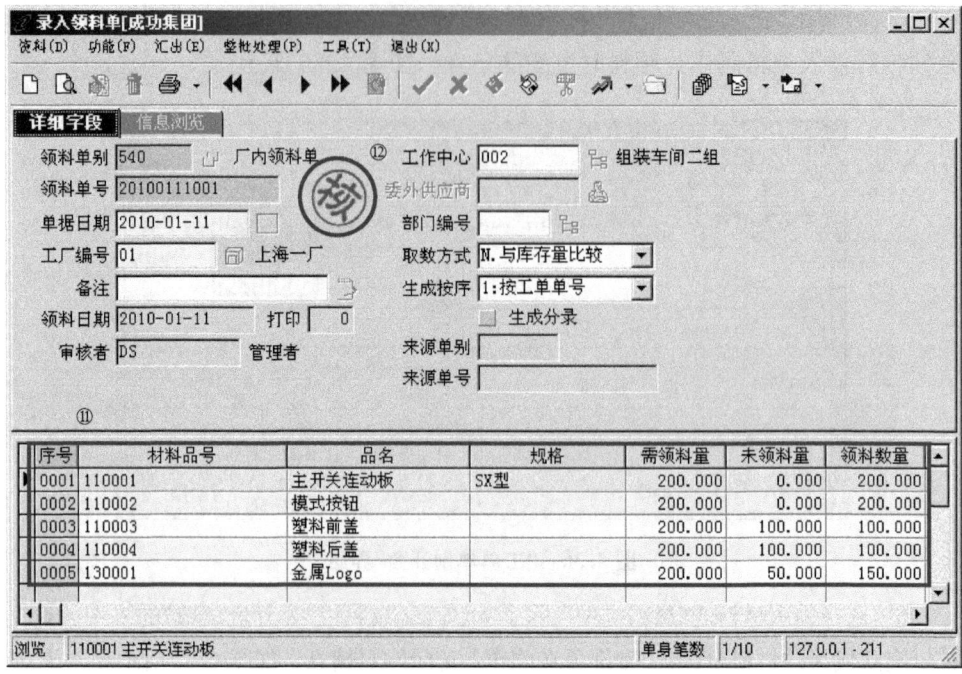

图 4.38 "录入领料单"界面

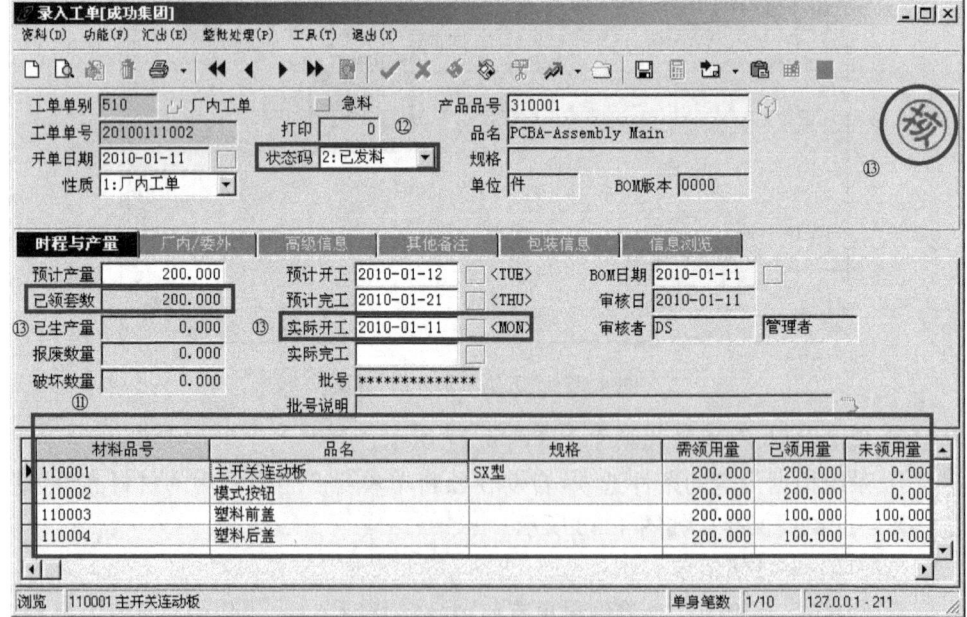

图 4.39 "录入工单"界面

⑬ 领料单审核,系统回写工单的"已领套数、已领用量、实际开工日";工单"状态码"改为"2. 已发料"。领料单审核表示该用料数量已从仓库中扣除。如图 4.39 所示。

注:"工单自动生成领料单",可以将工单的指定用料及用量以批次的方式快速产生领料单。在"基本选项"及"高级选项"的页签,设定好产生领料单的条件,单击直接处理后,系统便会自动生成录入领料单。如图 4.40 所示。

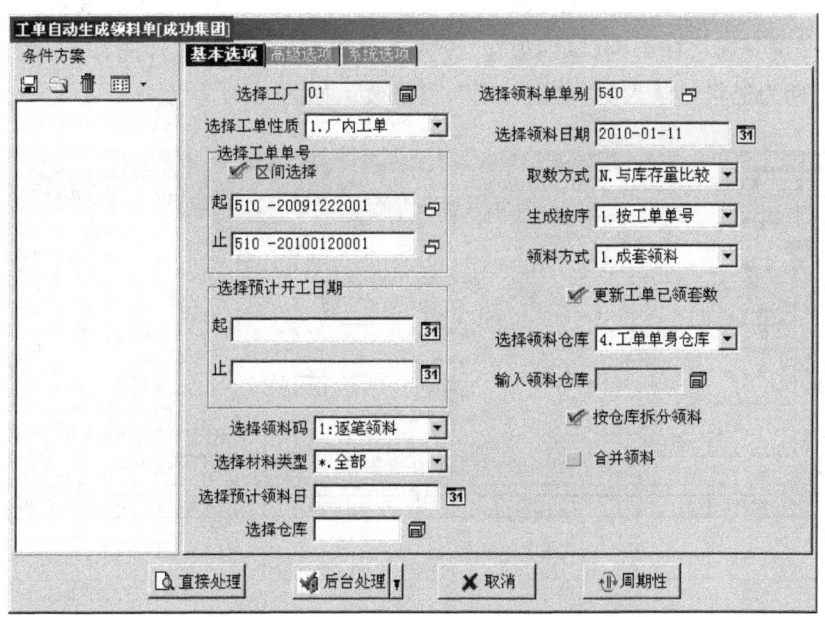

图 4.40 "工单自动生成领料单"界面

4.6.3 生产退料

【目的】

工单若做领料管制,退料单也需要输入工单信息,在工单完工或指定完工前,在当月要将剩余料件办理退料,以免影响成本计算正确性。

【业务场景】

时间过得真快,转眼间到了 1 月 20 日,"组装车间二组"也完成工单"PCBA—Assembly Main"的生产,此时车间组长检视车间后,发现还有剩余的材料,车间清点后,大约是两套材料要退回仓库。所以需录入退料单,将余料退回仓管部。

【操作步骤】

步骤一：从系统主界面执行"工单/委外子系统"|"录入退料单"作业，进入"录入退料单"界面，开始建立退料信息。

【作业重点】

① 在"退料单别"直接输入单别编号（厂内自制件及委外加工件退料须分开），或按 F2 键开窗选择单别（单别须在"设置工单单据性质"设好），选好后，系统默认系统日期为退料单录入的"单据日期"，可修改。如图 4.41 所示。

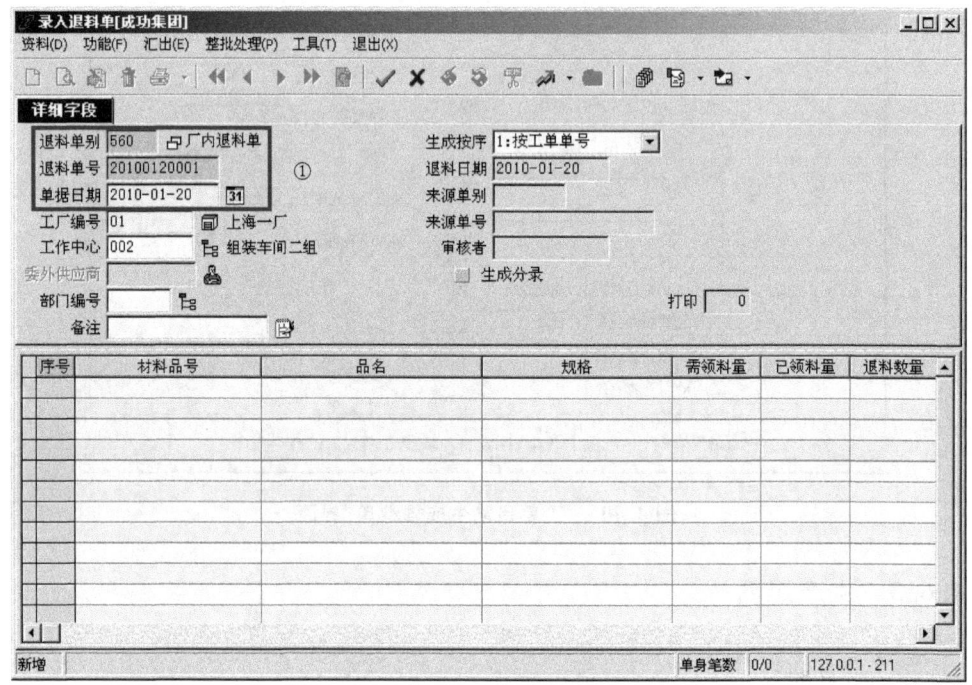

图 4.41 "录入退料单"界面

步骤二：选择退料的工厂及工作中心/委外供应商。

② 在"工厂编号"字段选择退料的工厂，若为厂内自制，则可记录退料的"工作中心"，若为委外加工，则可记录退料的"委外供应商"。如图 4.42 所示。

步骤三：选择要退哪一张工单的剩料及退料方式。

③ 可单击工具栏的"工单信息输入"，系统会自动显示以下窗口，输入要退哪一张工单的剩料及其退料方式。如图 4.43 所示。

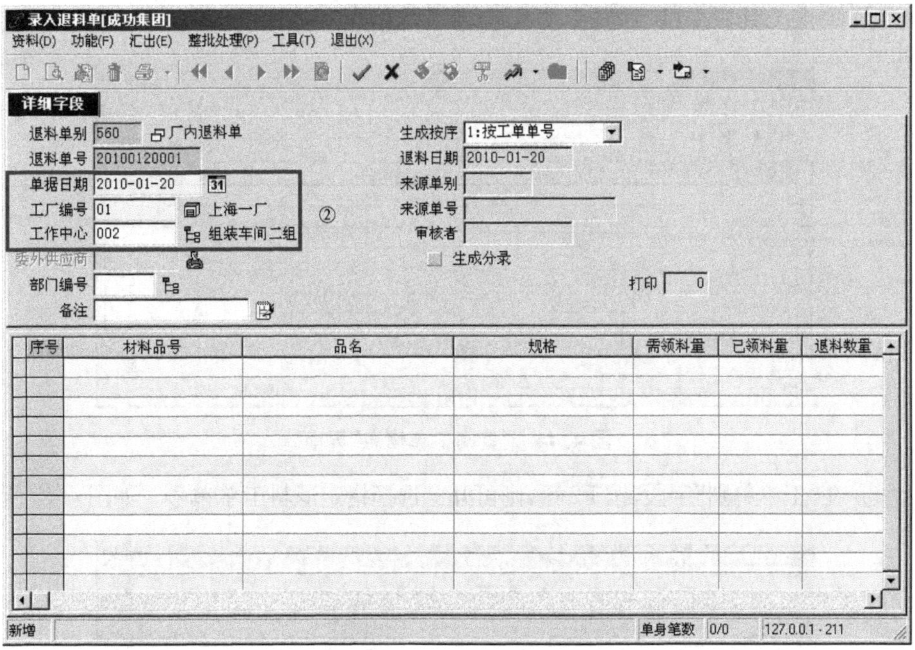

图 4.42 "录入退料单"界面

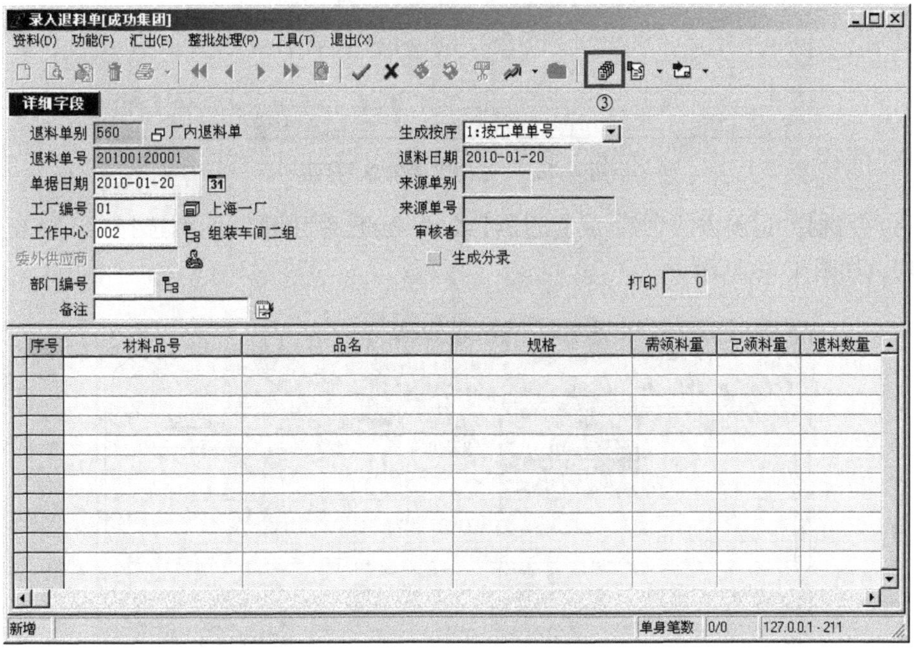

图 4.43 "录入退料单"界面

④ 单击工具栏上的"维护",方可选择工单信息。如图 4.44 所示。

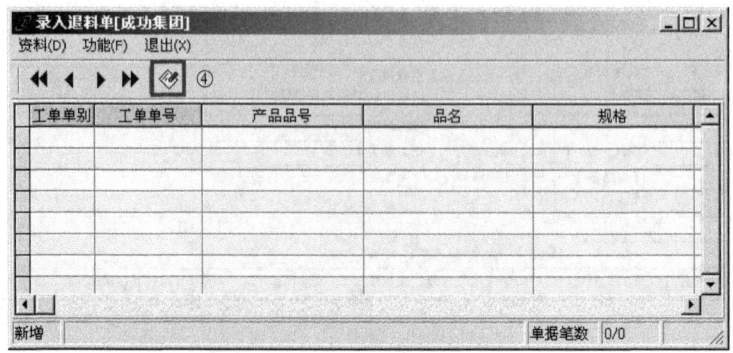

图 4.44 "查询工单信息"界面

⑤ 在"工单单别"字段,按 F2 键,则可开窗选择指定退料工单单号。如图 4.45 所示。

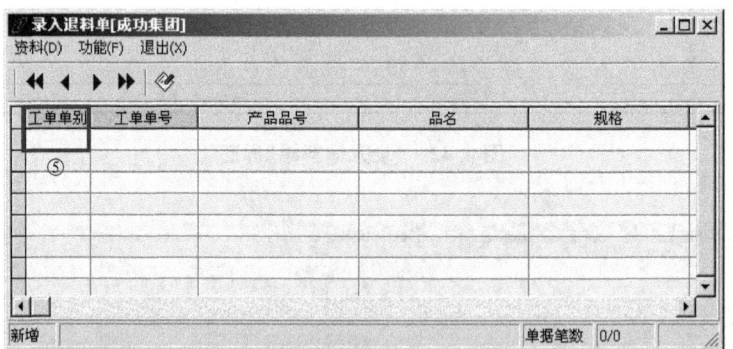

图 4.45 "查询工单信息"界面

⑥ 选择"退料方式""1. 成套退料"或"3. 退已领用量";此例选择"1. 成套退料"。如图 4.46 所示。

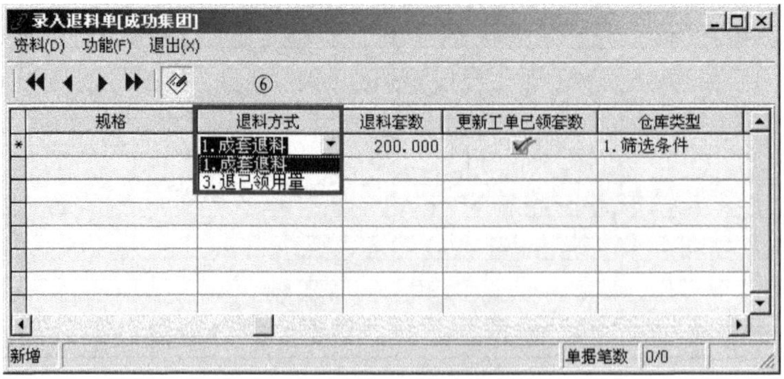

图 4.46 "查询工单信息"界面

⑦ 输入"退料套数"。如图 4.47 所示。

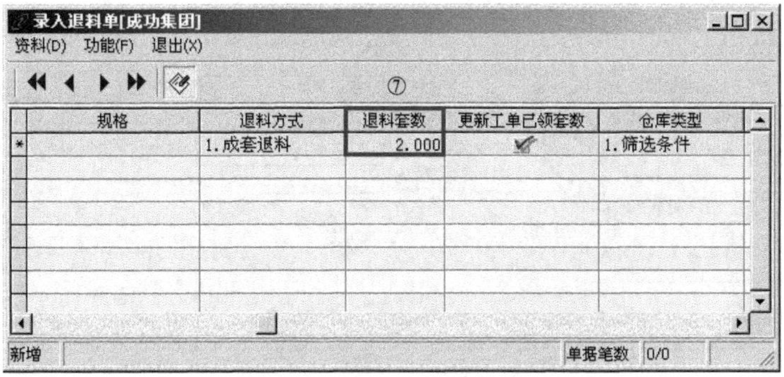

图 4.47 "查询工单信息"界面

⑧ 单击"维护",然后离开此画面。如图 4.48 所示。

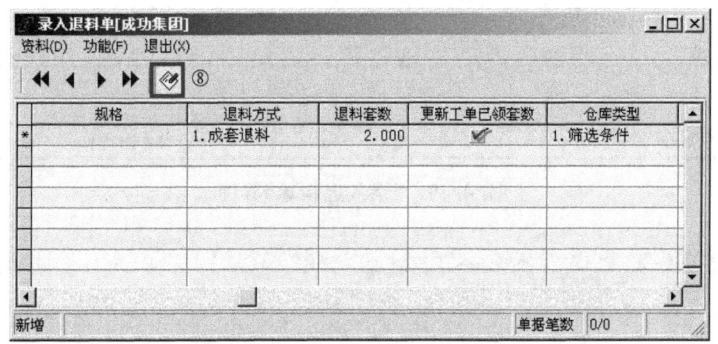

图 4.48 "查询工单信息"界面

⑨ 系统根据设定的条件选项,自动在退料单单身产生退料的材料品号及数量,接着记得将此单据保存。如图 4.49 所示。

步骤四:审核退料单。

⑩ 仓管人员点收退料后,才将退料单审核,如此较易保持库存准确性,退料单副本也须交给成本会计人员,用于成本计算。

⑪ 退料单审核,系统回写工单的"已领套数"。退料单审核也表示这些用料量已退回到仓库,仓库数量会增加,系统也会回写工单单身用料的"已领料量"。如图4.50所示。

4.6.4 生产入库

【目的】

当成品或半成品完工,可在系统里记录入库信息,作为成本计算依据。

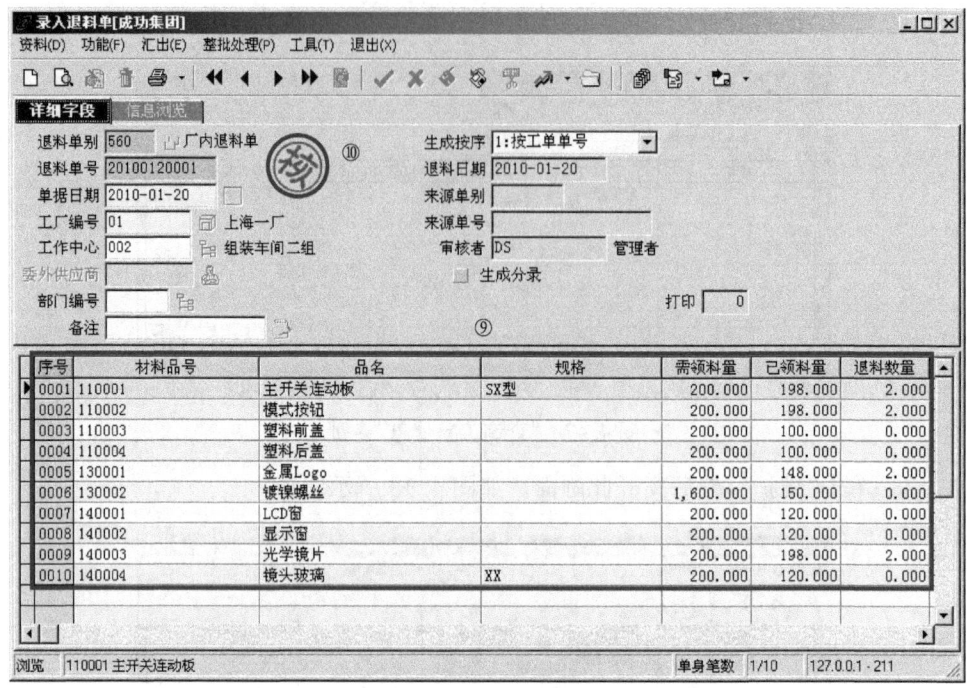

图 4.49 "录入退料单"界面

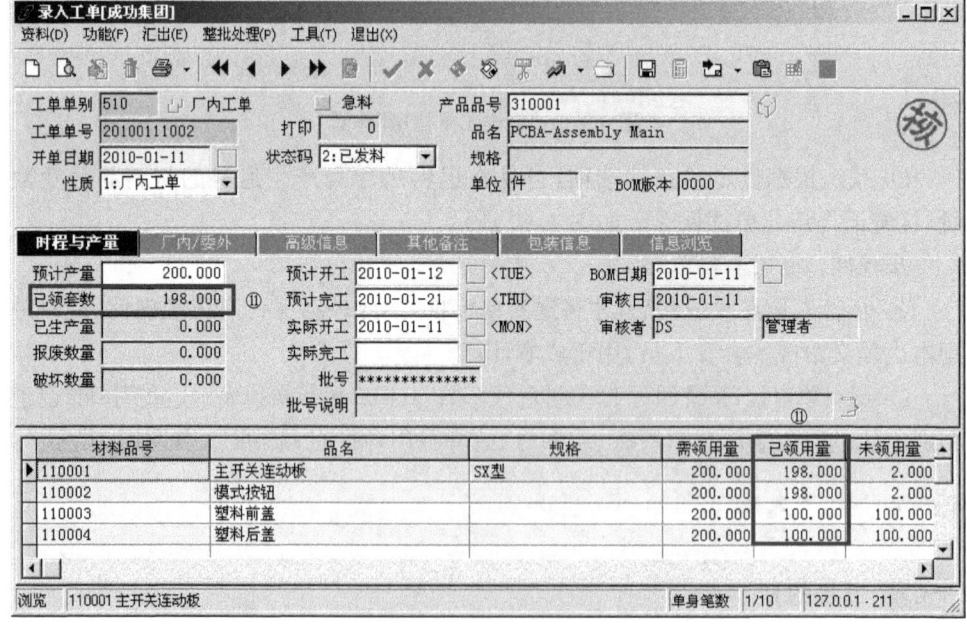

图 4.50 "录入工单"界面

【业务场景】

1月21日,制造部办理半成品"PCBA—Assembly Main"的生产入库事宜。

【操作步骤】

步骤一:从系统主界面执行"工单/委外子系统"|"录入生产入库单",进入"录入生产入库单"界面,开始建立入库信息。

【作业重点】

① 在"入库单别"直接输入单别编号,或按 F2 键开窗选择单别(单别须在"设置工单单据性质"设好),选好后,系统将默认系统日期为入库单录入的"单据日期",可修改。如图 4.51 所示。

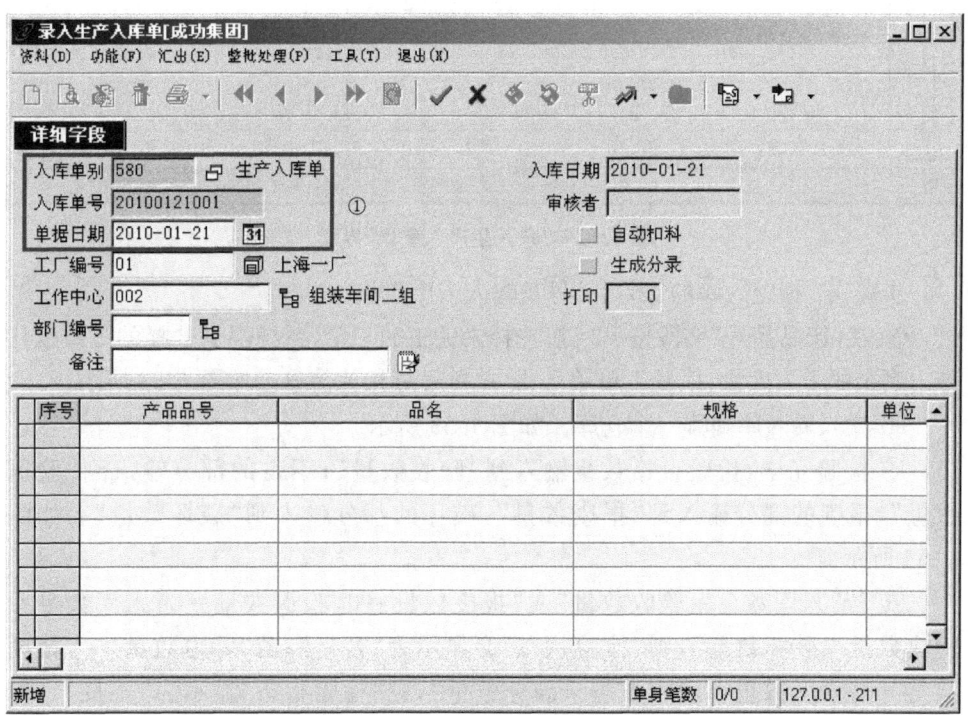

图 4.51 "录入生产入库单"界面

步骤二:选择入库的工厂及工作中心。

② 在"工厂编号"字段选择入库的工厂,也须记录入库的"工作中心",工作中

心是"成本计算子系统"搜集及分摊人工成本、制造费用的依据。如图4.52所示。

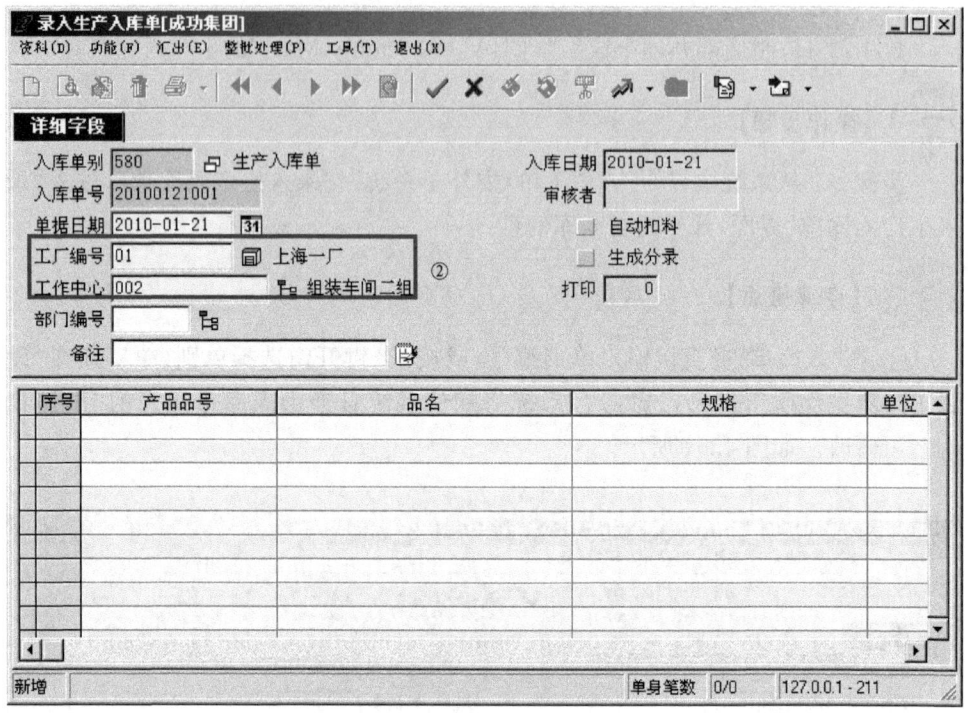

图4.52 "录入生产入库单"界面

步骤三：指定入库的工单、品号及输入入库数量。

③ 在"产品品号"字段按F2键,选择未完工的工单,系统根据选择的工单默认带出剩余的未入库量,以及工单单号、订单单号等相关信息。如图4.53所示。

④ 输入要入库到哪一个仓库。如图4.53所示。

⑤ 检验完毕,检验合格数量输入到"验收数量";不良的部分输入到"验退数量",报废的部分输入到"报废数量",破坏的部分输入到"破坏数量"。如图4.54所示。

⑥ 若"入库数量＝验收数量"或"报废数量＝0,验退数量＝0,入库数量＝验收数量＋破坏数量",则"检验状态"会显示为"合格";若"验退数量＞0,报废数量＞0,入库数量≠验收数量＋破坏数量",则"检验状态"显示为"不良"。如图4.55所示。

步骤四：审核生产入库单。

⑦ 仓管人员点收成品或半成品,生产入库单方可审核,副本将交由成本会计人员作为计算成本的依据。如图4.56所示。

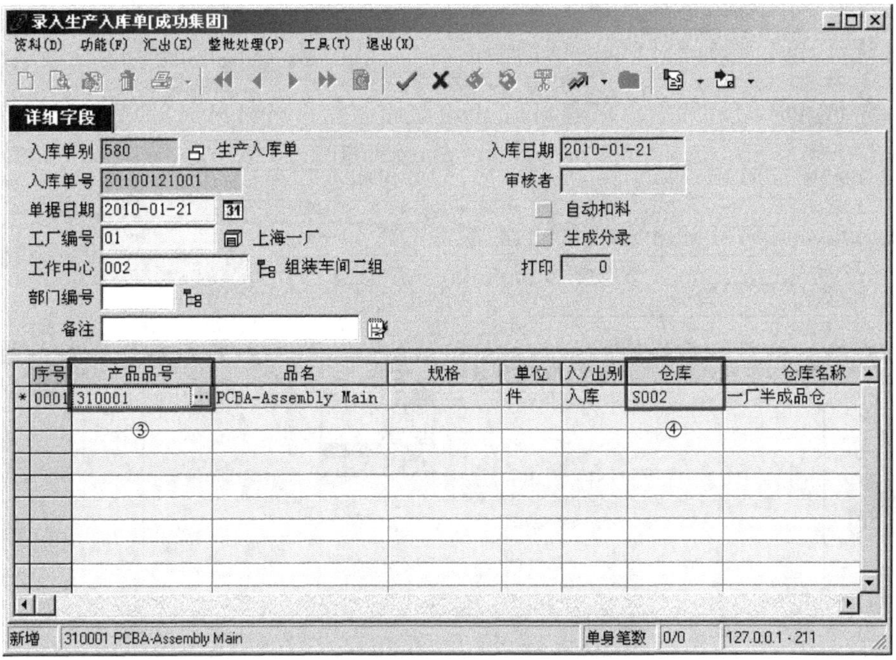

图 4.53 "录入生产入库单"界面

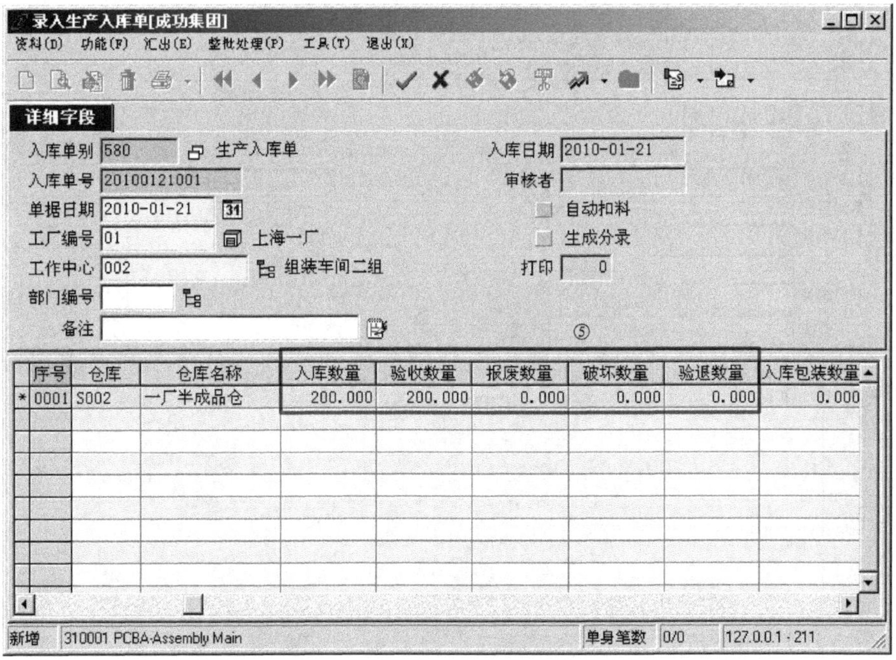

图 4.54 "录入生产入库单"界面

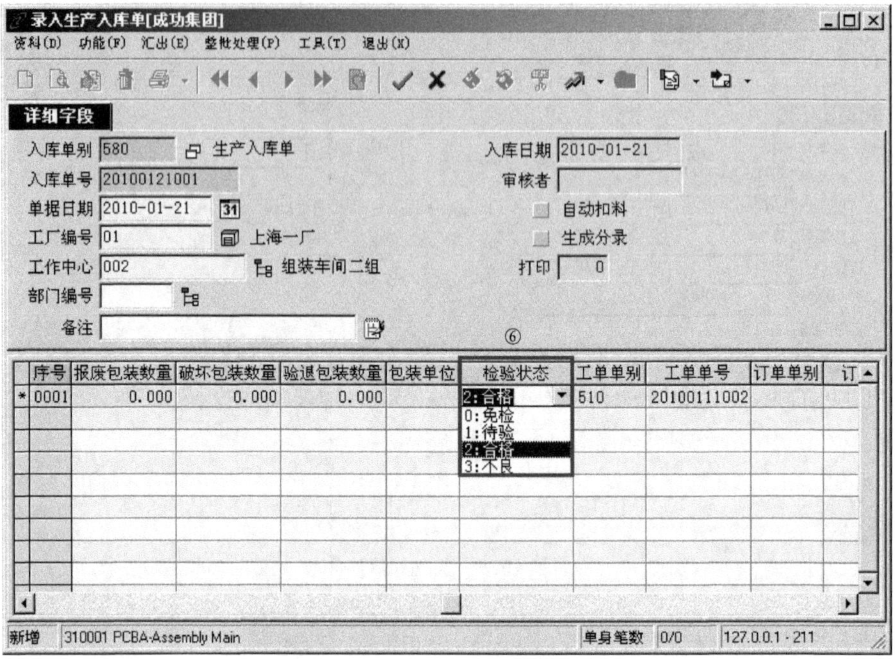

图 4.55 "录入生产入库单"界面

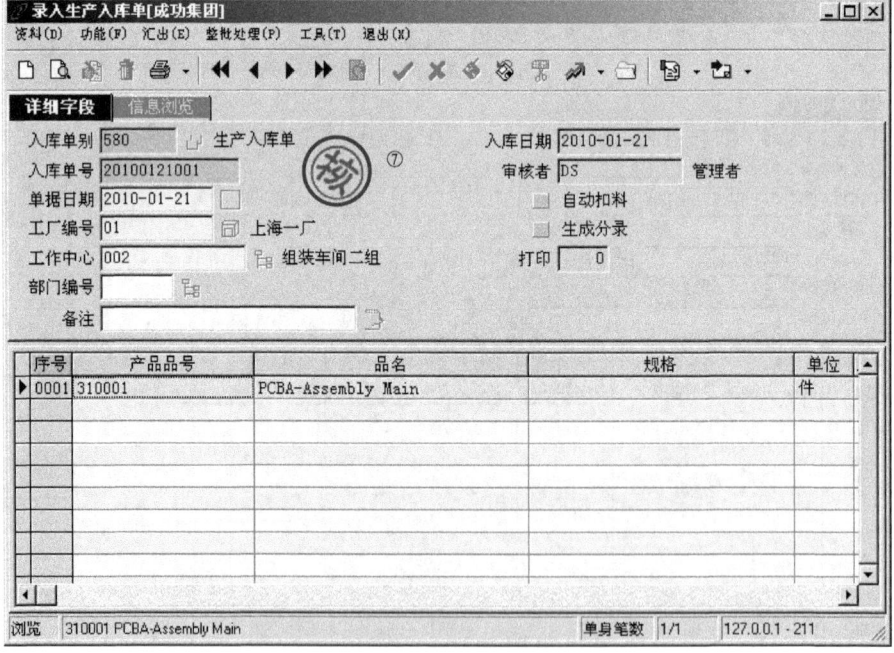

图 4.56 "录入生产入库单"界面

⑧ 生产入库单审核,单据"验收数量"与"报废数量"会回写到工单的"已生产量"与"报废数量",并记录完工日期;若"已生产量+报废数量+破坏数量≥预计产量",则工单"状态码"将自动由系统更新为"Y:已完工"。如图 4.57 所示。

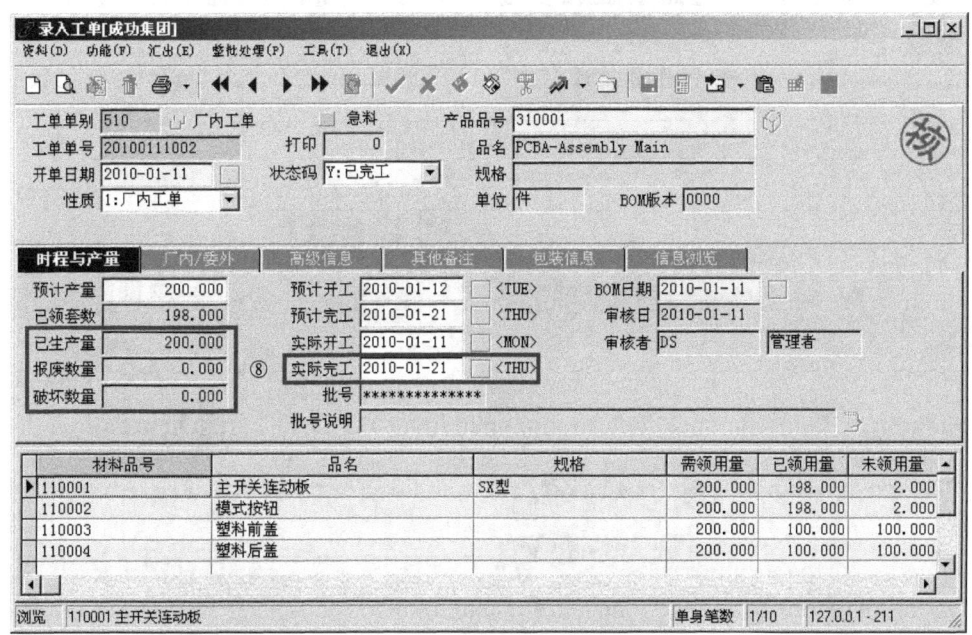

图 4.57 "录入工单"界面

4.7 委外生产流程

4.7.1 作业流程

公司外包人员录入外包工单及录入委外领料单,仓管部备料完成并送货至委外供应商;委外加工件由委外供应商完工送回厂时,由外包人员输入"委外进货单",记录送回厂的数量;由质检人员根据"委外进货单"信息进行检验,检验完成,到"委外进货单验收"中记录验收数量;最后仓管人员点收入库。若检验过程,发现有瑕疵或不良时,则不良数量不入库,直接验退,并将验退信息记录到"退回委外验退件",财务仅针对验收合格的给付加工费用;加工完成,若有余料,委外供应商将余料送回,外包组记录在"录入退料单"中,通知质检部检验,由仓管部点收入库;若发现已验收入库者有瑕疵或不良,则可按照与委外供应商谈妥的合同或条款,以退货的方式退还给委外供应商。图 4.58 为委外生产流程。

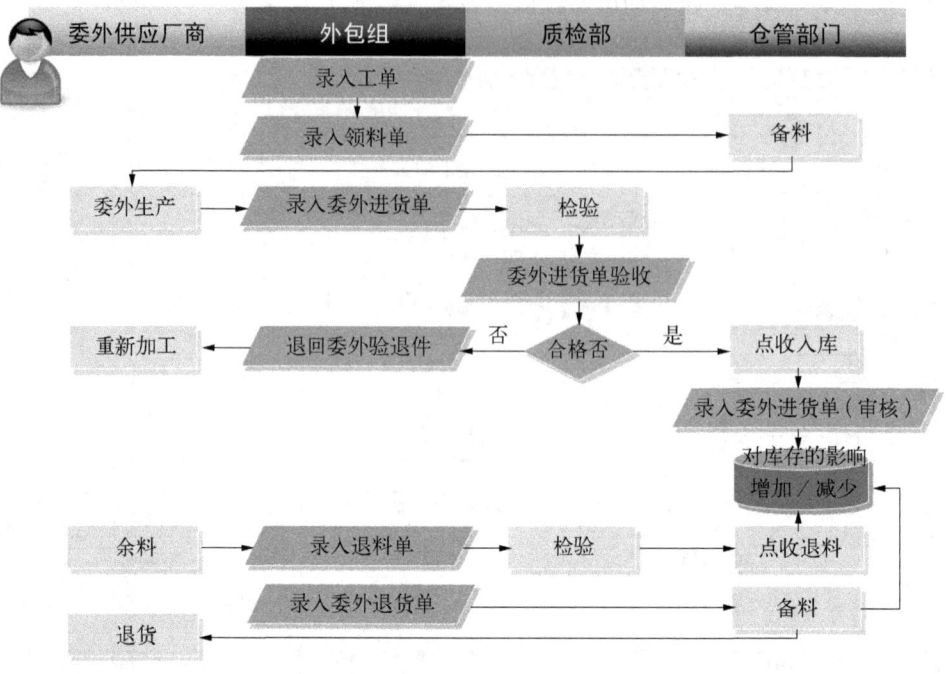

图 4.58　委外生产流程

【注】　验退与退货的差异

验退：进料检验时（未入库）就发现不良,需退回给供应商。（不影响库存及账款。）

退货：已经验收入库的料件,在事后发现质量不良需退回供应商。（库存减少且应付账款也会减少。）

4.7.2　委外生产领料

【目的】

记录委外厂商加工完成的入库信息,以将正确信息回馈到工单上,作为成本计算依据。

【业务场景】

1月11日这天,外包组按"PCBA—Assembly Sensor"工单录入委外领料单。

【操作步骤】

步骤一：从系统主界面执行"工单/委外子系统"|"录入领料单"作业，进入"录入领料单"界面，开始建立领料信息。

【作业重点】

① 在"领料单别"直接输入单别编号（厂内自制件及委外加工件领料须分开），或按 F2 键开窗选择单别（单别须在"设置工单单据性质"设好），选好后，系统将默认系统日期为领料单录入的"单据日期"，可修改。如图 4.59 所示。

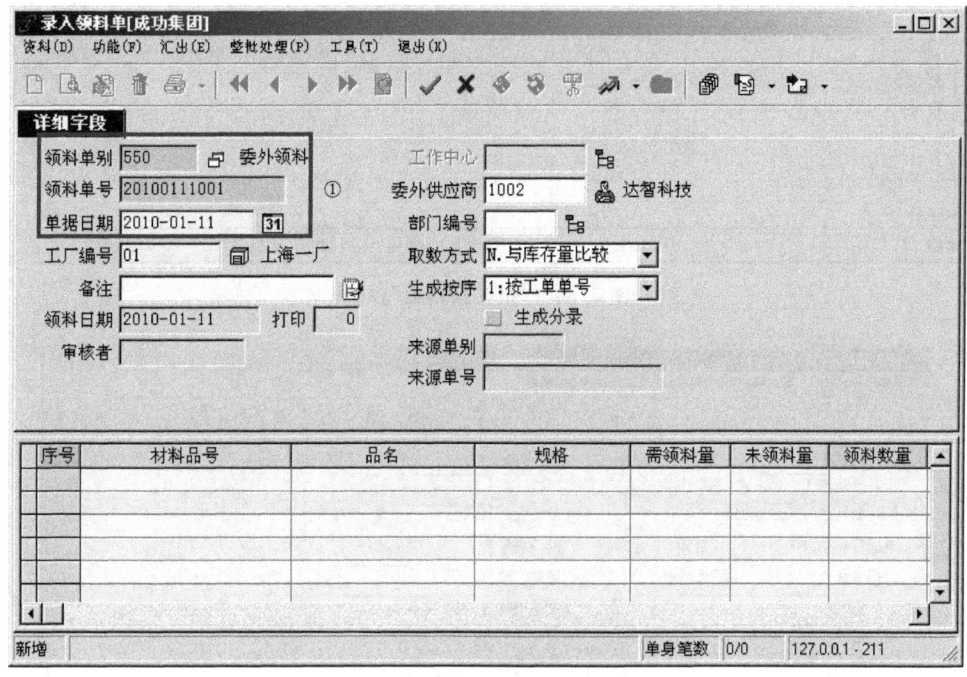

图 4.59 "录入领料单"界面

步骤二：选择领料的工厂及工作中心/委外供应商。

② 在"工厂编号"字段选择领料的工厂，此例为委外加工，则可记录领料的"委外供应商"。如图 4.60 所示。

步骤三：选择要领哪一张工单的用料及领料方式。

③ 单击工具栏的"工单信息输入"，系统会自动显示如图 4.62 窗口，输入要领哪一张工单的用料及其领料方式。如图 4.61 所示。

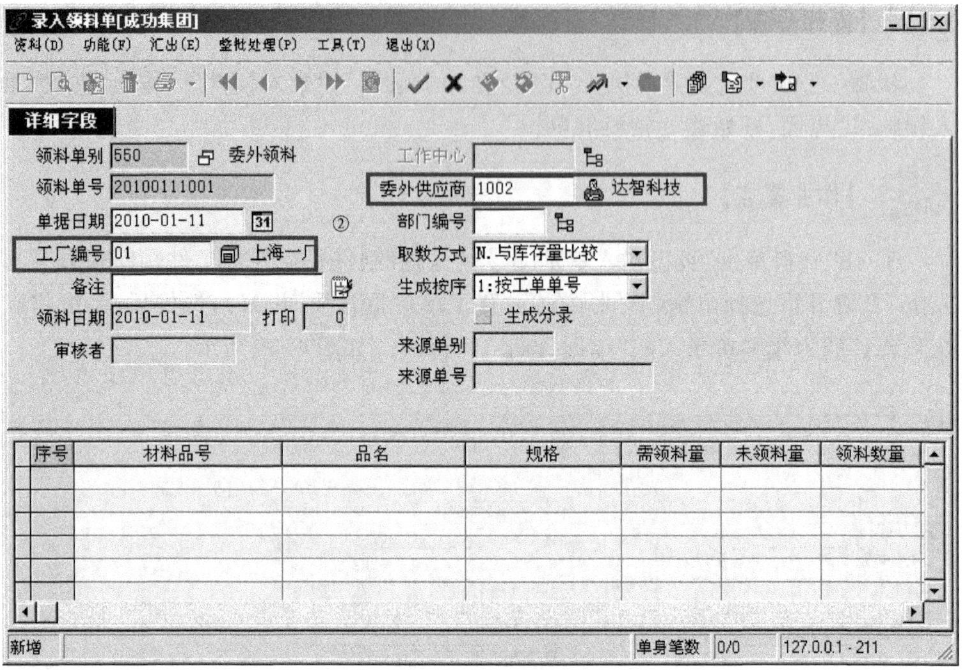

图 4.60 "录入领料单"界面

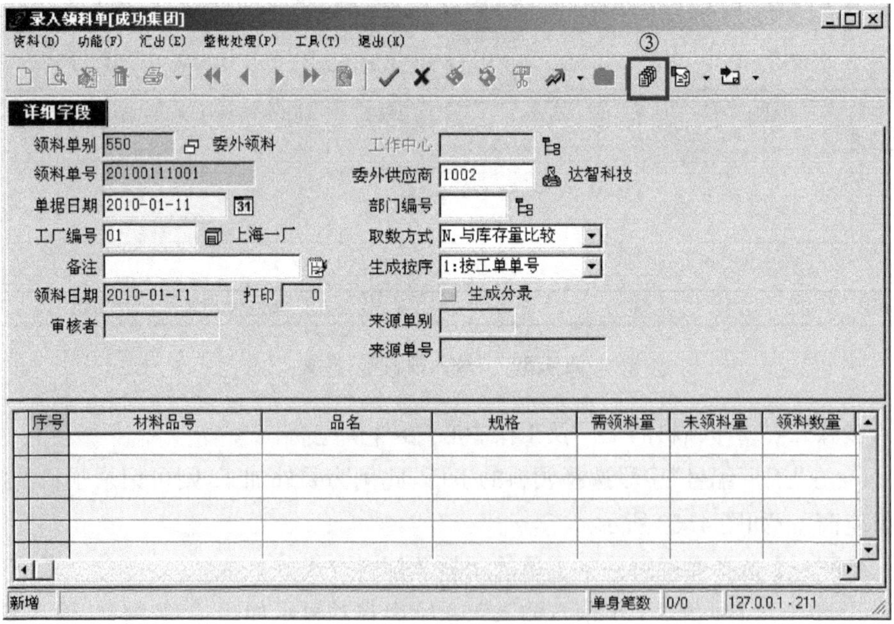

图 4.61 "录入领料单"界面

④ 单击工具栏上的"维护",方可选择工单信息。如图 4.62 所示。

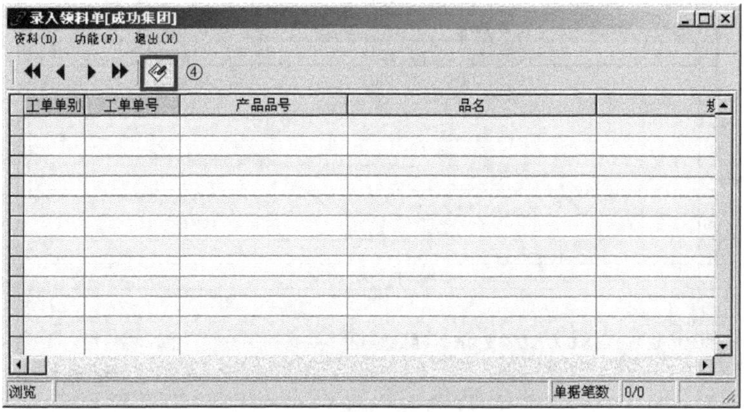

图 4.62 "工单信息输入"界面

⑤ 可在"工单单别"字段,按 F2 键开窗选择指定工单单号。如图 4.63 所示。

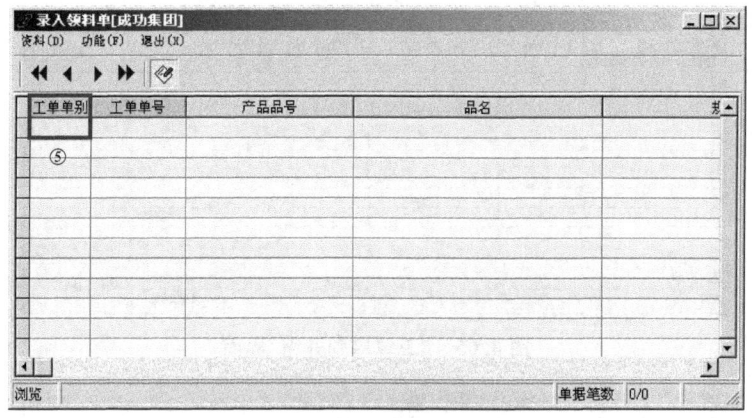

图 4.63 "工单信息输入"界面

⑥ 选好要领料的工单单号,单击"确定",即可回到前一画面,系统将自动带出该工单单号要生产的产品品号、品名及规格。如图 4.64 所示。

⑦ 可指定"领料方式"。如图 4.65 所示。

⑧ 可利用"录入品号信息"中"领料码"特性(1. 逐批领料、2. 自动扣料、3. 单独领料),输入领料码作为领料时过滤的条件。如图 4.66 所示。

⑨ 选择领用材料的"材料类型",除了"供应商供料"是以"委外进货单"的入库数量反推供应商代买的材料外,其余类型都可在此作业记录领料信息。如图 4.67 所示。

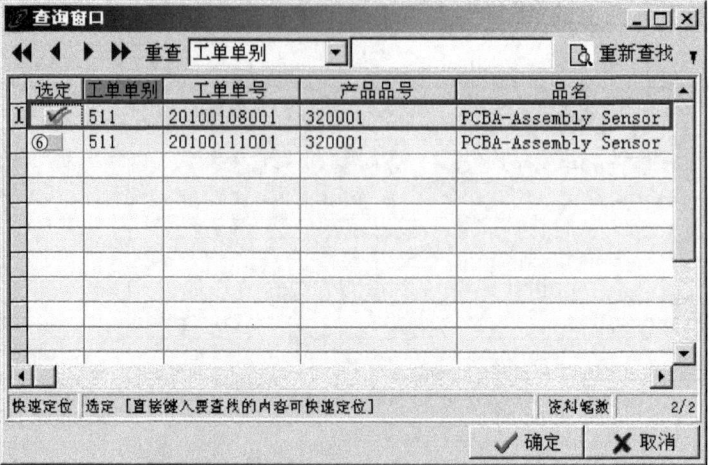

图 4.64 "工单单别开窗"界面

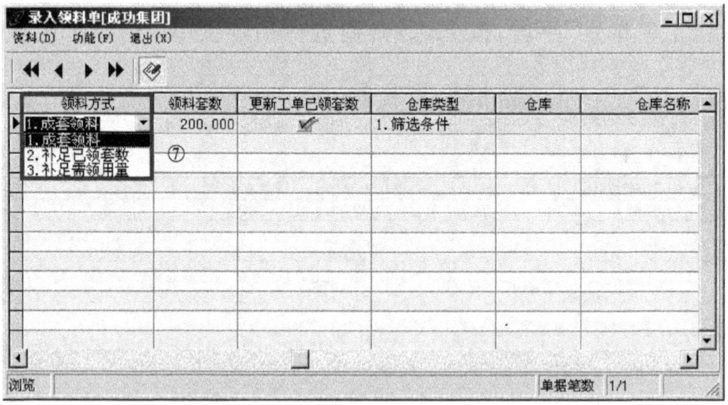

图 4.65 "工单单别开窗"界面

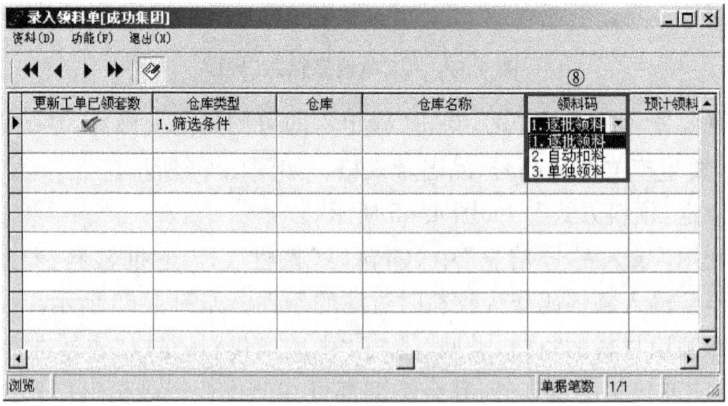

图 4.66 "工单单别开窗"界面

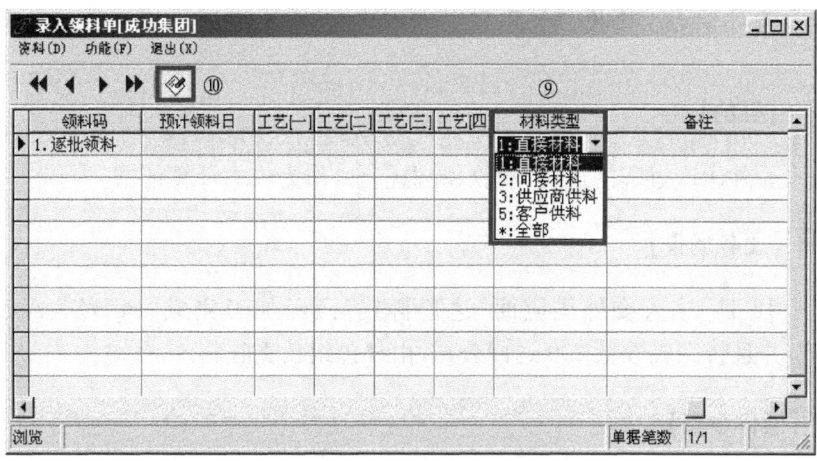

图 4.67 "工单单别开窗"界面

⑩ 单击"维护",离开此画面。如图 4.67 所示。

⑪ 系统根据设定的条件选项,自动在领料单单身产生需领用的材料品号。如图 4.68 所示。

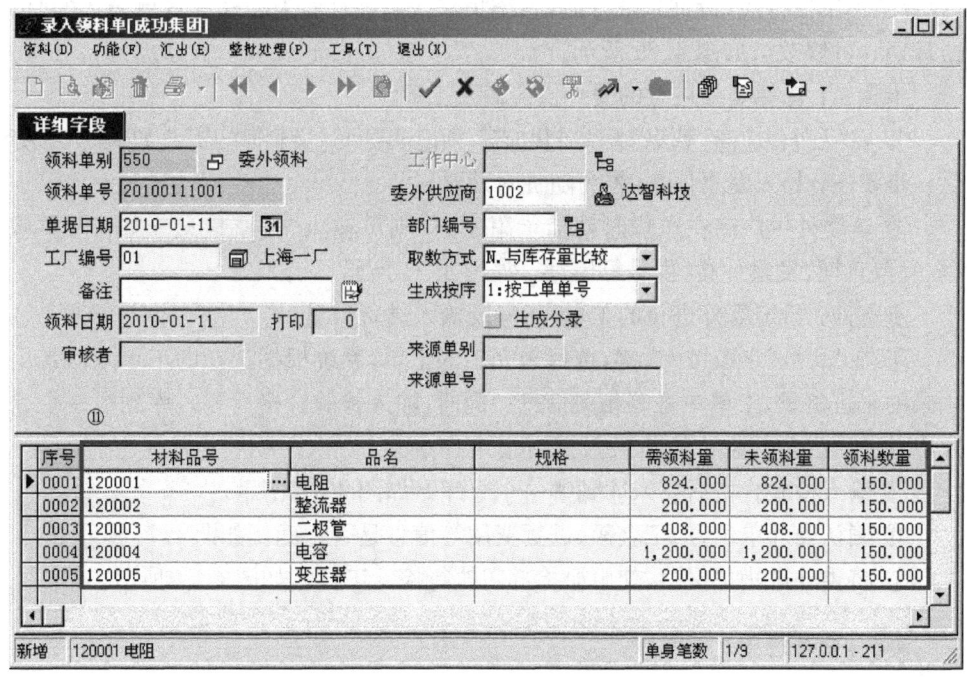

图 4.68 "录入领料单"界面

4.7.3 委外进货、验收、验退

【目的】

录入委外生产过程的进货、验收、验退信息,作为成本计算依据。

【业务场景】

1月16日,这天委外供应商"达智科技"已经加工完成"PCBA—Assembly Sensor",并且将完成数量200送回公司,由外包组负责收料。

【操作步骤】

步骤一:从系统主界面执行"工单/委外子系统"|"录入委外进货单"作业,进入"录入委外进货单",开始输入委外进货信息。

【作业重点】

① 在"委外进货单别"直接输入单别编号,或按F2键开窗选择单别(单别须在"设置工单单据性质"设好),选好后,系统将默认系统日期为委外进货单录入的"单据日期",可修改。如图4.69所示。

步骤二:选择委外进货的委外供应商及工厂。

② 在"委外供应商"字段选择委外供应商,须记录委外进货到何"工厂"。如图4.70所示。

步骤三:补入发票信息(若为随货附发票)。

③ 若委外供应商在送货时就随货附发票,则可输入"发票信息",如:发票号码、发票日期、发票种类、税号等信息。如图4.71所示。

步骤四:指定委外进货的工单、品号及输入进货数量。

④ 在"品号"字段按F3键,选择未完工的工单,系统根据选择的工单默认带出剩余的未进货量、工单单号等相关信息。同时,输入检验合格后要入库到哪一个仓库以及此次进货数量。如图4.72所示。

⑤ 输入检验合格后要入库到哪一个仓库。如图4.73所示。

⑥ 确认委外单价、加工金额、进货费用等信息是否正确。如图4.74所示。

⑦ 将委外进货单保存,交由质检部门执行检验工作。如图4.74所示。

【业务场景】

质检部检验结果有2个品质不合格,将退回"达智科技"重新加工。

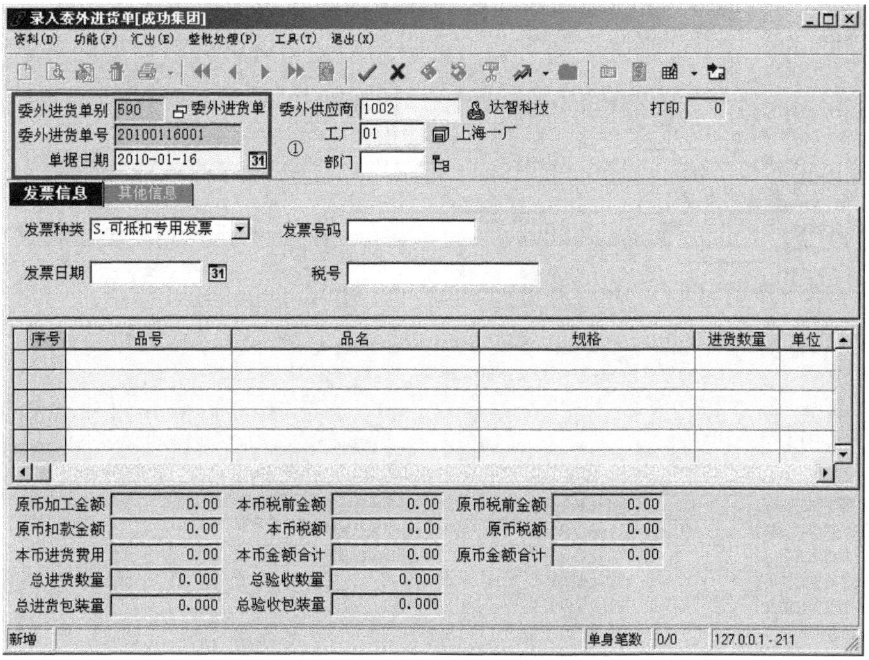

图 4.69 "录入委外进货单"界面

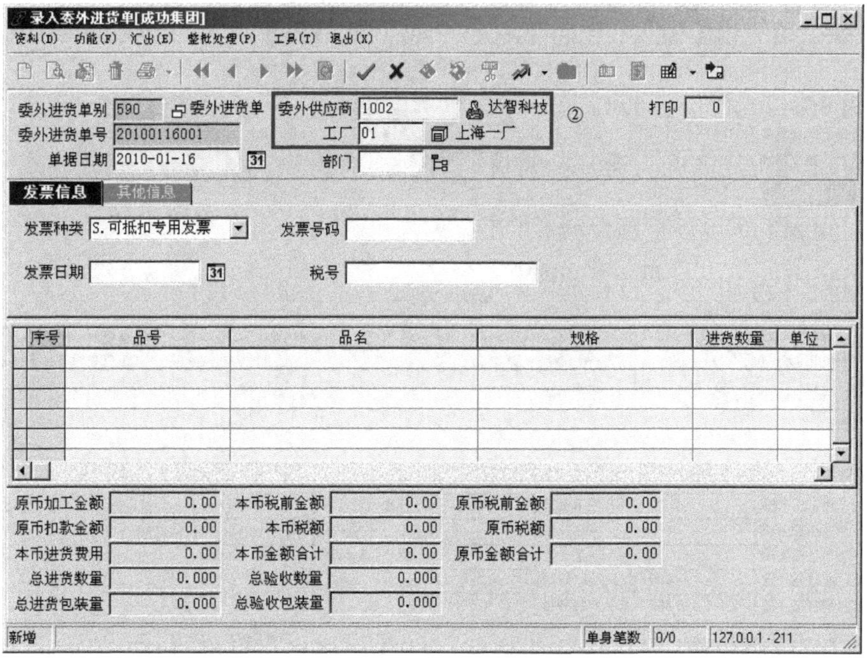

图 4.70 "录入委外进货单"界面

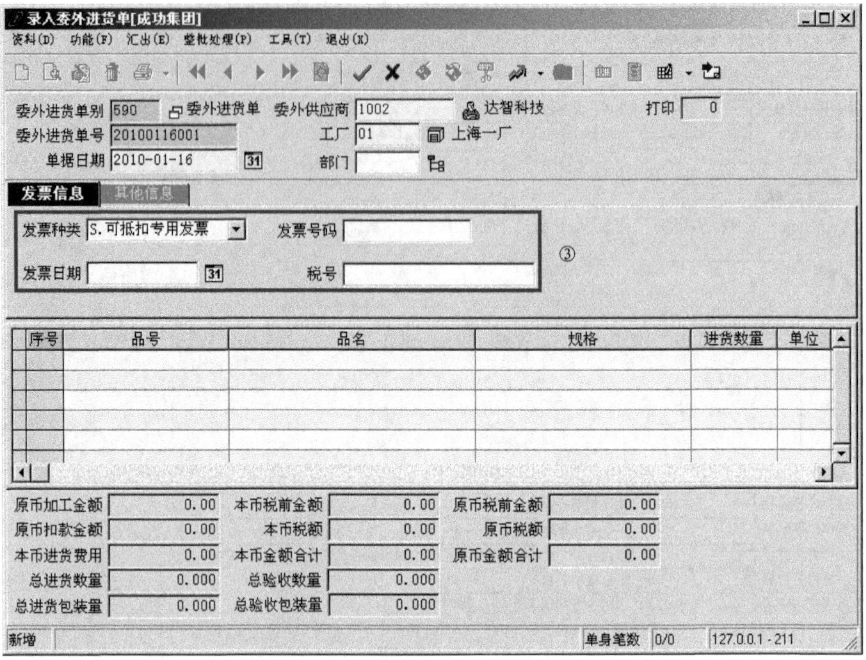

图 4.71 "录入委外进货单"界面

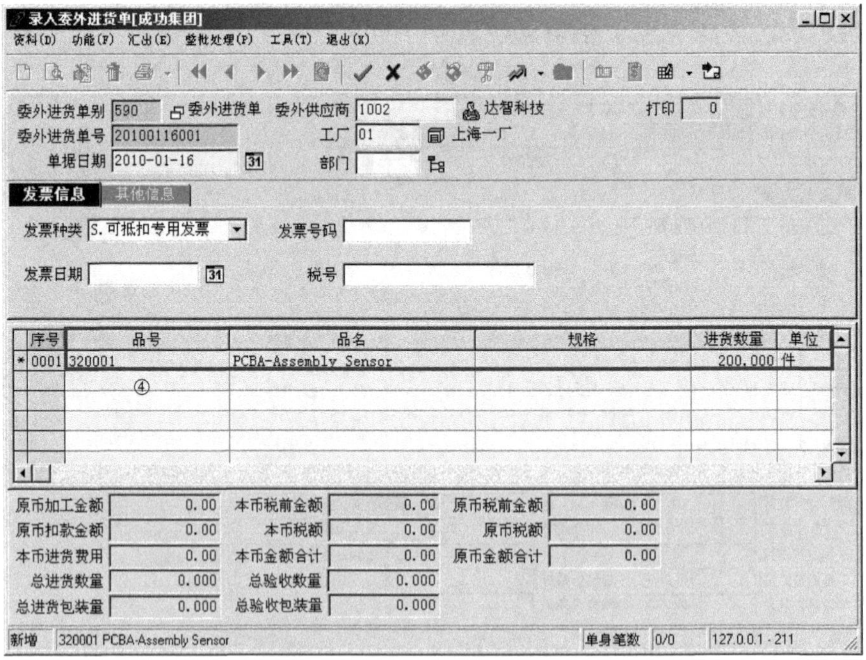

图 4.72 "录入委外进货单"界面

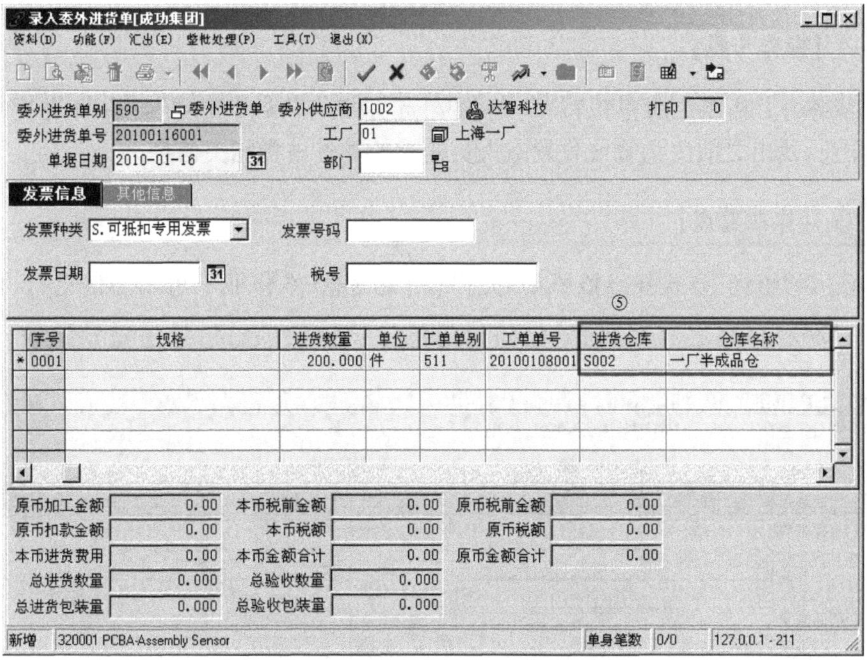

图 4.73 "录入委外进货单"界面

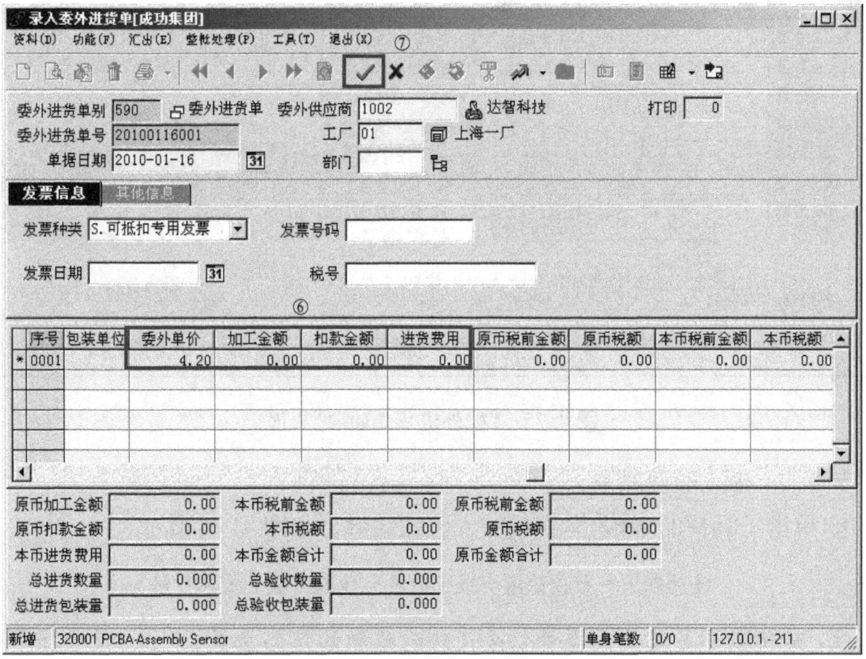

图 4.74 "录入委外进货单"界面

【操作步骤】

步骤一：从作业清单执行"工单/委外子系统"|"委外管理"|"委外进货单验收"作业，找出之前由物管或收发室人员输入的委外进货相关信息。

【作业重点】

① 以"查询"方式找出该张委外进货相关信息（本作业不可新增信息）。如图4.75所示。

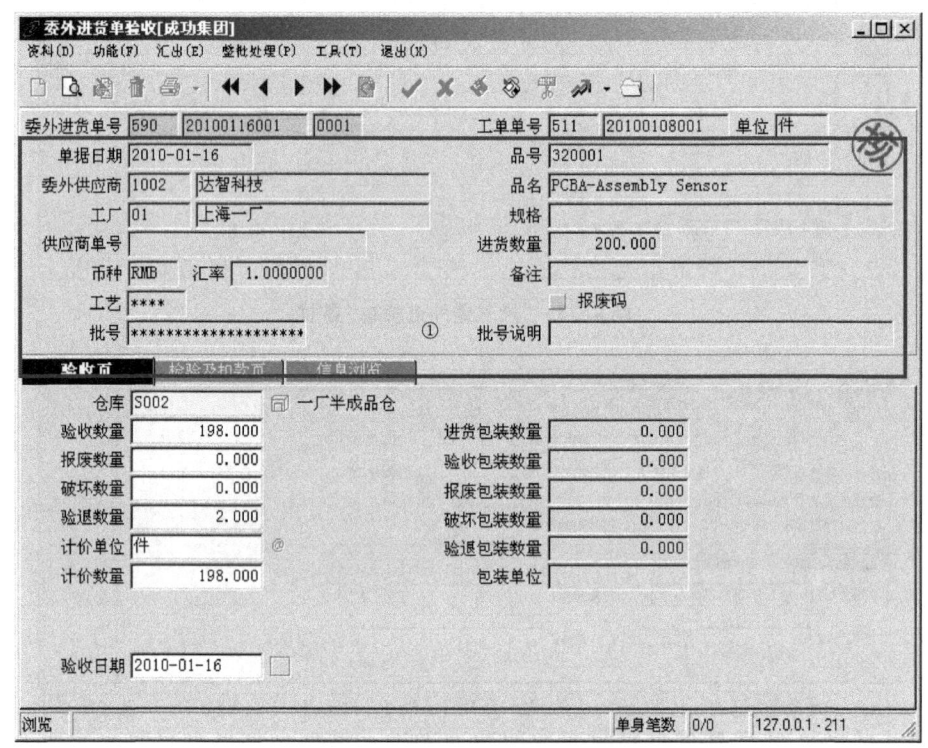

图 4.75 "委外进货单验收"界面

步骤二：输入验收结果。

② 单击工具栏的"修改"，直接输入验收结果。如图 4.76 所示。

$$进货数量＝验收数量＋报废数量＋验退数量＋破坏数量$$

注：计价数量是需要向委外供应商给付账款的产品数量。

步骤三：审核验收结果。

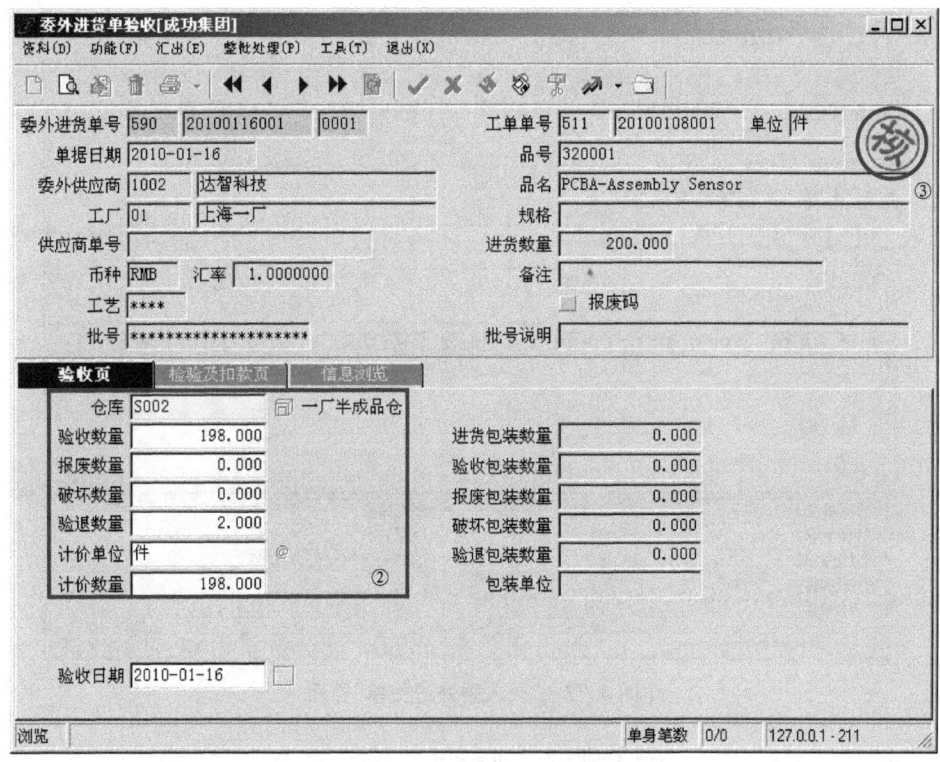

图 4.76 "委外进货单验收"界面

③ 验收结果输入完毕，单击工具栏的"审核"，即可在此作业看到红色的"核"字，表示此批货已由质检人员检验完毕，并交由仓管人员点收入库。如图 4.76 所示。

④ 验收结果回写到"录入委外进货单"，使用者可在此作业检视信息。系统会将此验收结果回写到该工单的"已生产量"及"报废数量"。若该张委外进货单有多笔进货信息，则在最后一笔进货验收完毕后，系统自动会审核该张委外进货单。如图 4.77 所示。

⑤ 系统会根据验收及验退状况回写"超期码"、"检验状态"及"检退码"。如图 4.78 所示。

超期码：委外供应商将品号完工送回厂的时间，比在工单上记录的预计完工日晚，则系统将自动勾选此字段，作为后续"委外进货异常表"评核供应商交货状况的依据。

检验状态：有验退将显示"不良"，全数验收则显示"合格"；可作为后续"委外进货异常表"评核供应商质量状况的依据。

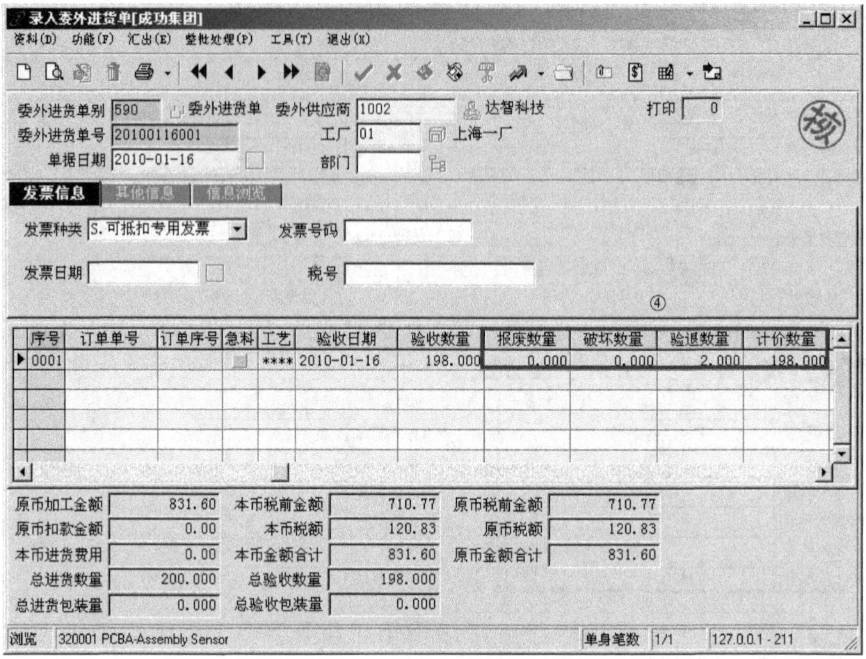

图 4.77 "录入委外进货单"界面

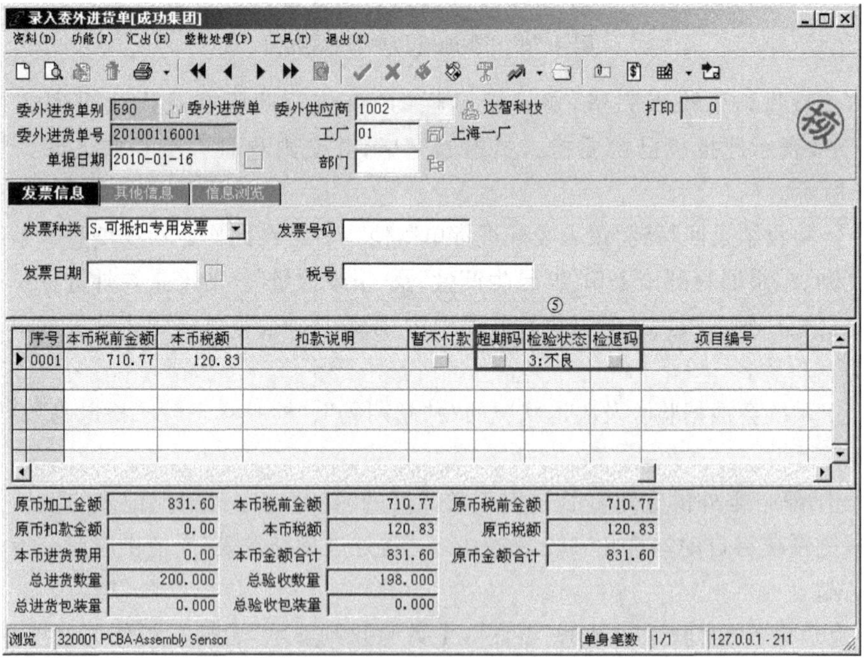

图 4.78 "录入委外进货单"界面

检退码：检验时即发现有验退件，则在退还给供应商并在"退回委外验退件"中输入验退信息后，由系统自动勾选此字段。

【业务场景】

质检人员在验收产品过程中，发现进货有瑕疵或不良，2件产品品质不合格，须退回"达智科技"重新加工。

【操作步骤】

步骤一：直接输入验退信息。

【作业重点】

① 从作业清单执行"工单/委外子系统"|"退回委外验退件"作业，进入"退回委外验退件"界面。如图 4.79 所示。

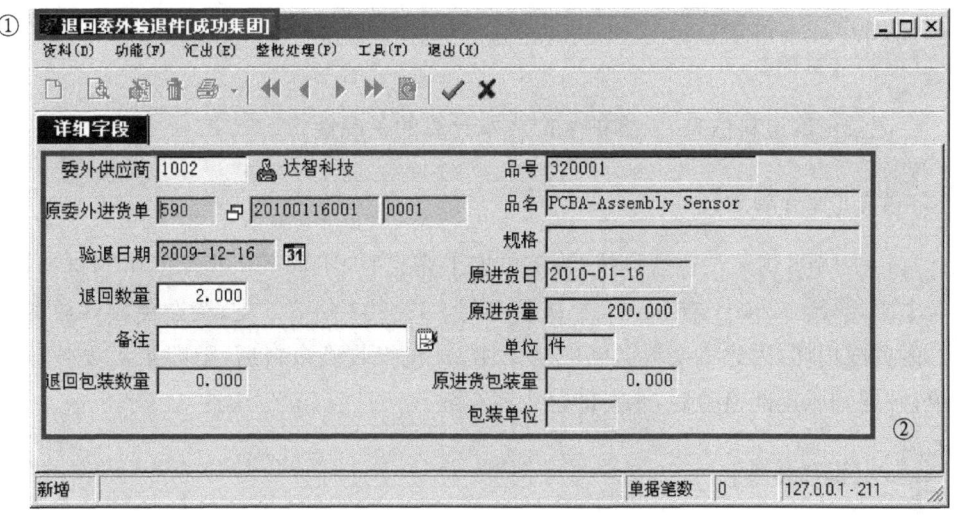

图 4.79 "退回委外验退件"界面

② 以"新增"方式，找出要退回给哪一个"委外供应商"，可在"原委外进货单"字段找出要退回哪一张委外进货单的验退件，选择后即可，系统将自动带出"验退品号、品名、规格"及"退回数量"等数据。如图 4.79 所示。

注：验退件不可分批分量退回给委外供应商。

步骤二：打印此单据，并请委外供应商签收即可。如图 4.80 所示。

```
                          委外验退件退回单
制表日期:2010-01-16                                      页次:  1/1
委外供应商:1002    达智科技
退料日期:2009-12-16                                      14:29
```

序号	品 号 品 名 规 格	原进货量 退回数量	单位	原委外进货单 原进货日 备注
	320001 PCBA-Assembly Sensor	200 2	件	590 - 20100116001 - 0001
	以下空白//			

图 4.80 "委外验退件退回单"凭证

4.7.4 委外生产退料

【目的】

记录正确退料信息,以维护生产成本计算的正确性。

【业务场景】

1月16日这天,"达智科技"将工单加工完成后,还剩下一些未使用的材料,包含电阻品号:120001有50个、二极管品号:120003剩下5支,为避免零件放置过久闲置或损坏,因此将余料退回成功集团,外包组收到余料后,随即录入委外退料单,并通知质检部检验后,余料即可入库存放。

【操作步骤】

步骤一:从系统主界面执行"工单/委外子系统"|"录入退料单"作业。

【作业重点】

① 在"退料单别"直接输入单别编号,或按 F2 键开窗选择单别,此单别须在"设置工单单据性质"设好,选好后,系统将默认系统日期为退料单录入的"单据日期",可自行修改。如图 4.81 所示。

步骤二:选择退料的工厂及工作中心/委外供应商。

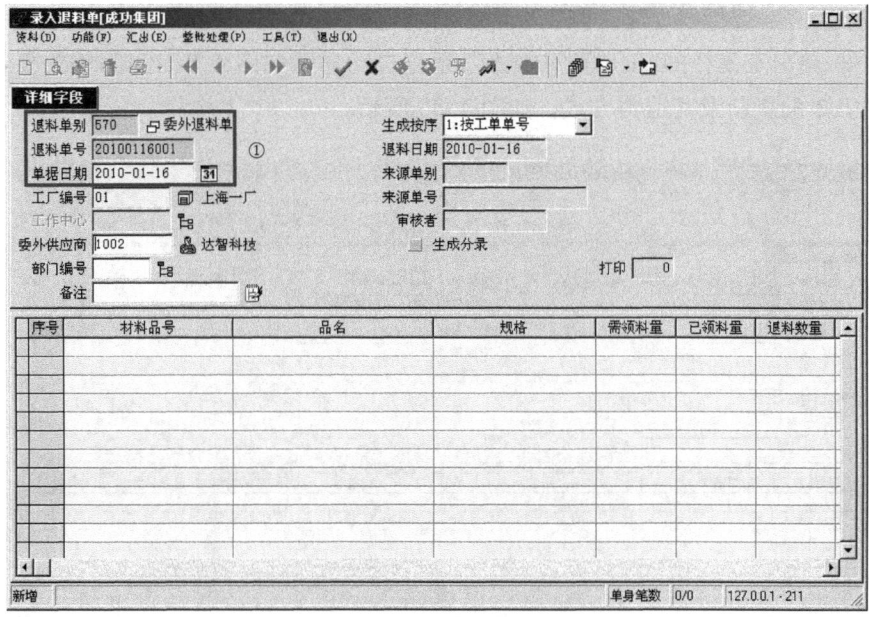

图 4.81 "录入退料单"界面

② 在"工厂编号"字段选择退料的工厂,此例为委外加工,则可记录退料的"委外供应商"。如图 4.82 所示。

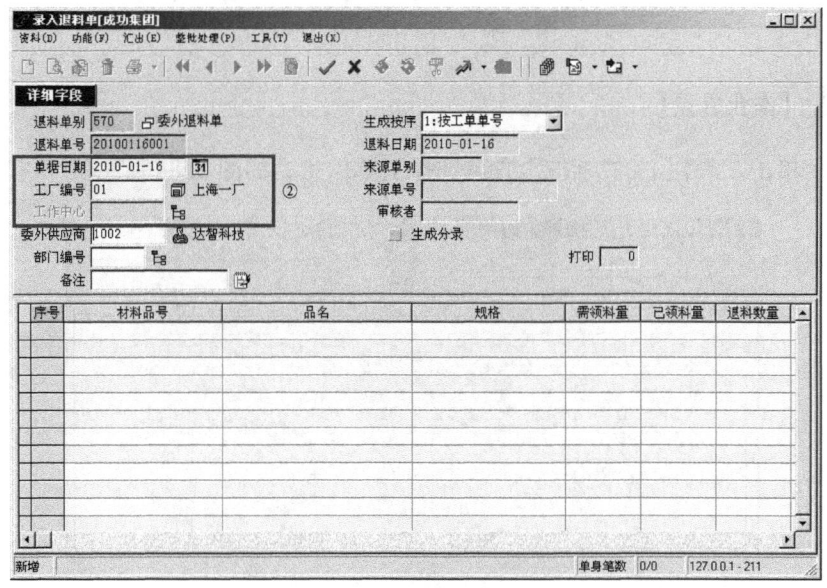

图 4.82 "录入退料单"界面

步骤三：选择要退哪一张工单的余料及退料方式。

③ 单击工具栏的"工单信息输入"，系统自动显示如图 4.84 窗口，输入要退哪一张工单的剩料及其退料方式。如图 4.83 所示。

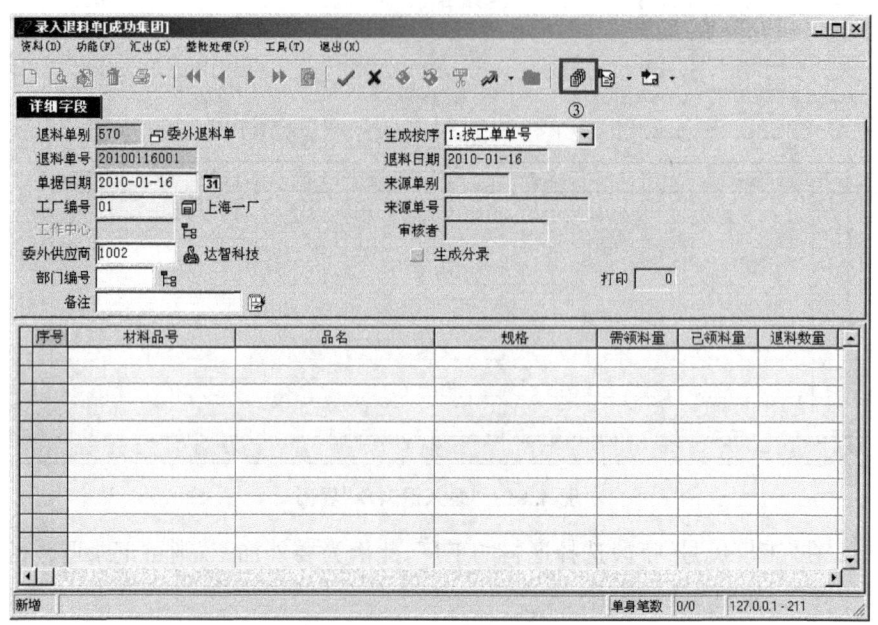

图 4.83 "录入退料单"界面

【作业重点】

④ 单击工具栏上的"维护"，方可选择工单信息。如图 4.84 所示。

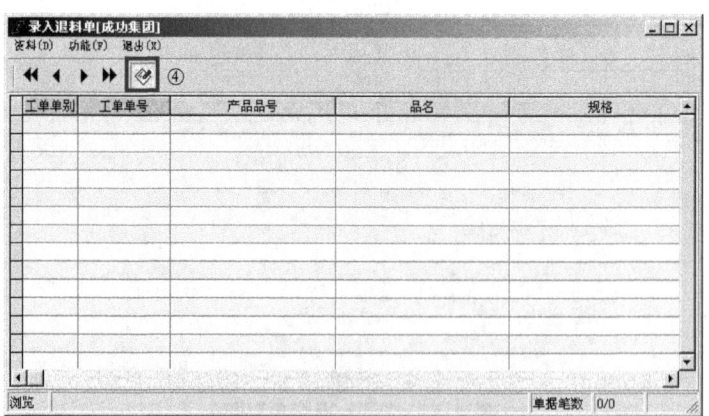

图 4.84 "查询工单信息"界面

⑤ 在"工单单别"字段,按 F2 键,则可开窗选择指定退料工单单号。如图 4.85 所示。

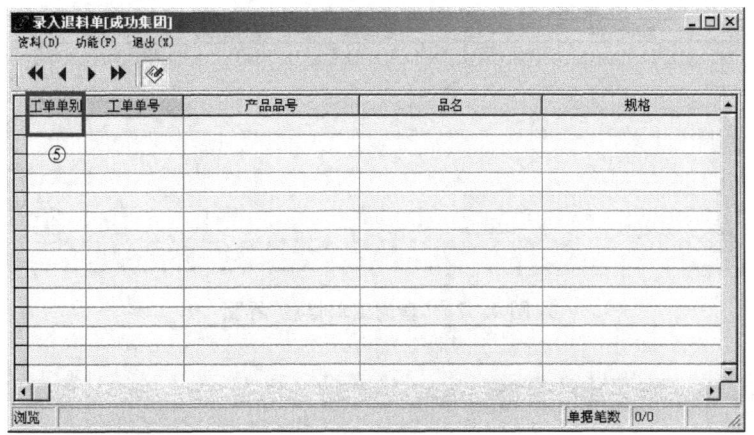

图 4.85 "查询工单信息"界面

⑥ 可选择"退料方式""1. 成套退料"或"3. 退已领用量";此例选择 3. 退已领用量。如图 4.86 所示。

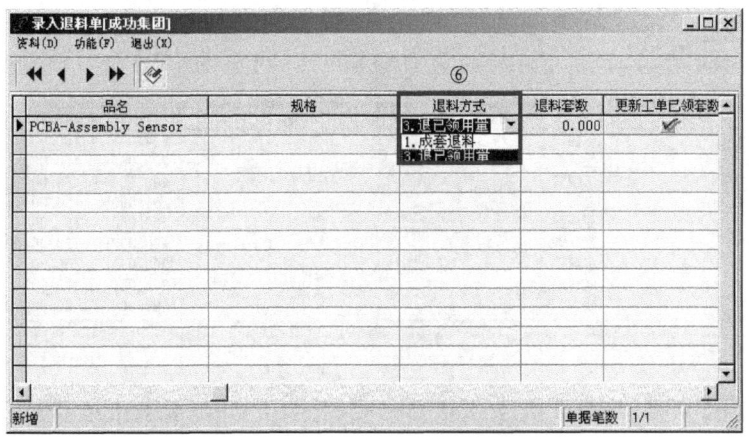

图 4.86 "查询工单信息"界面

⑦ 单击"维护",离开此画面。如图 4.87 所示。

⑧ 系统根据设定的条件选项,自动在退料单单身产生退料的材料品号及数量。如图 4.88 所示。

⑨ 检查电阻品号:120001 是否为 50 个、二极管品号:120003 是否为 5 支,并且将不需退料的信息执行单身删除,仅保留余料退回的品号;将此单据信息保存。

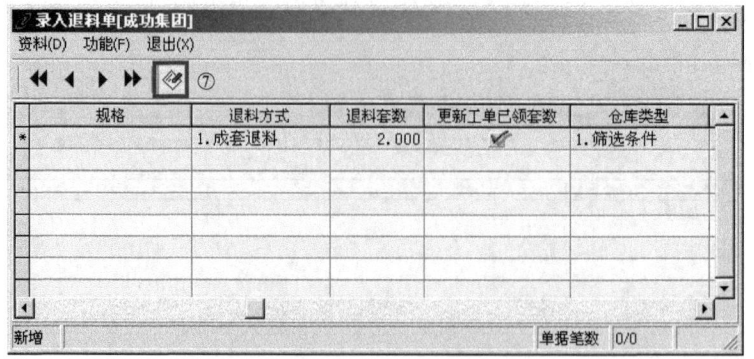

图 4.87 "查询工单信息"界面

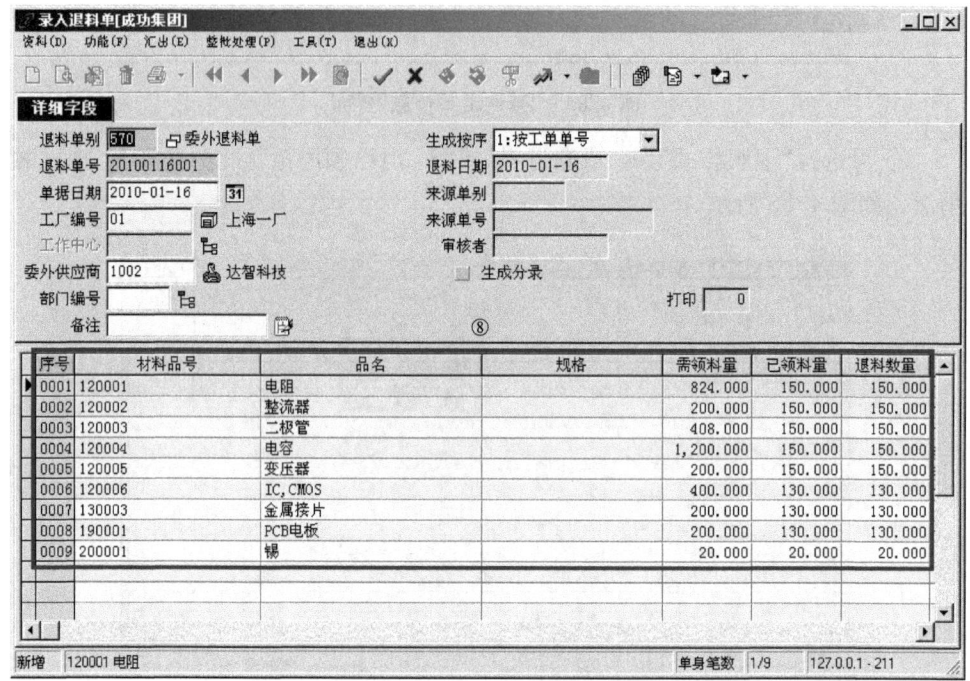

图 4.88 "录入退料单"界面

如图 4.89 所示。

步骤四：审核退料单。

⑩ 仓管人员点收退料,才将退料单审核,如此较易保持库存准确性,退料单副本也须交给成本会计人员,用于成本计算。

⑪ 退料单审核,系统回写工单的"已领套数"。退料单审核也表示这些用料量

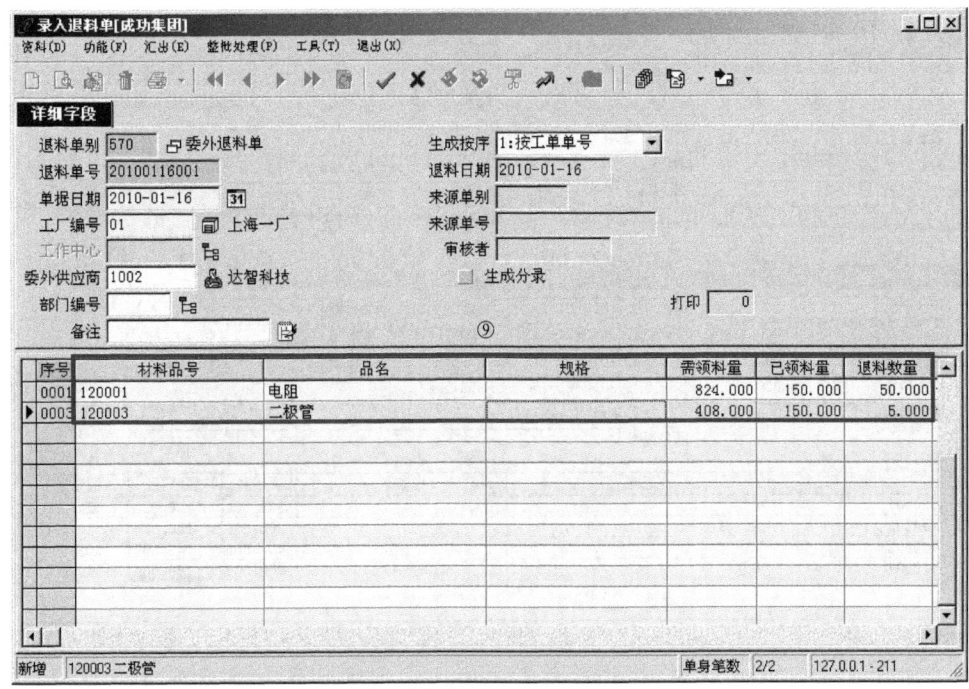

图 4.89 “录入退料单”界面

已退回到仓库,仓库数量会增加,系统也会回写工单单身用料的“已领料量”。如图 4.91 所示。

委外退料单

制表日期: 2010-01-16　　页次: 1/1

退料单别: 570　委外退料单　　工　厂: 01　上海一厂　　备注:
退料单号: 20100116001　　工作中心:　　审核: N
单据日期: 2010-01-16　　委外供应商: 1002　达智科技　　部门:

序号	材料品号 品　名 规　格	单位	退料数量 仓　库 仓库名称	工单编号 工　艺	批号 退料说明 备注 批号说明
0001	120001 电阻	个	50 S001 一厂原材料仓	511 - 20100108001 ****	********************
0003	120003 二极管	个	5 S001 一厂原材料仓	511 - 20100108001 ****	********************
	以下空白//				

图 4.90　录入退料单凭证

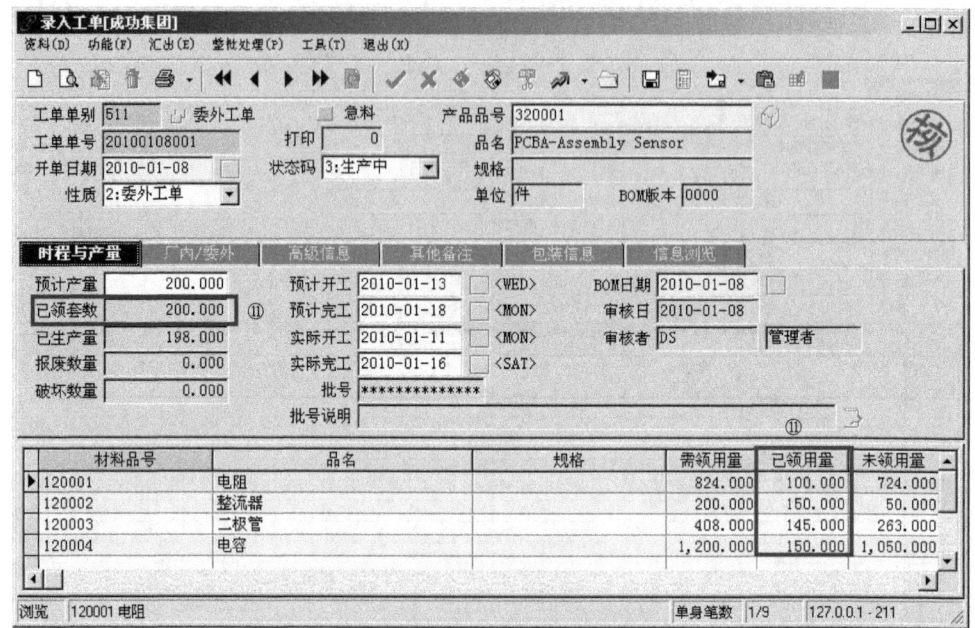

图 4.91 "录入工单"界面

4.7.5 委外生产退货

【目的】

录入退回给加工厂商的信息,以维持工单的正确生产信息。

【业务场景】

1月19日,这天仓管部备料时发现已入库的半成品"PCBA—Assembly Sensor",其中 5 个外观有脱落的现象,通知质检部前来检查,检查后判定为加工品质不良,因此仓管部通知外包组,将这 5 个不良品退回"达智科技"重新加工。

【操作步骤】

步骤一:从作业清单执行"工单/委外子系统"|"录入委外退货单"作业,进入"录入委外退货单"界面,输入委外退货信息。

【作业重点】

① 在"委外退货单别"直接输入单别编号,或按 F2 键开窗选择单别(单别须在"设置工单单据性质"设好),选好后,系统将默认系统日期是委外退货单录入的"单据日期",可修改。如图 4.92 所示。

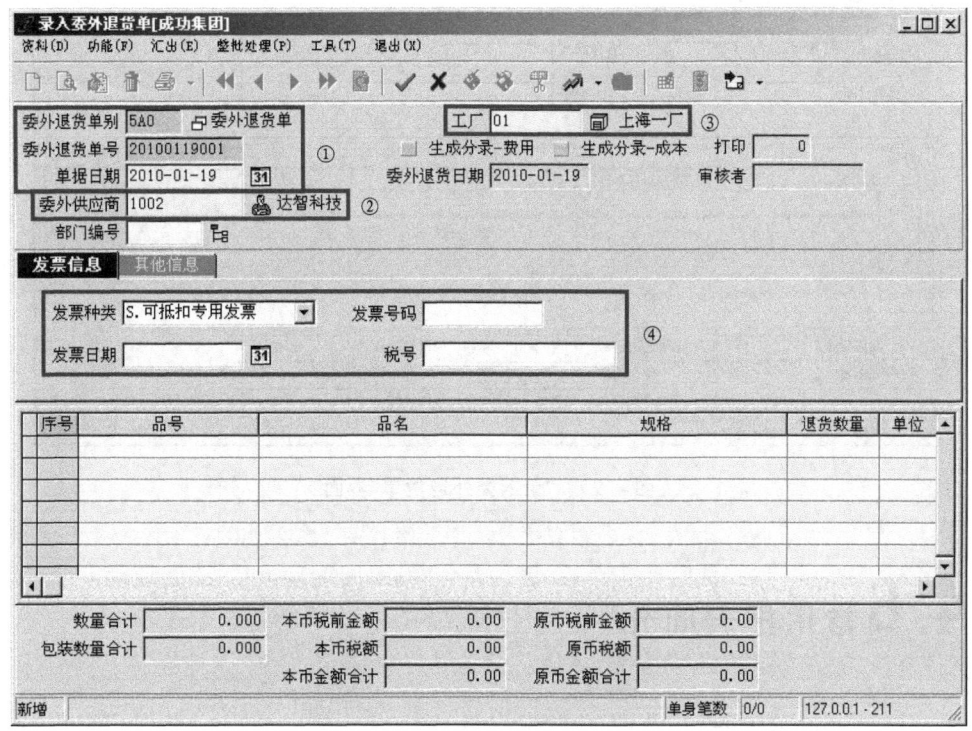

图 4.92 "录入委外退货单"界面

② 在"委外供应商"字段选择委外供应商。如图 4.92 所示。

③ 记录从何"工厂"退货。如图 4.92 所示。

④ 若委外进货已补入发票信息,则在委外退货时,也必须在"发票信息"页面将发票信息补齐,才可对应要退哪一张发票的货。如图 4.92 所示。

步骤二:指定委外退货的工单、品号及输入退货数量并审核单据。

⑤ 在"品号"字段按 F3 键,选择对应工单,系统将原始工单的信息带到单身来,再针对原始信息做微调,以这个范例是将退货数量调整为 5。如图 4.93 所示。

⑥ 将委外退货单审核,即可请委外供应商签收;库存数量与要付给委外供应商的账款都会随之减少。如图 4.93 所示。

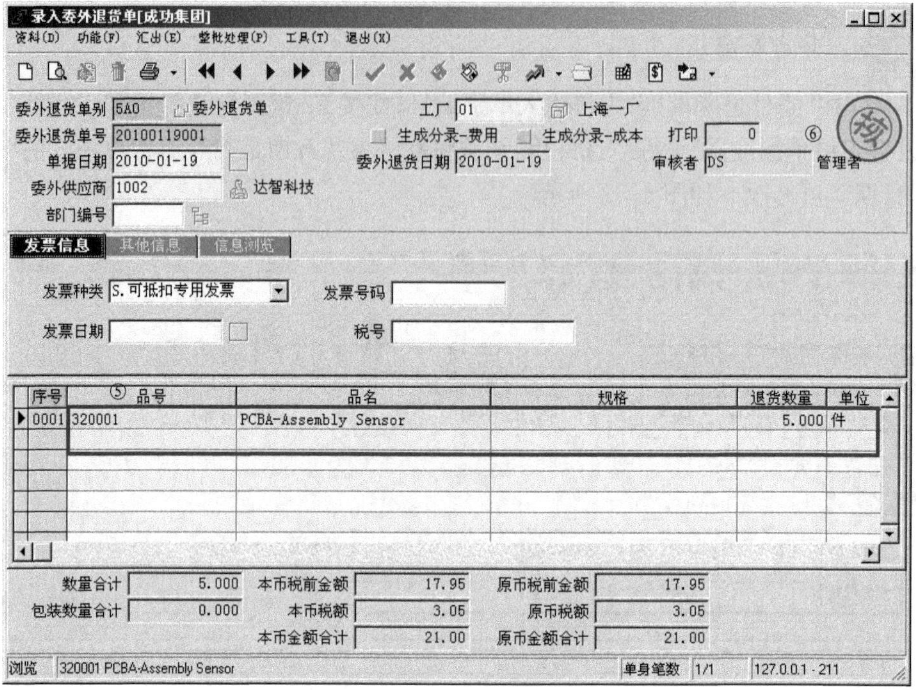

图 4.93 "录入委外退货单"界面

4.8 常用报表简介

4.8.1 生产进度表

【目的】

以工单或者供应商的角度检视一段期间内的生产状况,便于提供给相关部门掌握生产进度。

【操作步骤】

步骤一:在"生产进度表"界面上进行设置,然后单击"直接查询"。

【作业重点】

① 选择工单性质,有厂内工单或者委外工单 2 种;也可指定查看的工厂;若

"选择工单性质"选择"厂内工单",则可在"选择工作中心"筛选"工作中心"的资料;若选择"委外工单",则可选择委外供应商资料;也可以工单的开工日及工单单头的入库仓库作为筛选依据的。如图 4.94 所示。

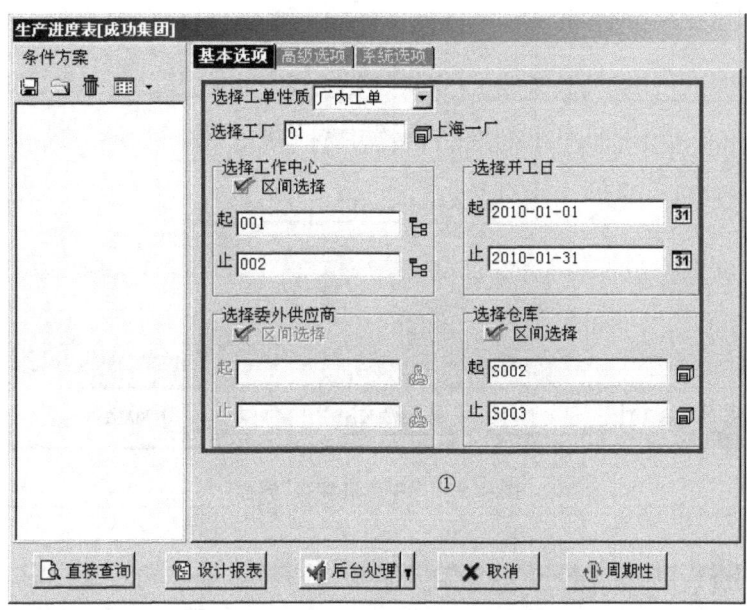

图 4.94 "生产进度表"界面

② 选择查询工单的审核状态;根据工单状态筛选需要查看的工单;报表数据排序方式可自由选择;"选择排序方式"为"工作中心加预计开工日","工作中心不同分页"才能勾选,代表可以对不同的工作中心分页呈现信息;"选择排序方式"为"委外供应商加预计开工日","委外供应商不同分页"才能勾选,表示可以对不同的委外供应商分页呈现。如图 4.95 所示。

步骤二:报表产出结果。如图 4.96 所示。

4.8.2 合并领料捡料表

【目的】

可将合并捡料的多张领料单信息汇总印成一张捡料表,以方便捡发料。

【操作步骤】

步骤一:在"合并领料捡料表"界面上进行设置,再单击"直接查询"。

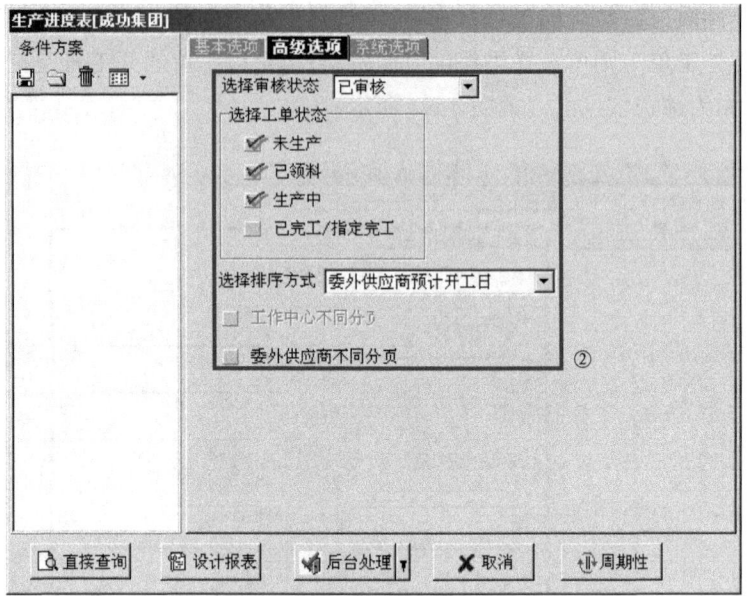

图 4.95 "生产进度表"界面

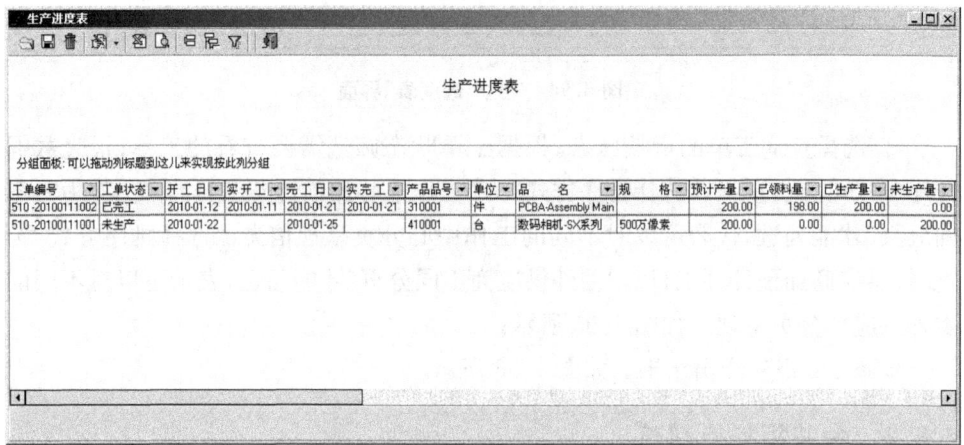

图 4.96 "生产进度表"界面

【作业重点】

① 选择打印哪一个工厂或哪一个仓库里的材料;选择某区间要捡料的领料编号。如图 4.97 所示。

② 选择打印哪一种审核状态的领料单。如图 4.98 所示。

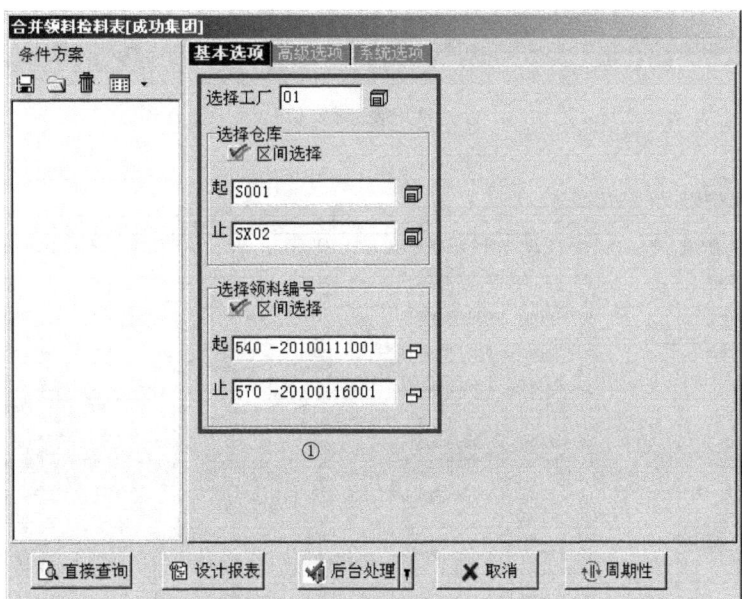

图 4.97 "合并领料捡料表"界面

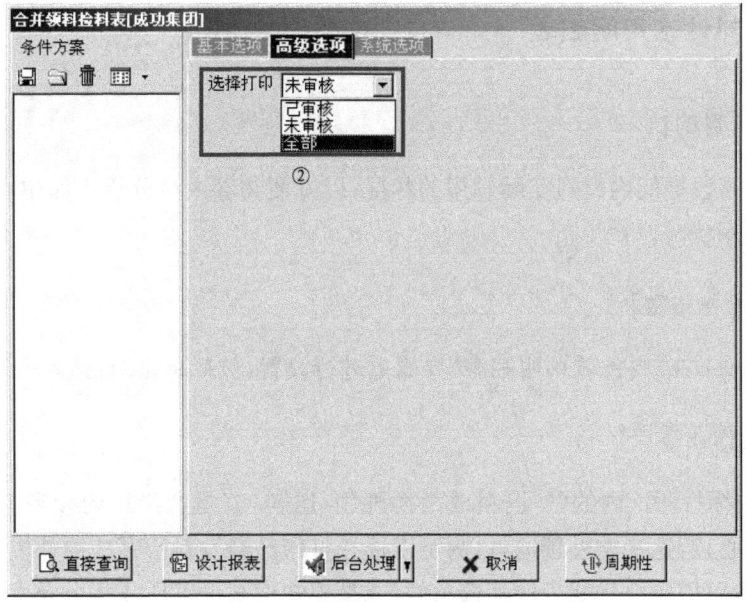

图 4.98 "合并领料捡料表"界面

步骤二：报表产出结果。如图 4.99 所示。

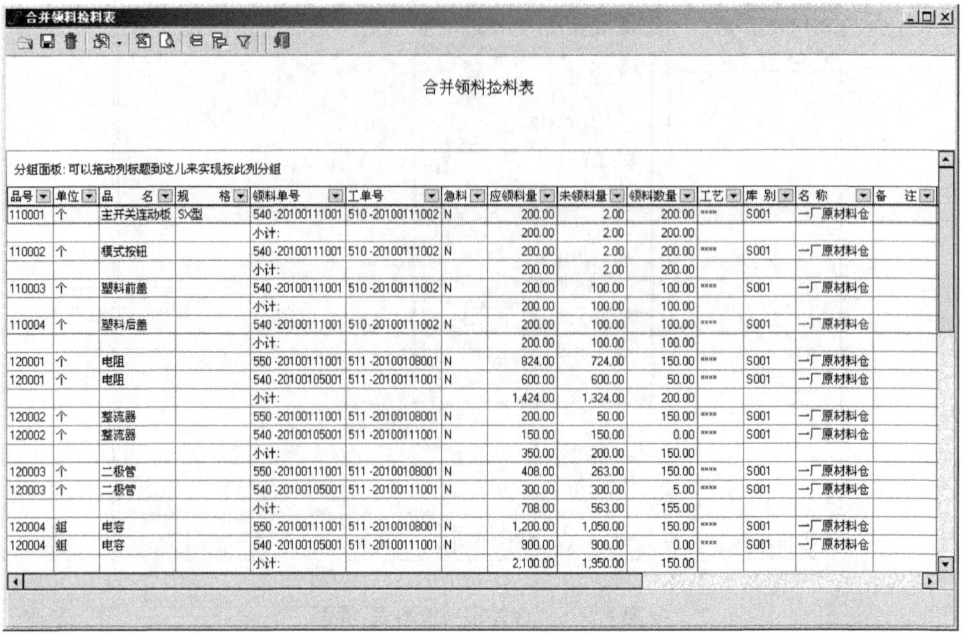

品号	单位	品名	规格	领料单号	工单号	急料	应领料量	未领料量	领料数量	工艺	库别	名称	备注
110001	个	主开关连动板	SX型	540-20100111001	510-20100111002	N	200.00	2.00	200.00	****	S001	一厂原材料仓	
				小计:			200.00	2.00	200.00				
110002	个	模式按钮		540-20100111001	510-20100111002	N	200.00	2.00	200.00	****	S001	一厂原材料仓	
				小计:			200.00	2.00	200.00				
110003	个	塑料前盖		540-20100111001	510-20100111002	N	200.00	100.00	100.00	****	S001	一厂原材料仓	
				小计:			200.00	100.00	100.00				
110004	个	塑料后盖		540-20100111001	510-20100111002	N	200.00	100.00	100.00	****	S001	一厂原材料仓	
				小计:			200.00	100.00	100.00				
120001	个	电阻		550-20100111001	511-20100108001	N	824.00	724.00	150.00	****	S001	一厂原材料仓	
120001	个	电阻		540-20100105001	511-20100111001	N	600.00	600.00	50.00	****	S001	一厂原材料仓	
				小计:			1,424.00	1,324.00	200.00				
120002	个	整流器		550-20100111001	511-20100108001	N	200.00	50.00	150.00	****	S001	一厂原材料仓	
120002	个	整流器		540-20100105001	511-20100111001	N	150.00	150.00	0.00	****	S001	一厂原材料仓	
				小计:			350.00	200.00	150.00				
120003	个	二极管		550-20100111001	511-20100108001	N	408.00	263.00	150.00	****	S001	一厂原材料仓	
120003	个	二极管		540-20100105001	511-20100111001	N	300.00	300.00	5.00	****	S001	一厂原材料仓	
				小计:			708.00	563.00	155.00				
120004	組	电容		550-20100111001	511-20100108001	N	1,200.00	1,050.00	150.00	****	S001	一厂原材料仓	
120004	組	电容		540-20100105001	511-20100111001	N	900.00	900.00	0.00	****	S001	一厂原材料仓	
				小计:			2,100.00	1,950.00	150.00				

图 4.99 “合并领料捡料表”界面

4.8.3 料件领用明细表

【目的】

查询某段期间内材料实际领用的状况，以方便物管人员分析工作中心/委外供应商的领用状况。

【操作步骤】

步骤一：在“料件领用明细表”界面上进行设置，然后单击“直接查询”。

【作业重点】

① 选择打印厂内的领/退料或是委外领/退料，若是选择厂内领退料，则可选择工作中心；若选择委外领退料，则可以选择打印已经发料给哪些委外供应商的领料明细；也可用领料日期当作筛选条件；或是想知道某个工厂或某个仓库的料件出入库状况，可以针对工厂、仓库来设定；亦可针对品号来筛选。如图 4.100 所示。

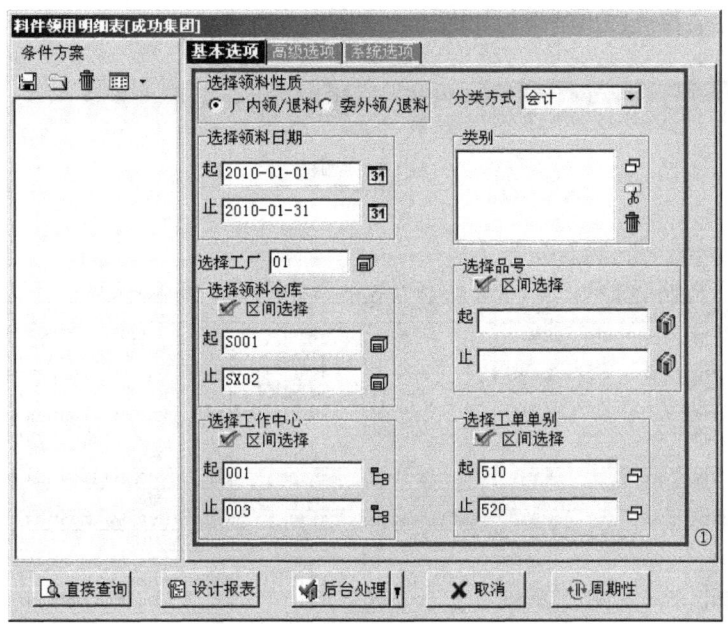

图 4.100 "料件领用明细表"界面

② 选择打印方式,明细或汇总;可设定成本信息打印,为了控管成本不会随意被看到,可以设定成本权限,只有有成本权限的人才可以勾选这个选项。如图 4.101 所示。

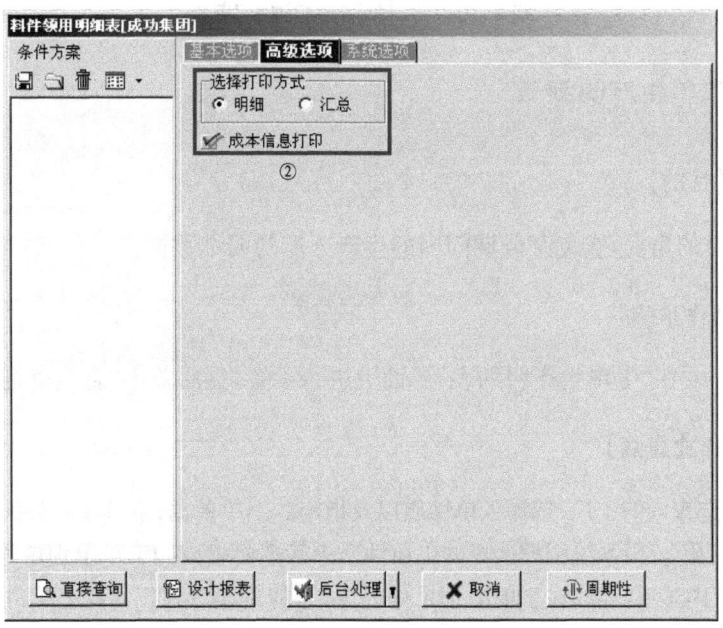

图 4.101 "料件领用明细表"界面

步骤二：报表产出结果。如图 4.102 所示。

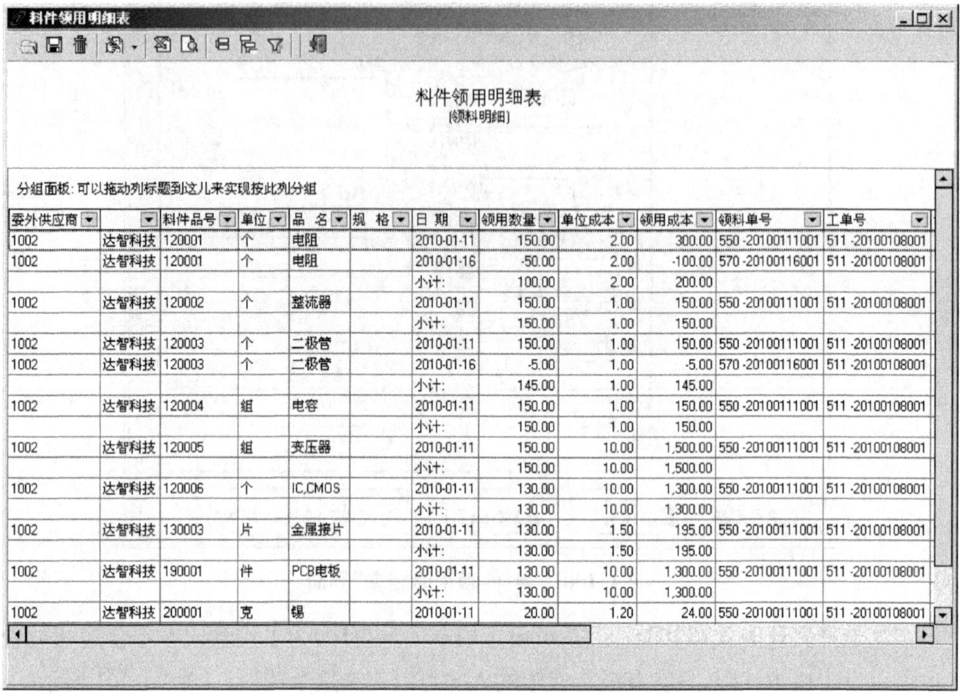

图 4.102 "料件领用明细表"界面

4.8.4 工单生产明细表

【目的】

以工单的角度,查询某段期间内的生产入库的明细数据。

【操作步骤】

步骤一：在"工单生产明细表"界面上进行设置,然后单击"直接查询"。

【作业重点】

① 筛选查询的工厂;选择工单性质以及指定的工单单据;工单性质分为厂内工单、委外工单以及全部;系统根据选择的工单性质来筛选要查询的工单单别单号,例如：工单性质为厂内工单,那么在工单单别单号开窗后,就只能看到厂内的工单;指定要查询哪一段期间的入库单数据,或者只查询某个入库仓库及入库单别。如图 4.103 所示。

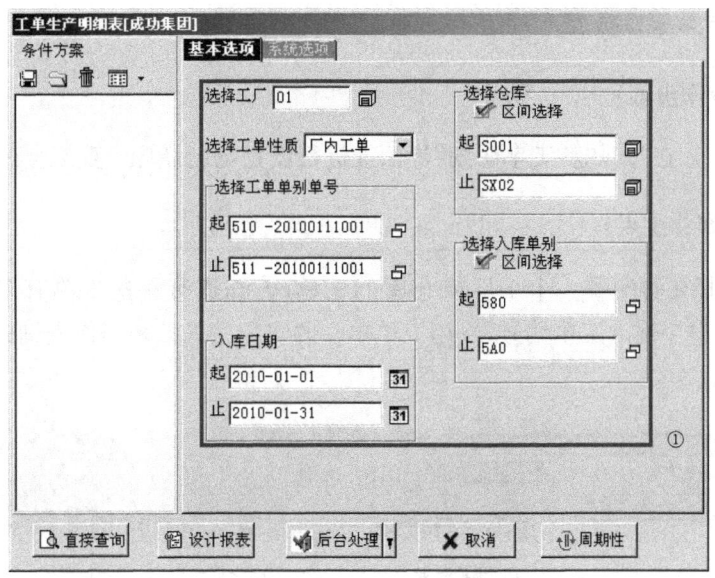

图 4.103 "工单生产明细表"界面

步骤二：报表产出结果。如图 4.104 所示。

图 4.104 "工单生产明细表"界面

4.8.5 未扣料工单明细表

【目的】

月底时物管或成会人员查询哪些工单已入库但没有领退料,这张报表是成本

计算前的异常检核报表。

【操作步骤】

步骤一：在"未扣料工单明细"界面上进行设置，然后单击"直接查询"。

【作业重点】

① 选择要打印哪一个工厂或仓库的工单；若知道有哪些工单有未领料的情况，也可以直接输入工单编号，或用工单单头的实际完工日来当作查询条件。如图 4.105 所示。

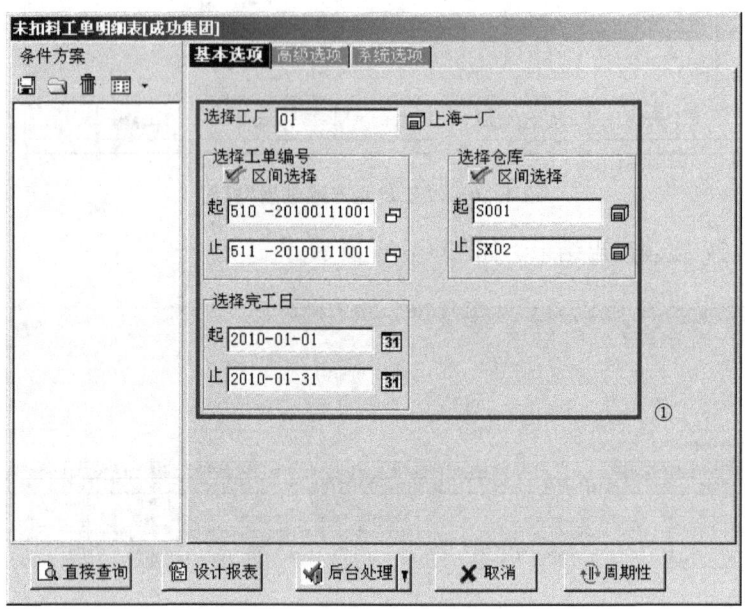

图 4.105 "未扣料工单明细表"界面

② 打印未领料者，只有在工单没有领退料或是有输入领退料单但单据还没有审核的情况下才会打印，这种情况就是作为异常检核的核对报表。如图 4.106 所示。

步骤二：报表产出结果。如图 4.107 所示。

4.8.6 供应商加工明细表

【目的】

查询某段期间委外供应商的交货明细，用于与供应商核对账务使用。

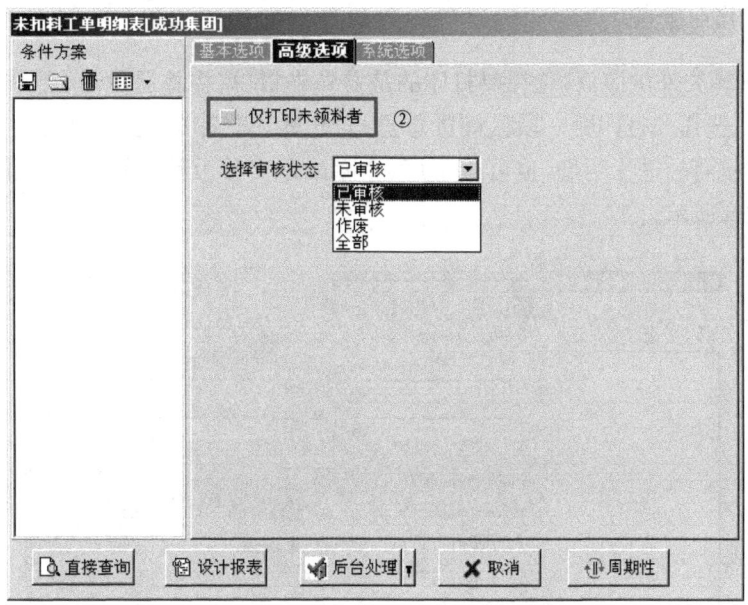

图 4.106 "未扣料工单明细表"界面

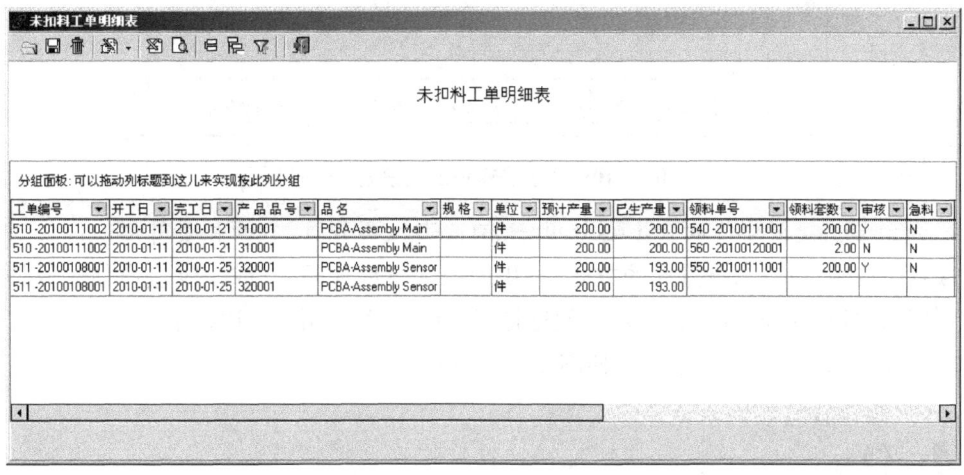

图 4.107 "未扣料工单明细表"界面

【操作步骤】

步骤一：在"供应商加工明细表"界面上进行设置，然后单击"直接查询"。

【作业重点】

① 选择委外供应商;选择要打印的是委外进货单、委外退货单、还是全部都要打印出来;选择要打印哪一段区间的单据;若想缩小打印的范围,可针对某类产品来查询供应商的进货明细;也可用工厂、仓库或是交易币种来筛选要查询的数据。如图 4.108 所示。

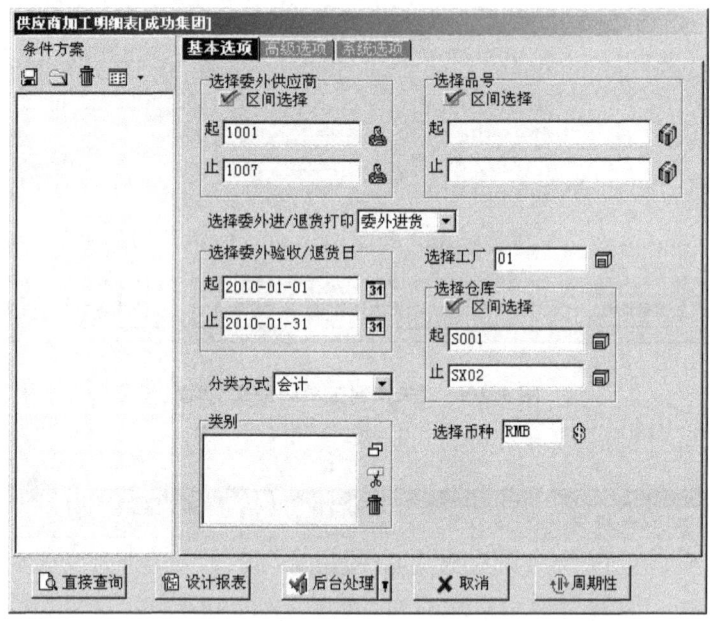

图 4.108 "供应商加工明细表"界面

② 选择委外供应商要不要分页,若勾选表示要分页,方便和委外供应商核对账款时使用;可以选择排序的方式,按供应商加日期加品号、或是供应商加品号加日期;有"售价权限"使用者,才可勾选打印单价金额。如图 4.109 所示。

步骤二:报表产出结果。如图 4.110 所示。

4.9 期初开账

【目的】

工单/委外子系统的开账是为了将开账时间点之前还在制造车间生产的在制

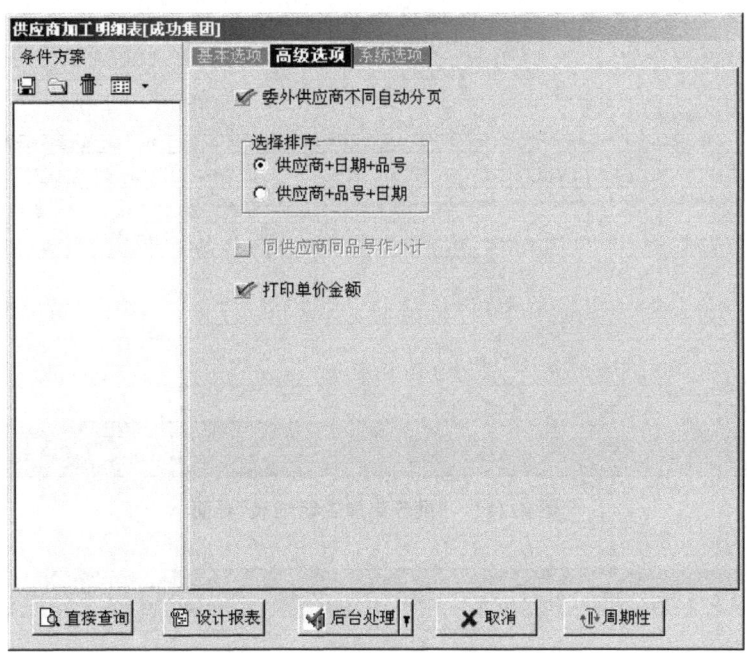

图 4.109 "供应商加工明细表"界面

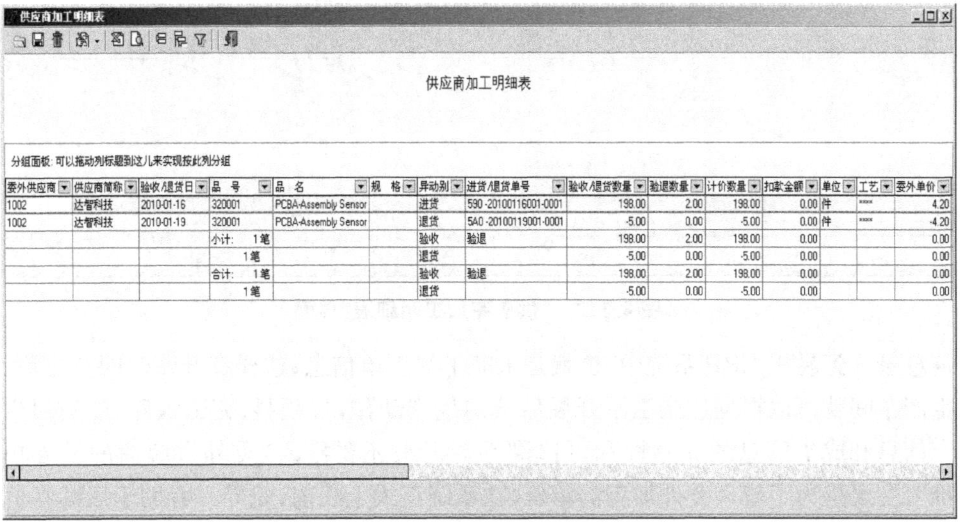

图 4.110 "供应商加工明细表"界面

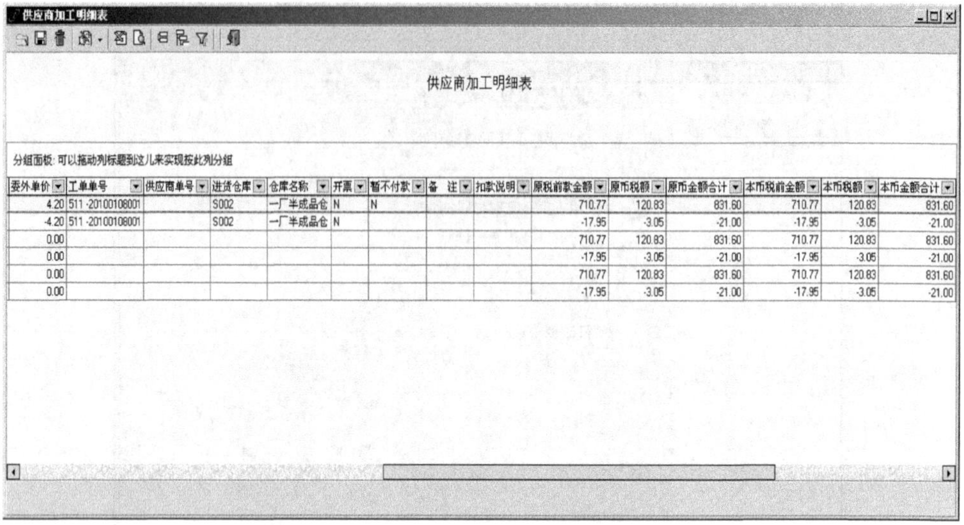

委外单价	工单单号	供应商单号	进货仓库	仓库名称	开票	暂不付款	备　注	扣款说明	原税前款金额	原币税额	原币金额合计	本币税前金额	本币税额	本币金额合计
4.20	511 -20100108001		S002	一厂半成品仓	N	N			710.77	120.83	831.60	710.77	120.83	831.60
-4.20	511 -20100108001		S002	一厂半成品仓	N				-17.95	-3.05	-21.00	-17.95	-3.05	-21.00
0.00									710.77	120.83	831.60	710.77	120.83	831.60
0.00									-17.95	-3.05	-21.00	-17.95	-3.05	-21.00
0.00									710.77	120.83	831.60	710.77	120.83	831.60
0.00									-17.95	-3.05	-21.00	-17.95	-3.05	-21.00

图 4.111　“供应商加工明细表”界面

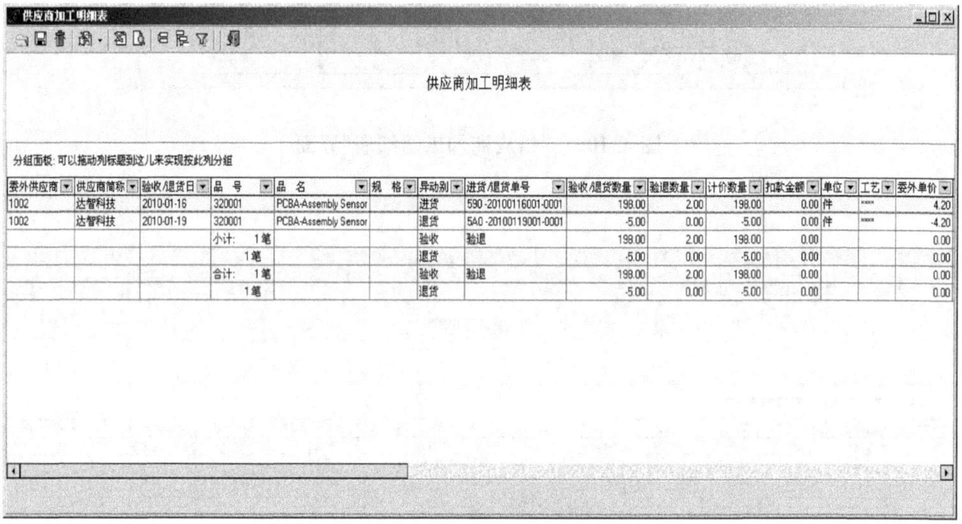

委外供应商	供应商简称	验收/退货日	品　号	品　名	规　格	异动别	进货/退货单号	验收/退货数量	验退数量	计价数量	扣款金额	单位	工艺	委外单价
1002	达智科技	2010-01-16	320001	PCBA-Assembly Sensor		进货	590 -20100116001-0001	198.00	2.00	198.00	0.00	件	****	4.20
1002	达智科技	2010-01-19	320001	PCBA-Assembly Sensor		退货	5A0 -20100119001-0001	-5.00	0.00	-5.00	0.00	件	****	-4.20
			小计:　1笔			验收	验退	198.00	2.00	198.00	0.00			0.00
			1笔			退货		-5.00	0.00	-5.00	0.00			0.00
			合计:　1笔			验收	验退	198.00	2.00	198.00	0.00			0.00
			1笔			退货		-5.00	0.00	-5.00	0.00			0.00

图 4.112　“供应商加工明细表”界面

信息录入到易飞 ERP 系统中，也就是未完工的工单信息；这样在开账时间点之后，生产车间就可以根据这张工单开展后续的生产动作，如领料、完工入库，以确保生产信息和成本信息的完整性和可追溯性。再来还要导入“委外供应商的委外单价”，主要是为了管理委外加工的单价，在系统正式上线前，先导入有助于后续在输入委外工单以及委外进货时，直接就可以带出已经核准的委外单价，这样除了可以节省后续单据输入的时间外，最重要的是，不用每次输入单据时都要再检查一次单价,以减少人工输入错误单价的次数。

【业务场景】

成功集团计划于 2010 年 1 月 1 日正式上线易飞 ERP 系统,针对工单生产类部分,公司必须将 2009 年 12 月 31 日前未结束的工单信息导入系统。

【操作步骤】

步骤一:收集截止到 2009 年 12 月 31 日前,未完工的工单相关信息。

步骤二:设定单据性质"51"的工单开账单,此单别仅为工单开账时使用。如图 4.113 所示。

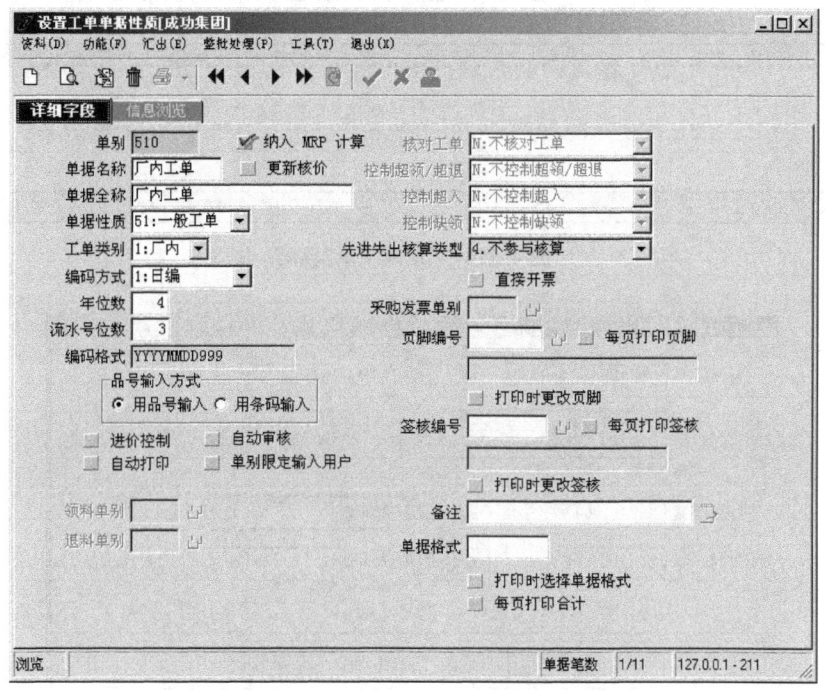

图 4.113 "设置工单单据性质"界面

步骤三:手动输入未完工的工单领料信息,不需输入领料单,直接通过工具栏的"输入已领用量"输入开账时间点之前的已领料数量。

【作业重点】

单击"录入工单"工具栏的"输入已领用量",如图 4.114 所示;系统弹出图

4.115的界面,输入开账时点的已领用量。如图 4.115 所示。

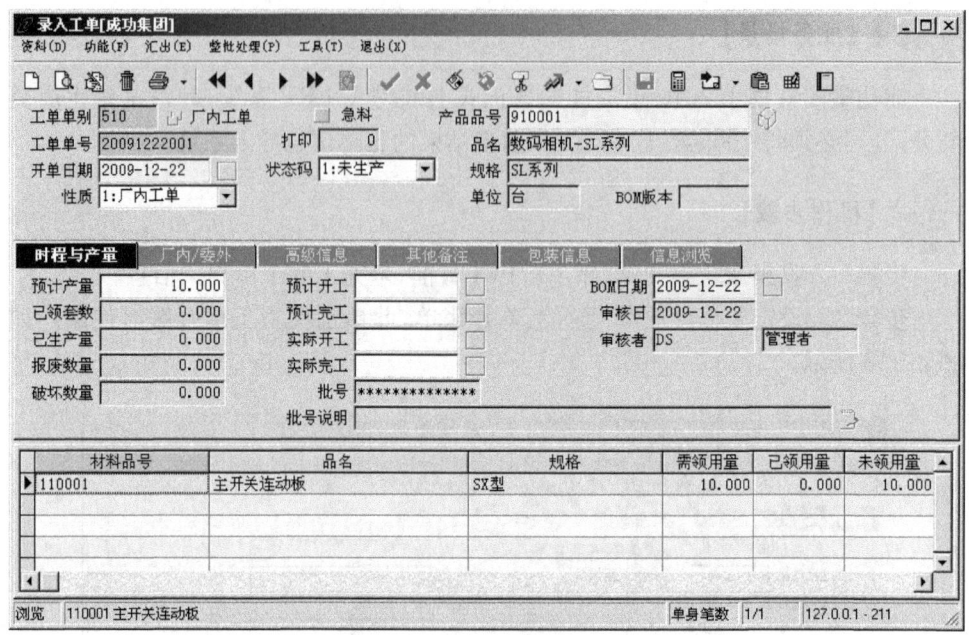

图 4.114 "录入工单"界面

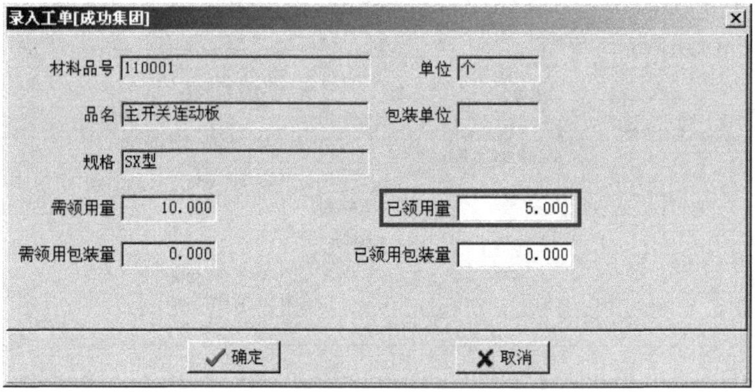

图 4.115 "录入工单"界面

步骤四：手动输入 2009 年 12 月 31 日前未完工的工单入库信息,不需输入入库单,直接通过工具栏的"输入产品已生产相关信息"输入开账时间点之前的已生产数量。

【作业重点】

单击"录入工单"工具栏的"输入产品已生产相关信息",如图 4.116 所示；系统弹出图 4.117 的界面,输入开账时点的已生产量等数量。如图 4.117 所示。

图 4.116 "录入工单"界面

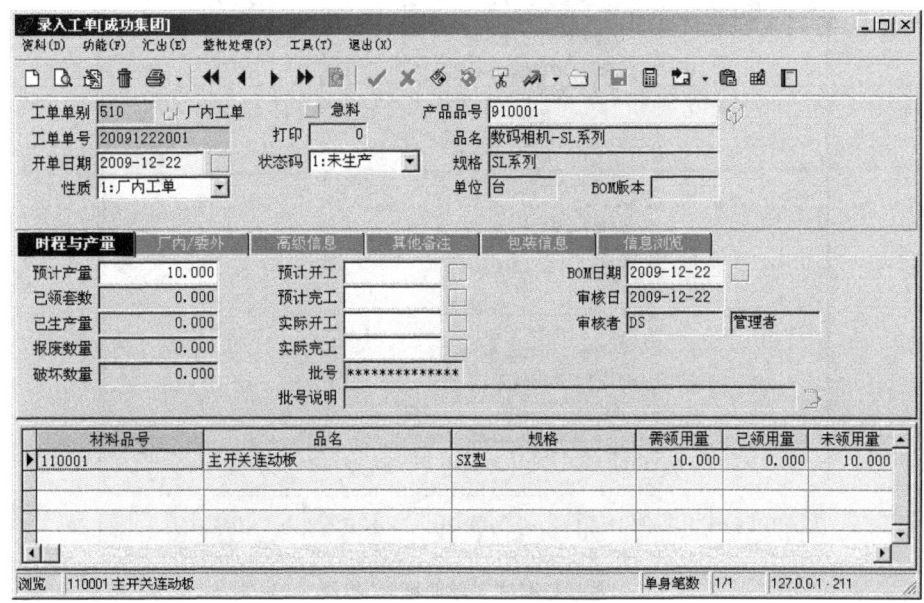

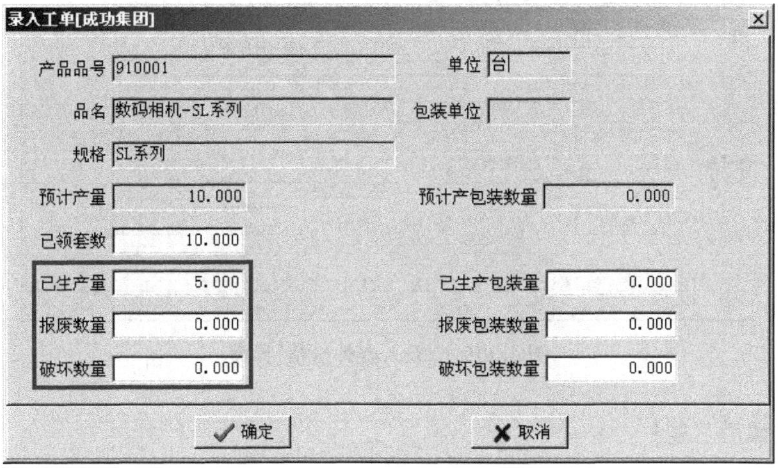

图 4.117 "录入工单"界面

步骤五：打印工单明细表,检查余额是否正确。如图 4.118 所示。

步骤六：输入与公司有往来的委外供应商的委外单价。如图 4.119 所示。

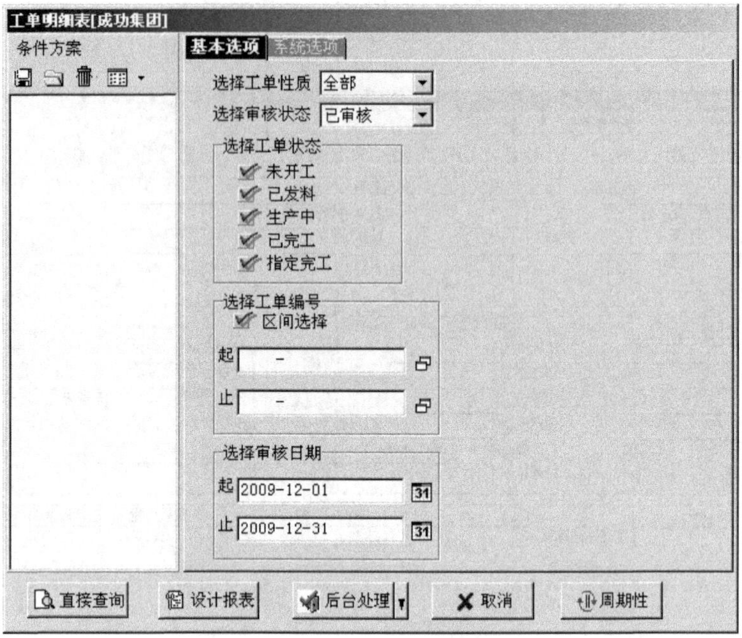

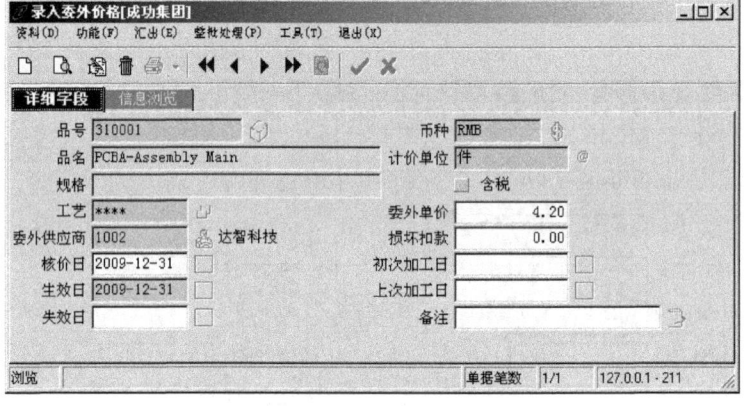

图 4.118 "工单明细表"界面

图 4.119 "录入委外价格"界面

【课后习题】

1. 成功集团生产部门 3 月 30 日需要生产 500 台 410001 的数码相机,由上海厂一车间负责开工生产,预计开工日订在 4 月 5 日,产成品的最终入库仓库是 S003 成品仓,单身材料品号直接以单阶形式展开进行领料即可。

2. 4 月 4 日,仓管人员备完需要的材料后即可让车间人员进行领料,车间人员将所有的材料一次领完,并且是根据工单单身的材料用量领取的,领料完毕后,需要在 ERP 系统中输入领料单,请您以车间人员的身份手动输入一张领料单。

3. 产品经过一系列的加工生产,最终在 4 月 25 日完工入库,并且所有品号都验收合格,请您以车间人员的身份手动输入生产入库单。

第 5 章 / 工艺管理子系统

5.1 系统简介

5.1.1 系统效益与特色

"工艺管理子系统"可称为"现场管理系统 Shop Floor Control System",生产某一数量的产品时,从第一道工艺开始到最后一道工艺完成,其所要经过的时间,有时候需要几天甚至几周,站在管理者的立场,有必要随时了解该批零件的生产进度:各道工艺分别已经完成多少数量,差多少数量未完成,还要花多少时间才能完成,以及各道工艺目前在制量为多少等信息。当该批产品生产完毕时,则需要了解各工艺所实际投入的工时与标准的差距,以衡量各工作中心效率。因此易飞的"工艺管理子系统"提供了环环相扣的工艺管理来依照工艺的流程记录追踪每一道工序的生产进度和在制情况,从而协助企业对每一道工艺进行生产控制;通过转移单或报工单,搜集工时数据,以备后续成本计算或可用于分析实际工时的合理性;并且还能对机器的负荷状况做出分析。

工艺管理子系统的特色如下:

(1) 针对每一道工艺,系统提供了在产品数量、完成数量、报废数量、返工数量、待转数量等数量的控制。

(2) 系统允许多项产品对应同样产品工艺路线,减少产品工艺路线建立的时间,增加了使用弹性。

(3) 工单工艺路线在输入时,提供了由产品工艺路线文件复制的功能,以节省资料输入的时间。

（4）工艺路线的转移可以按现场的情况调整，不需要完全按照工单工艺的标准顺序来转移。随时按实际需求增加，具备转移的弹性，充分发挥中小企业对于生产的灵活运作。

（5）系统提供各工作中心的转移单作业，并自动更新工单工艺路线的进度、在产品、返工与耗用工时状况。

（6）系统提供产品标准工艺及工时信息的录入，以作为生产效率评估及标准人工、制费的计算依据。

（7）转移单除记载各工艺完工数量外，也记载损坏、退回及返工数量信息。并对工艺路线的实际耗用工时做完整记录。

（8）工时的搜集除了由转移单搜集外，用户也可选择由报工单进行工时的回馈，方便资料搜集且可统一处理。

5.1.2 系统架构与关联

图5.1为工艺管理子系统架构。

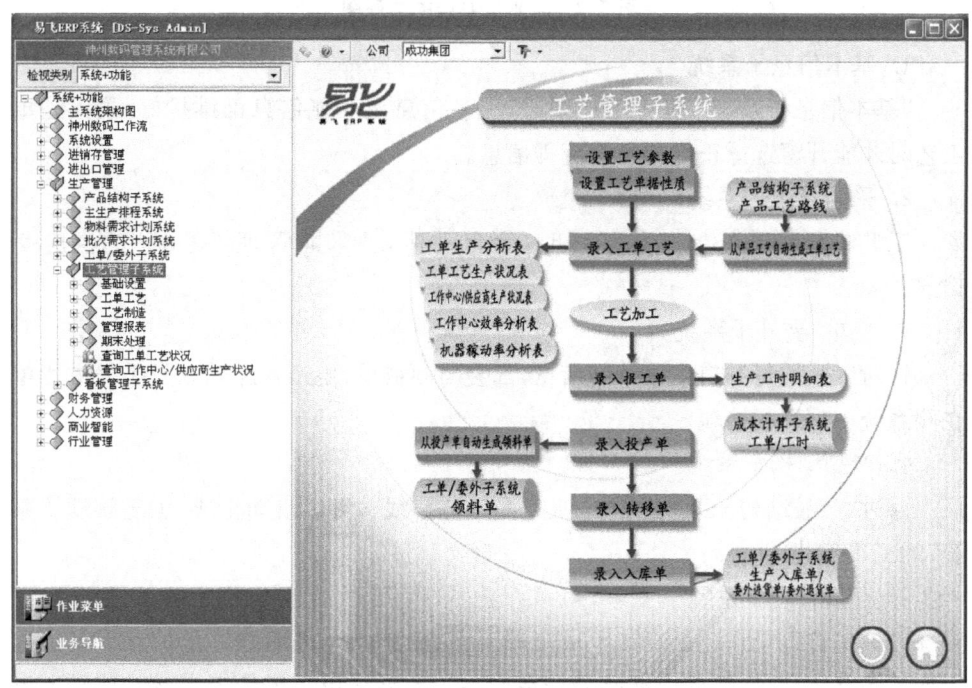

图5.1 系统架构

图 5.2 为工艺管理子系统与其他系统的关联。

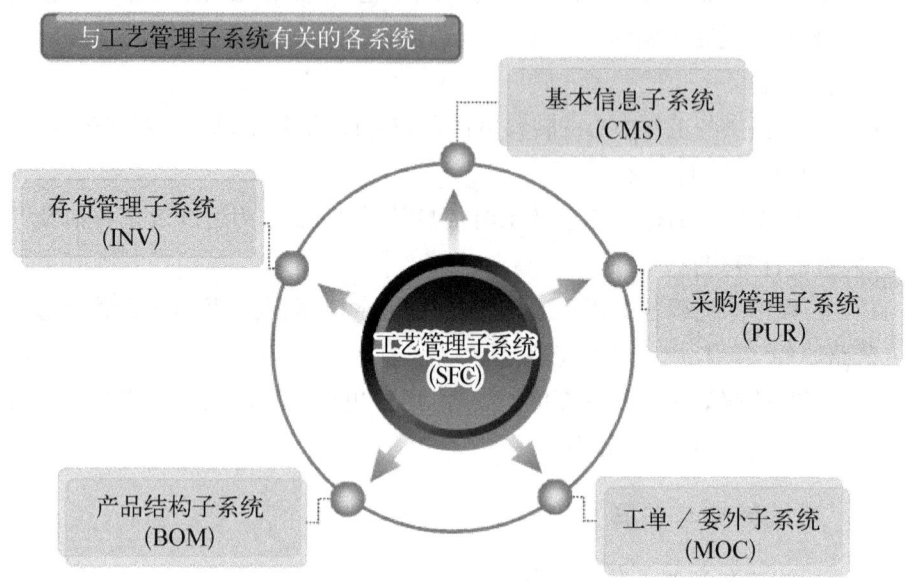

图 5.2 与其他系统的关联图

1. 基本信息子系统

"基本信息子系统"里将工作中心、工艺信息及产能信息都维护好,录入工单工艺时才能开窗选择正确的工艺流程信息。

2. 采购管理子系统

工艺进行到委外加工的工序时,会自动抓取"采购管理子系统"的供应商信息。

3. 工单/委外子系统

针对工艺的每一道工序管理信息,都会与领料单,生产入库单以及委外进货单在两系统中都互相接轨。

4. 产品结构子系统

通过"产品结构子系统"|"录入产品工艺路线",可以自动生成"工艺管理子系统"的工单工艺。

5. 存货管理子系统

无论是自行录入还是自动生成工单工艺,系统都会先抓取品号信息里设定的标准工艺路线品号,随后依据此品号在产品工艺路线里设置的工序,带出"录入工单工艺"作业单身的工序信息。

5.1.3 工艺管理流程

一般企业完整的工艺处理流程。生管部开立工单,通知车间组准备开工;生产部派工前,先指定生产工艺路线,在工单开工前,由车间人员向仓库领料或由仓管部门发料到制造车间;领料后,开始投产,工艺管理就是从这一段开始;每一道工艺完工要转移到下一道工艺时,车间人员必须详实的记载转移数量;最后一道工艺完成时,则须将半成品或成品入库。针对每位车间人员及生产机器的投入工时要确实的记录,以作为"生产工时明细表"的统计依据。以上就是工艺管理流程。图 5.3 为工艺管理流程。

5.1.4 工单和工艺的区别

那工艺管理与工单管理有什么分别呢?其差异如表 5-1:

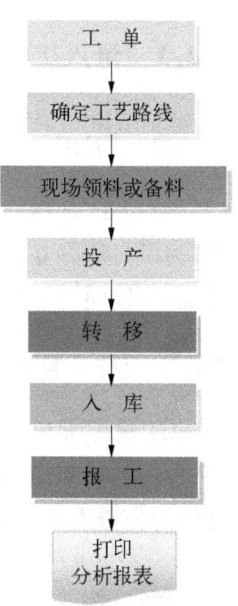

图 5.3 工艺管理流程

表 5-1 工单与工艺的区别

比较项目	工 单 管 理	工 艺 管 理
生产管理的重点不同	管理生产上的用料和入库,是属于整个生产开头和结尾的管理,着重点在于出库与入库。	管理的是工艺路线的加工,也就是生产现场的加工部分。
在制管理的深度不同	已领料未入库就算在制材料。	深入了解每道工艺的进度和在制状况。
管理产品进度的具体对象不同	工单仅仅是对品号做产品进度管理。	工艺则是把品号和工艺顺序两者相结合来进行产品进度管理。

5.2 基础设置

车间人员正式使用易飞 ERP 系统中的工艺管理子系统,进行投产、转移、入库的流程,须先确定基础设置的正确性。

5.2.1 录入工作中心

【目的】

须检查"基本信息子系统"|"基础设置"|"录入工作中心"里的信息是否建立完整;为了日后开立工单时,决定由哪个工作中心负责生产;也是为了搜集工作中心的工时,以便计算成本可以依据工时分摊工作中心的人工成本与制造费用。

【作业重点】

① 输入所有工作中心资料,后续在工艺系统中,所有的"工作中心"字段按"F2"开窗,可以直接从工作中心信息档里面抓取资料;并且在此作业中搜集的工时可作为分摊人工及制造费用的依据。如图5.4所示。

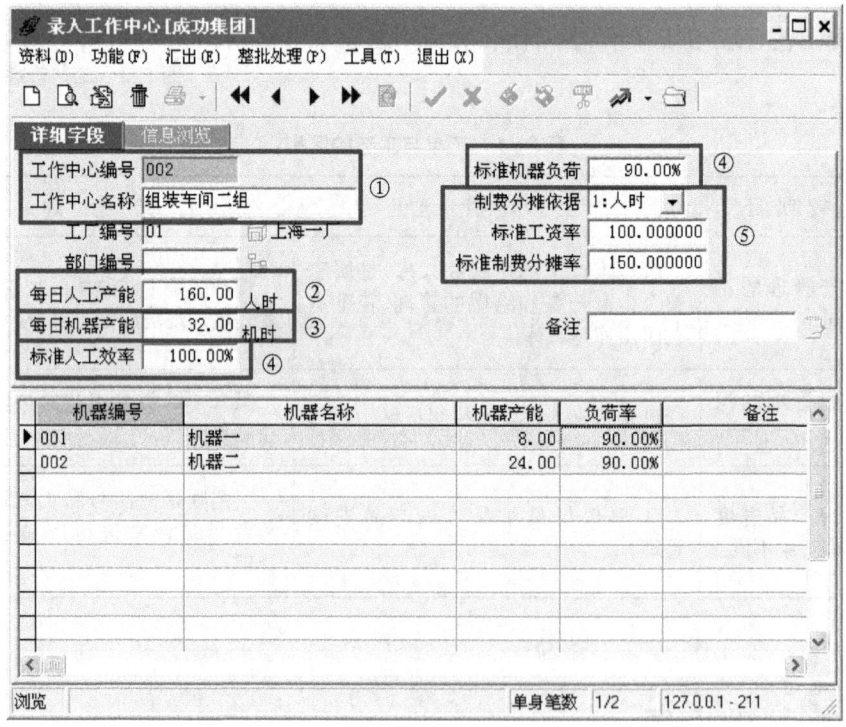

图5.4 "录入工作中心"界面

② "每日人工产能":指工作中心每日的可用人工小时数;假设工作中心有20人,每人每日出勤8小时,则在此处即可输入160人时。如图5.4所示。

③ "每日机器产能":指工作中心每日的可用机器小时数,也可以由单身工作中心的各机器产能加总而得到,单身可以输入工作中心里,每一台机器的具体产能和负荷率。如图 5.4 所示。

④ "标准人工效率"和"标准机器负荷":若实务上在计算负荷时,无法以每日人工或机器产能的百分之百效率来衡量,如:机器换模具的时间,人员休息放饭的时间,如此一来产能可能会打些折扣;这两个栏位就是输入具体折扣值的地方。如图 5.4 所示。

⑤ 与制费分摊相关的字段,这些字段是指工作中心"每单位"的标准人工成本及标准制费,对于"制费分摊依据",系统提供了三种分摊依据,分别是人时、机时和人工,在成本计算时,系统就会依这字段选择的内容进行制费的分摊。如图 5.4 所示。

5.2.2　录入工艺信息

【目的】

须检查"基本信息子系统"|"基础设置"|"录入工艺信息"里的各种工艺类型是否建立完整;日后在"工艺代号"的字段就可以开窗查询所有工作站的信息。

【作业重点】

① 须输入管理的厂内工艺信息,若某一工艺路线中有部分委托委外供应商生产时,为了管理委外的在制品数量,也须输入"性质=2. 委外"的工艺信息,并输入相关委外供应商数据。如图 5.5 所示。

② 若某一产品的生产工艺路线有多道工艺,如 7 道工艺,假设工艺间的转移时间太短,为免生产部门耗用太多时间及精力在单据输入上,也可将部分工艺合并。合并或分割的原则如下:

- 原则 1:由系统进行工艺存货的管理(工艺间要做转移)。

例:若某一产品须经过三道工艺,每一道工艺都有其自有的现场存货仓,每一道工艺的完工品在转移时都须做存货的管理,则不可合并工艺信息。

- 原则 2:料件的发料或领料需要明细到工艺。

例:假设某一产品的生产循环时间很长,用料不是在一开始就全部领走,而是不同工艺在不同的时间领各自的用料,不可合并工艺信息。

- 原则 3:委外加工时一个加工单价就是一个工艺分隔。

例:同一委外供应商负责处理某一产品的两道工艺,假设每一道工艺都分别

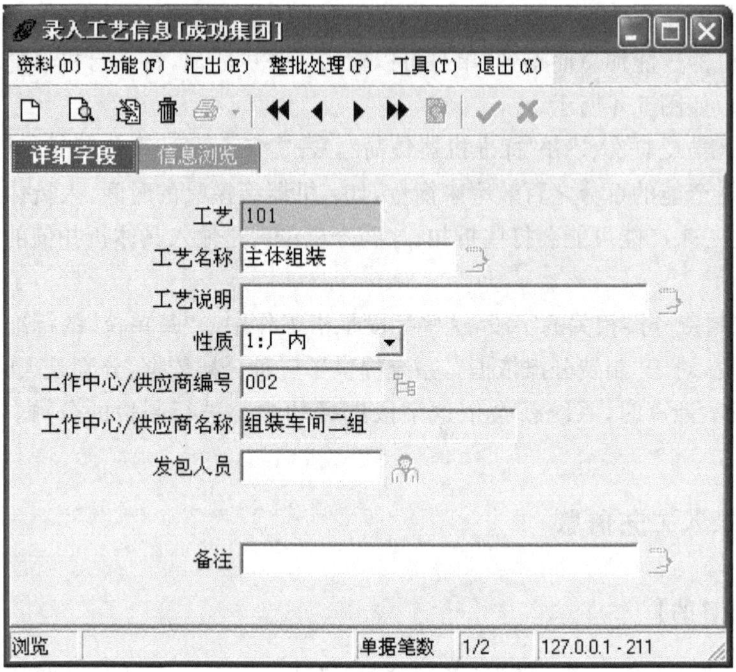

图 5.5 "录入工艺信息"界面

有其加工单价,而非合并付款给委外供应商,则不可合并工艺信息。

5.2.3 录入品号信息

【目的】

须检查"存货管理子系统"|"基础设置"|"录入品号信息"里的与工艺相关的信息是否建立完整,作为工艺信息来源依据。

【作业重点】

"生管"页面,与工艺系统有关的字段是"标准工艺路线品号"和"标准工艺路线编号";设定品号的标准工艺路线有一定的顺序,先在"基本信息子系统"的"录入工艺信息"里,定义好所有可能的工艺信息;再到"产品结构子系统"的"录入产品工艺路线",设定各种工艺路线信息;以上两项资料设定完成,才可在"录入品号信息",指定品号的标准工艺路线;输入标准工艺路线数据后,可以在"录入工单工艺"定义工单的工艺时,由系统自动带出该张工单产出品号的标准工艺路线,也就是此处录入的默认工艺路线,可以节省输入工单工艺的时间。如图 5.6 所示。

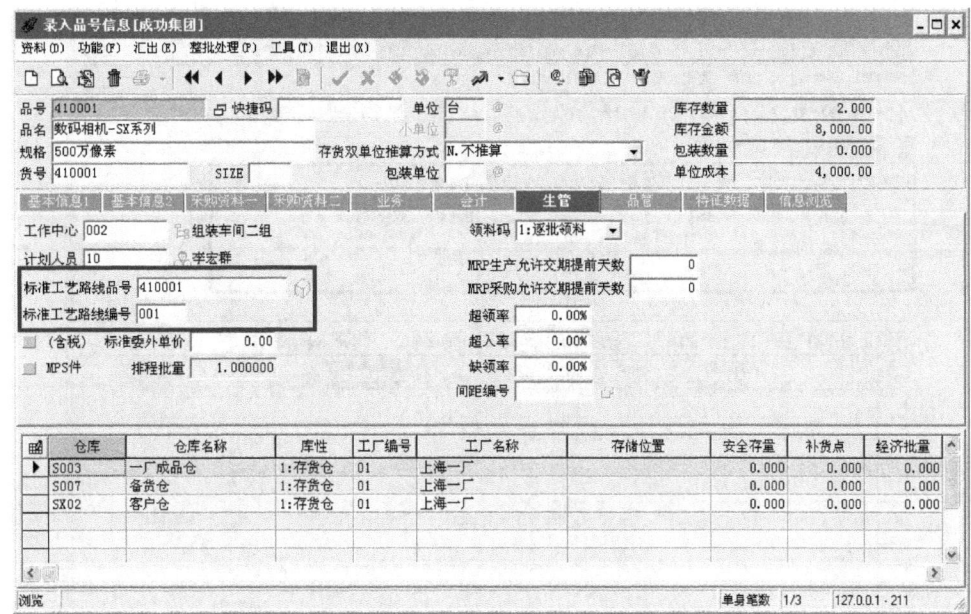

图 5.6 "录入品号信息"界面

5.2.4 录入产品工艺路线

【目的】

须检查"产品结构子系统"|"基础设置"|"录入产品工艺路线"里的各种工艺类型是否建立完整;作为工单的预设工艺,同时用来计算各工艺的预计开工日、预计完工日与标准工时和标准成本。

【作业重点】

① 设定每个产出产品的工艺路线信息,如需经过的工艺、每道工艺所须耗用的标准时间等信息,后续作为工单指定工艺路线的依据。如图 5.7 所示。

② "工时批量":计算工艺变动人时和变动机时的基础批量;"固定人时":是产品在这一道工艺加工时,固定需要耗用的人工准备时间;"变动人时":是指依照输入的工时批量,所计算需要耗用的人工时间;"固定机时":是指产品在这一道工艺加工,固定需要耗用的机器准备时间;"变动机时":指依照输入的工时批量,计算所需要耗用的机器时间。如图 5.4 所示。如图 5.8 所示。

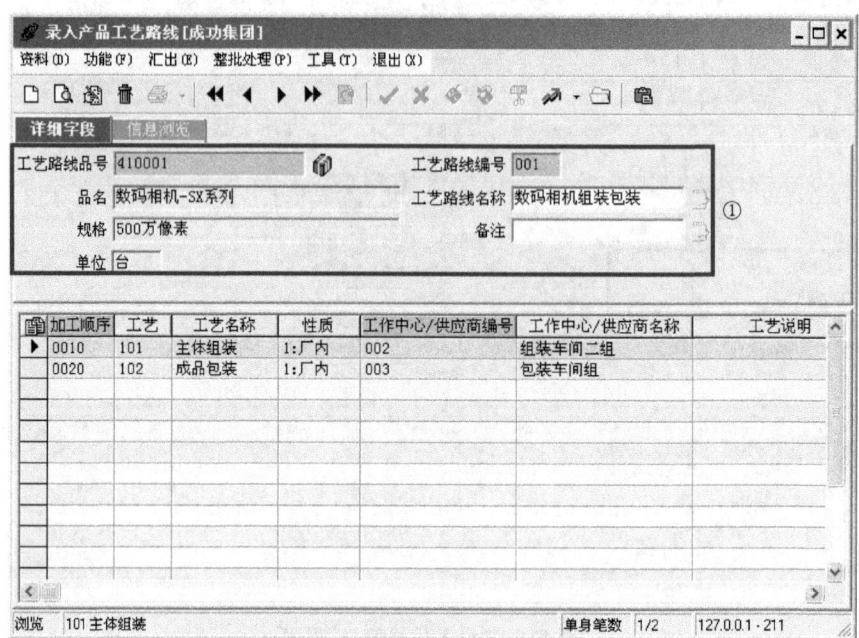

图 5.7 "录入产品工艺路线"界面

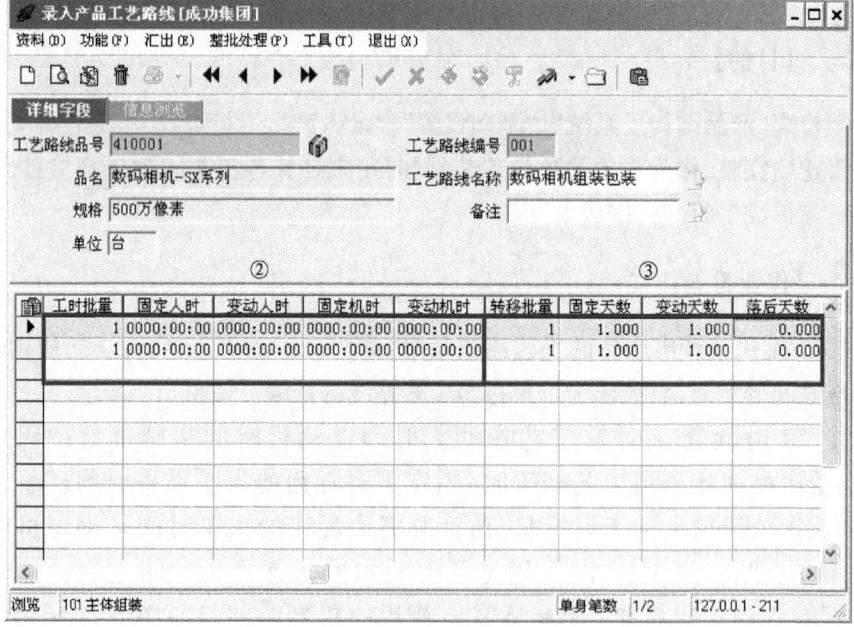

图 5.8 "录入产品工艺路线"界面

③ "转移批量":用来计算变动天数的批量;"固定天数":指产品在这一道工艺加工,固定所要耗用的准备天数;"变动天数":指产品在这一道工艺加工,一次转移批量所需要耗用的天数;"落后天数":指落后前一道工艺的预计开工日期的天数,也就是要计算本道工艺的预计开工日。如图 5.8 所示。

④ "币种"、"计件单价"以及"加工单位",用来计算标准的加工费时使用,属于委外加工性质的工艺才需要输入。"检验方式":可自行定义工艺的检验方式;区分为:0:代表免检,1 代表:抽检(减量),2 代表:抽检(正常),3 代表:抽检(加严)以及 4 代表:全检,依实际的状况来设定。而检验天数:指每一道工艺生产完毕后,产品的检验时间需要多久,将来在"工艺管理子系统"开立"录入工单工艺"时,会默认带出这里的设定。如图 5.9 所示。

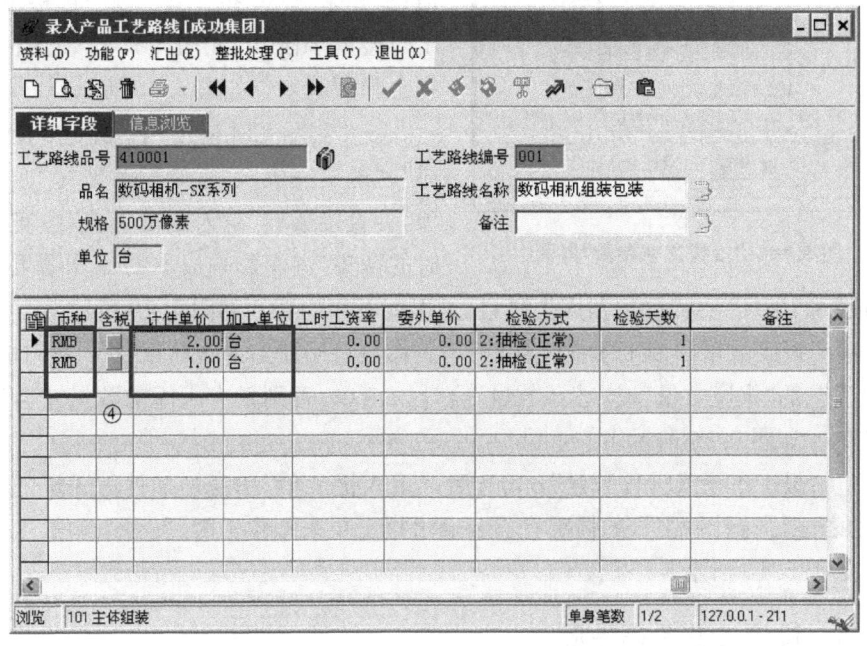

图 5.9 "录入产品工艺路线"界面

注:一个产品可有多个工艺路线。

5.2.5 设置工艺参数

【目的】

设置系统的工时搜集依据与实际工时包含信息的预设规则。

【作业重点】

① 设置系统的"生产工时搜集依据"及"实际工时包含信息"等内容。如图 5.10 所示。

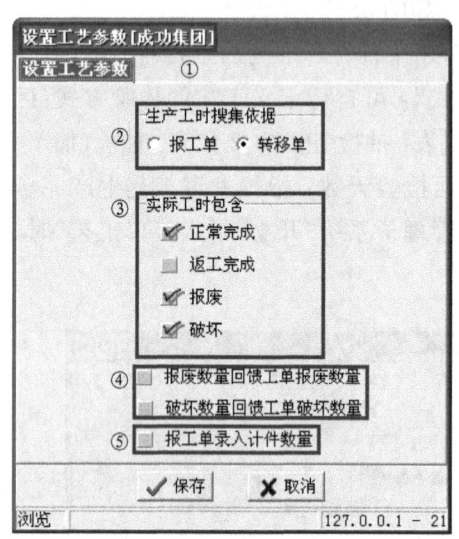

图 5.10 "设置工艺参数"界面

② "生产工时搜集依据":有"报工单"和"转移单",是指企业需要用哪个作业上的数据搜集生产工时;两者间的区别在于"报工单"是从工作中心加上员工或机器的角度搜集工时;"转移单"则是从工单加上工艺的角度搜集工时,具体如何选择,取决于工厂便于用哪种方式搜集工时信息;如果选择"报工单",则"转移单"上工时搜集字段如"使用人时""使用机时"将会隐藏起来。如图 5.10 所示。

③ "实际工时包含"字段:有"正常完成"、"返工完成"、"报废"和"破坏"四个选项,会直接影响"录入工单工艺"中实际工时的搜集,进而影响成本的计算结果。如"报废"和"破坏"要归属到费用类科目,这里就不用勾选。如图 5.10 所示。

④ "报废数量回馈工单报废数量"、"破坏数量回馈工单破坏数量":若勾选,则每道工艺的"报废数量"或"破坏数量"会计入工单,否则只有入库的数量才会反馈到工单。如图 5.10 所示。

⑤ "报工单录入计件数量":勾选后,"录入报工单"单身增加计件工资的相关字段,若工厂有计件工资的情况且需要通过报工单来搜集工时,就可以勾选这个字段。如图 5.10 所示。

5.2.6 设置工艺单据性质

【目的】

须检查"工艺管理子系统"|"基础设置"|"设置工艺单据性质"里的各类单据性质是否建立完整;作为工艺子系统所使用的单据,如投料、转移单、入库单等。

【作业重点】

① 单别最多编至 4 码,以数字或英文字母作代号;单别是绿色字段,保存就不

能再修改;单据名称:最多10码,即5个中文字;单据全称:最多20码,即10个中文字,保存后仍可修改这两个字段。如图5.11所示。

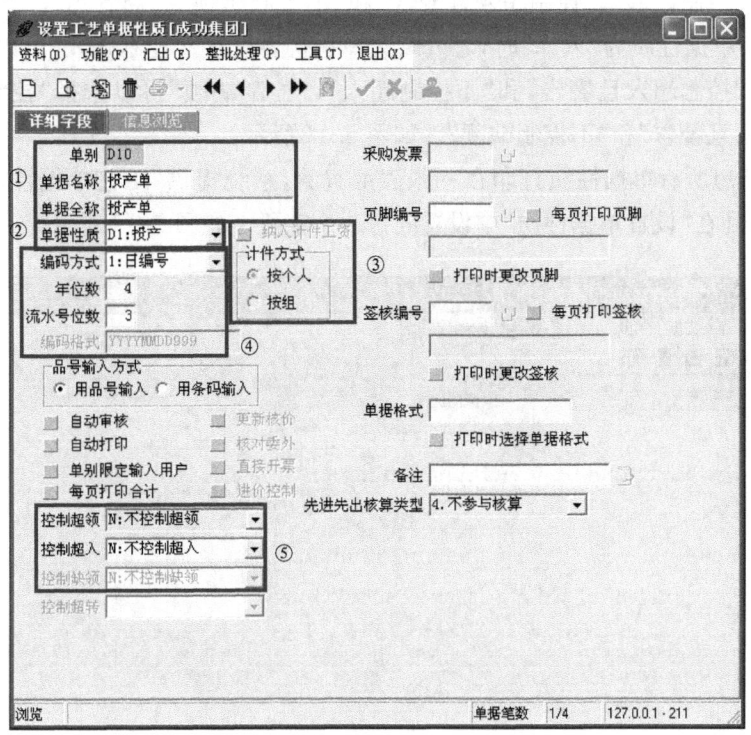

图5.11 "设置工艺单据性质"界面

② "单据性质":有四种:D1:投产;D2:转移;D3:入库;D4:报工。"D1. 投产":生产刚刚开始时,材料从仓库投入到工作中心或委外供应商时使用;"D2. 转移":生产过程中,材料在工作中心或委外供应商之间转移时使用;"D3. 入库":生产完成后,产成品从工作中心或委外供应商送回仓库时使用;"D4. 报工":用来以工作中心为单位搜集工时的时候使用;如图5.11所示。

③ "纳入计件工资":满足以下两条件时,才会显示;一是"设置工艺参数"作业中生产工时搜集依据要选择报工单;二是必须同时勾选"报工单录入计件数量"。单据性质选择"D4. 报工","纳入计件工资"选项会亮起,可以创建纳入计件工资的报工单别,同时选择计件方式是"按个人"还是"按组"。如图5.11所示。

④ 4种编码方式:"日编"、"月编"、"流水号"、"手动编号";"年位数":系统默认"设置共享参数"里"日期格式"的年码格式;设定好"流水号位数",可在"编码格式"看到单号格式,不管采用什么样的设定,单号编码总长度不可以超过11码。如

图5.11所示。

⑤ "控制超领":只有单据性质为"投产"时,才可选择是否要设置"控制超领",可以选择"控制超领"、"控制超领且警告"和"不控制超领";"控制超入"和"控制缺领":只有单据性质为"入库"时,才可以选择是否要设置;"控制超入"可以选择"控制超入"、"控制超入且警告"和"不控制超入";"控制缺领"可以选择"控制缺领"、"控制缺领且警告"和"不控制缺领"。如图5.11所示。

⑥ 若想所有单据性质打印在一张表上查看,系统提供"工艺单据性质清单",可以查看到在"设置单据性质"中设置的每一个字段。如图5.12所示。

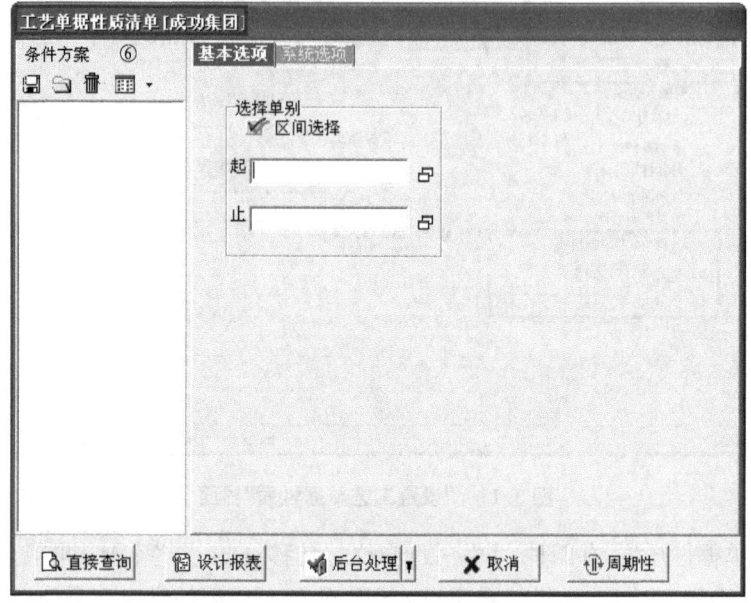

图5.12 "工艺单据性质清单"界面

5.3 产生工单工艺的方式

【目的】

系统的工艺管理是以生管部门发出的"工单"(Manufacture Order)为主线,管理每一张工单所需的每一道工艺,进而了解每一道工艺的在制品、生产现场的库存、机器稼动率、人员效率等信息,所以工艺管理的第一个步骤就是生管部门必须

先录入工单,生产部门再以该工单作为依据,决定工单的工艺路线。产生工单工艺的方式有两种:

(1) 自行在"录入工单工艺"里指定每一张工单要经过哪几道工艺(因一品号可以有多个工艺路线)。

(2) 若工单采用标准工艺路线时,只要在"录入品号信息"里,指定该品号的标准工艺路线,就可执行"从产品工艺自动生成工单工艺"来批次指定工单工艺,以节省逐张工单指定工艺的时间。

5.3.1 录入工单工艺

【业务场景】

1月22日这天,生产"数码相机—SX系列"所需的材料及半成品都到货后,第一道工序是到工作中心"组装车间二组",进行"主体组装";第二道工序是到工作中心"包装车间组",进行"成品包装"。

【操作步骤】

步骤一:开启"录入工单工艺"作业,以"查询"方式找出要指定工艺的工单。

【作业重点】

① 单击工具栏的"查询",找出要指定工艺的工单。如图5.13所示。
② 单头信息来源是原始工单的信息,不可删除或修改。如图5.13所示。
③ 未指定工单工艺前,单身相关工艺信息都为空白。如图5.13所示。
步骤二:指定工单工艺。
④ 单击工具栏上的"修改",系统会显示下列窗口,如图5.14所示:
⑤ 系统默认该产出产品的标准工艺路线,使用者可修改为非标准工艺路线(该工艺路线须先从作业清单执行"产品结构子系统"|"基础设置"|"录入产品工艺路线"作业进行设定)。如图5.15所示。
⑥ 单击"确定",系统根据指定的工艺路线,将该工艺路线的各工艺展开列在此作业的单身,如图5.16所示:
⑦ 若有任何变更(未生产前),可在此作业修改。如图5.16所示。
注:若有工艺路线变更,如:增加工艺,可在单身按Ins键,加工顺序可设定为前后加工顺序间的数字,例:要在加工顺序"0010"及"0020"加插新的工艺,可输入的加工顺序为"0011—0019"共九个序号。若要删除某工艺,则必须在"修改"状态

图 5.13 "录入工单工艺"界面

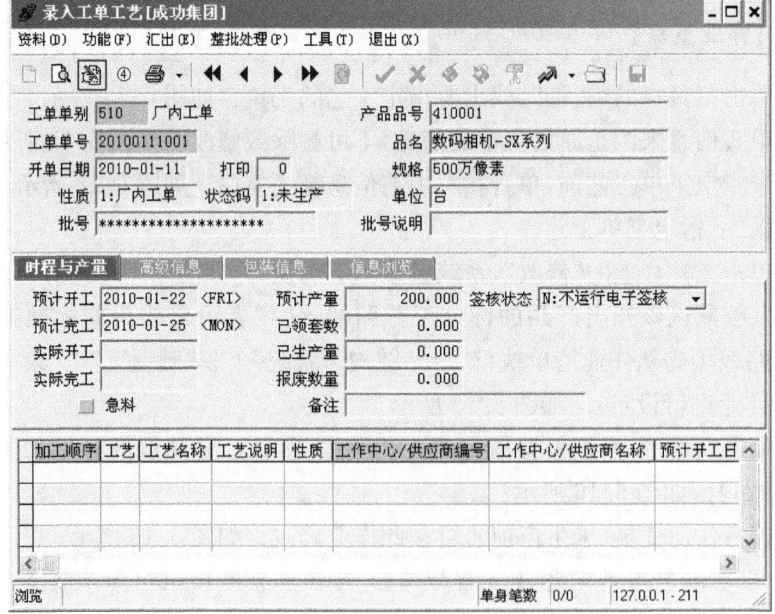

图 5.14 "录入工单工艺"界面

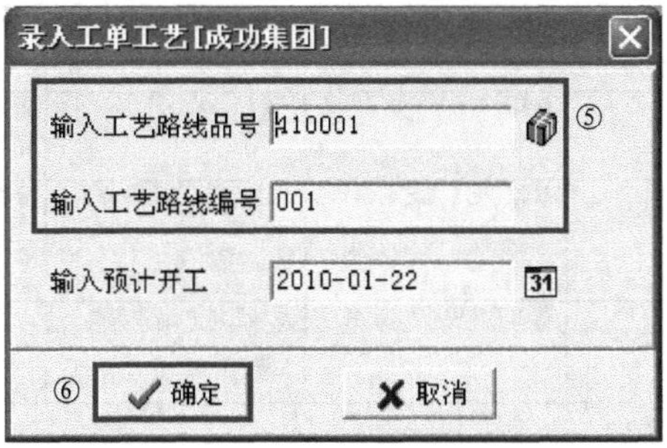

图 5.15 "录入工单工艺"界面

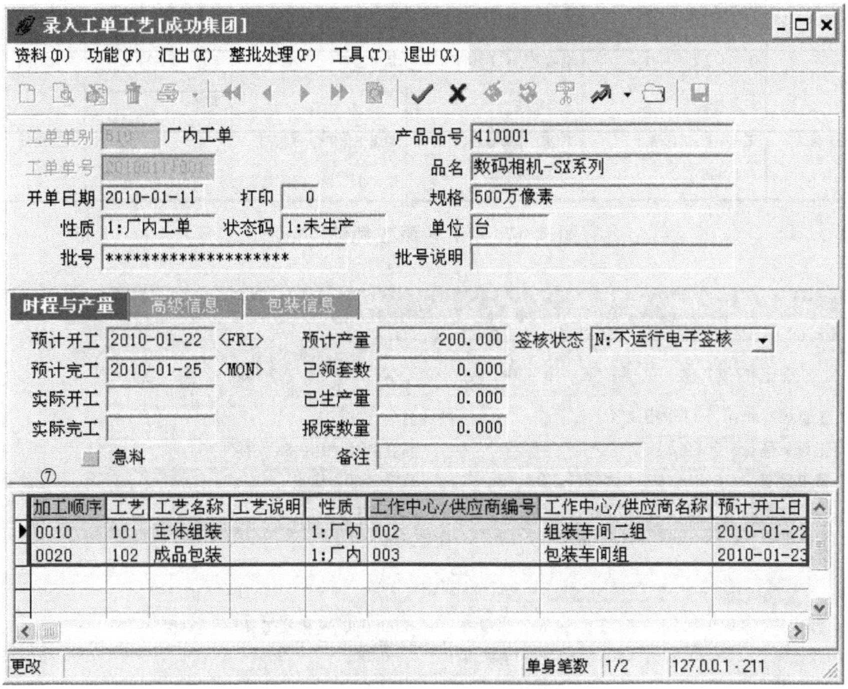

图 5.16 "录入产品工艺"界面

下,先点选要删除的"加工顺序",再同时按下 Ctrl+Del 键删除,但是请注意,该道工艺已有转移的信息,则该道工艺无法在此作业进行删除的动作。

步骤三:打印"工艺派工凭证",将工艺派工单分发到工作中心,现场人员将以此派工单处理该工单的各项工艺。如图 5.17 所示。

⑧ 补充说明"录入工单工艺"中的数量字段,如图 5.18 所示。

投入数量:由上一个工艺转移到本工艺的数量;

图 5.17 "工艺派工凭证"界面

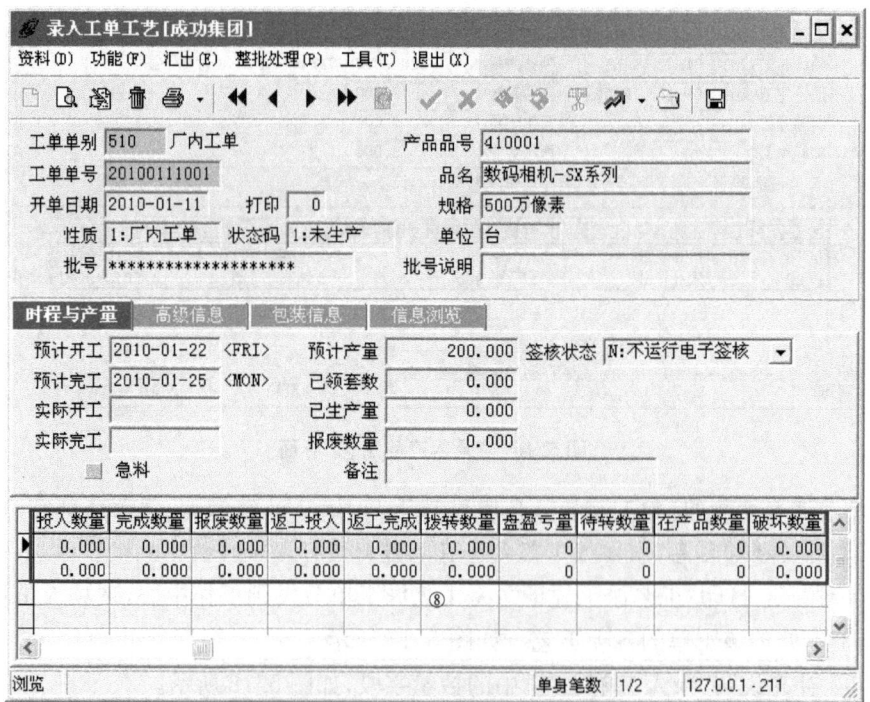

图 5.18 "录入产品工艺"界面

完成数量：系统根据转移单选择"类型＝正常完成"回写的数量；

报废数量：系统根据转移单输入"报废数量"回写的数量；

返工投入：系统根据转移单选择"类型＝退回返工"回写的数量；

返工完成：系统根据转移单选择"类型＝返工完成"回写的数量；

拨转数量：指同一工序转拨其他工作中心加工的数量，系统根据转移单选择"类型＝拨转"回写的数量；

盘盈亏量：系统根据转移单选择"类型＝盘盈盘亏"回写的数量；

待转数量：该道工艺验收合格剩余待转数量；

在产品数量：该道工艺未转移到下一站的数量，包括验收合格及不良的。经过上述的解说，所有数量，系统都会自动更新信息，无须手动输入。

5.3.2 从产品工艺自动生成工单工艺

【业务场景】

若公司采用标准工艺路线，可以执行"从产品工艺自动生成工单工艺"作业。如图 5.19 所示。

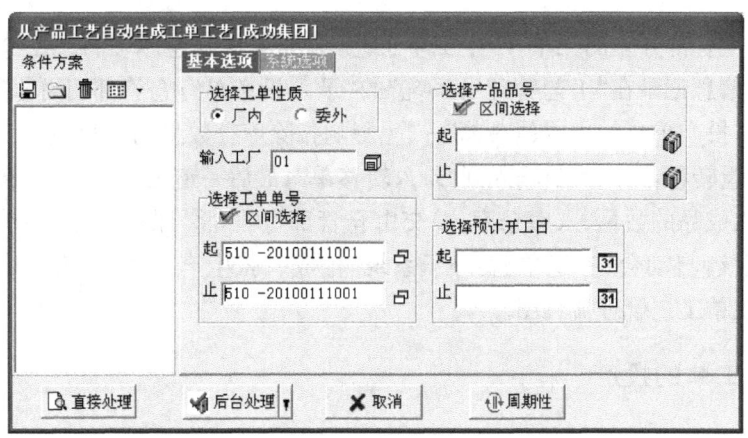

图 5.19 "从产品工艺自动生成工单工艺"界面

【作业重点】

① 生产部门搜集工艺信息，在"产品结构子系统"|"基础设置"|"录入产品工艺路线"输入各产出产品的各种工艺路线；在"存货管理子系统"|"基础设置"|"录入品号信息"里指定其标准工艺路线。

② 有需求时,可执行"工艺管理子系统"|"工单工艺"|"从产品工艺自动生成工单工艺"。

③ 基本选项里指定某工厂、某单据性质的厂内或委外工单单号、某一范围的特定产品品号、符合某一时段预计开工日的工单,系统会根据该品号在"存货管理子系统"|"基础设置"|"录入品号信息"指定的标准工艺路线,到"产品结构子系统"|"基础设置"|"录入产品工艺路线"里,复制符合条件的工艺路线,产生的工单工艺路线可在"录入工单工艺"中查看。

5.4 工单工艺管理的流程

产生工单工艺,开启了工艺管理的旅程,在一般标准的生产模式,通常先投产到第一道工艺的工作中心;每一道半成品完工后,会将工艺的完工数量转移到下一工艺,直到最后一道工艺完工入库;工作中心的生产人员,也会将当天的工作时数,记录在日报里。接下去就来看成功集团的工艺管理运作实况。

5.4.1 作业流程

依据生管部开立的工单,产生工单工艺,车间人员到仓库领料或由仓库发料,并将领料信息记录在"工艺管理子系统"的"录入投产单";仓管部门可根据该投产单执行"从投产单自动生成领料单",产生影响扣除库存数量的领料单;工艺与工艺的完工数量转移,车间人员输入到"录入转移单";最后一道工艺完工,可在"录入入库单"输入成品的数量、入库仓库,并交由仓管部点收,将"录入入库单"单据审核,当单据审核,自动会在"工单/委外子系统"生成一张生产入库单,影响库存数量。图 5.20 工单工艺管理流程图。

5.4.2 工单的投产

【目的】

录入投料信息,以维护实际工艺信息的正确。

【业务场景】

1 月 22 日这天,仓管部依据工单信息备妥材料,并交给工作中心"组装车间二组",进行工单第一道工艺"主体组装"。

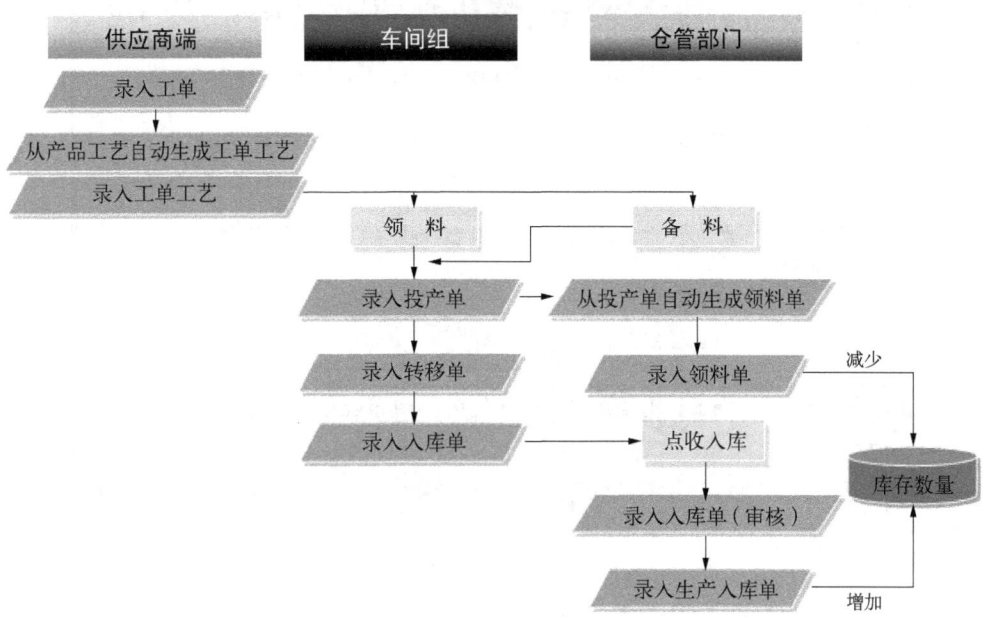

图 5.20 工单工艺管理流程

【操作步骤】

步骤一：执行"工艺管理子系统"|"录入投产单"作业，进入"录入投产单"界面，开始新增投产信息。

【作业重点】

① 在"投产单别"直接输入单别编号，或按 F2 键开窗选择单别（单别须在"设定工艺单据性质"设置好），选好后，系统将默认系统日期为投产单的单据日期。如图 5.21 所示。

步骤二：选择工厂、移出的类别和仓库以及移入的类别和移入地，指定开工的工艺以及投入的数量。

② 在"工厂编号"栏位选择生产的工厂；也需要输入移出的类别和仓库。如图 5.22 所示。

③ 输入移入类别和移入地，也就是从移出仓库投产到工作中心或委外供应商开始生产。如图 5.22 所示。

④ 单身选择需要投产的工单，系统自动会带出该工单在"录入工单工艺"中设定的第一道工艺信息，生产人员将根据实际的工时和数量如实填写。如图 5.22 所示。

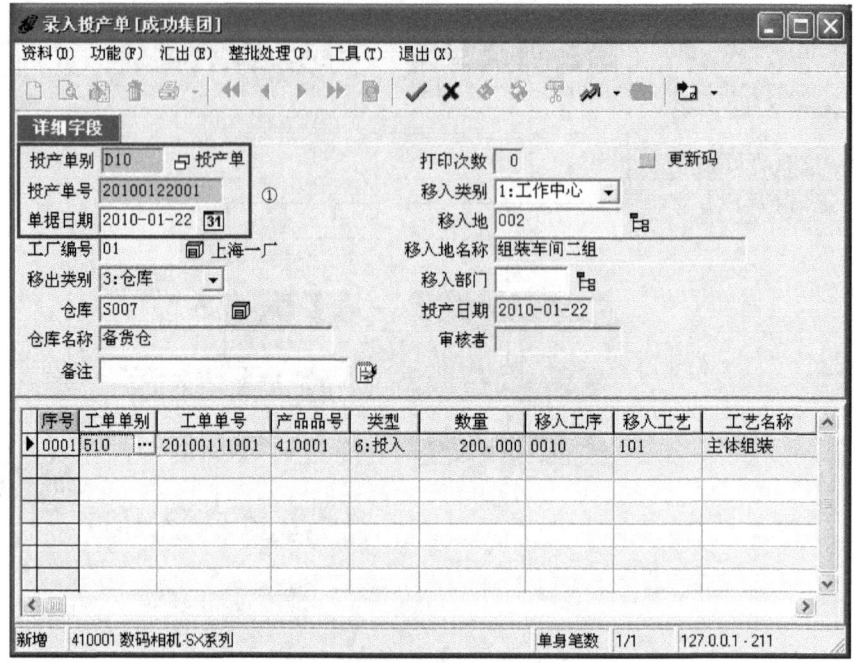

图 5.21 "录入投产单"界面

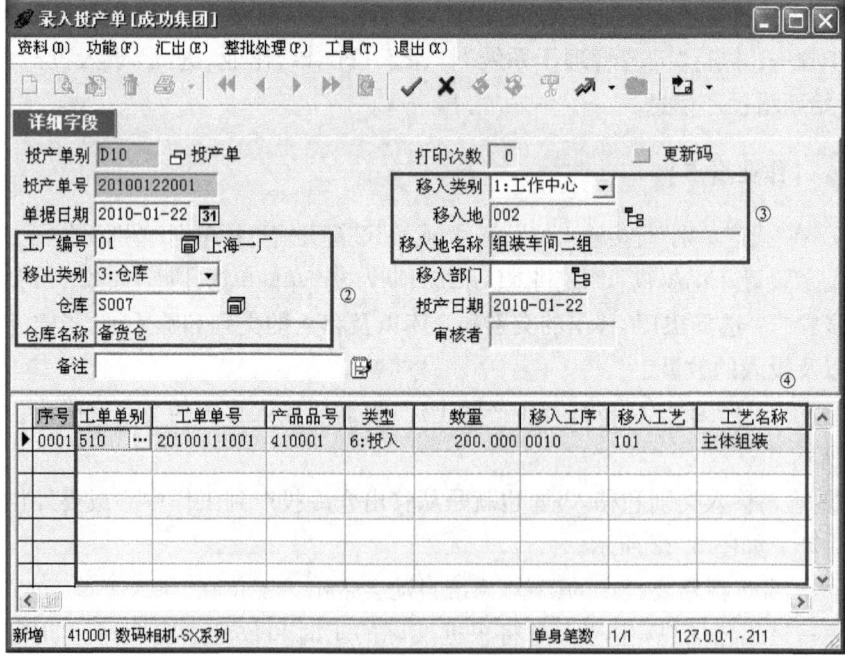

图 5.22 "录入投产单"界面

⑤ "类型":有六种;正常完成:是指正常生产完成的数量,它会回写"录入工单工艺"中的"完成数量";而返工完成:是指工艺返工之后完成的数量,回写"录入工单工艺"中的"返工完成";退回返工:是指某道工艺完成后发现有问题,需要退回返工的数量,会回写"录入工单工艺"中的"返工投入";拨转:是指拨转到同类型的工作中心或委外供应商的数量,回写"录入工单工艺"中的"拨转数量";盘盈盘亏:则是指盘点时发现的盈亏数量,回写"录入工单工艺"中的"盘盈亏量";最后,投入:是指工单投入生产的数量,回写"录入工单工艺"中的"投入数量"。如图5.23所示。

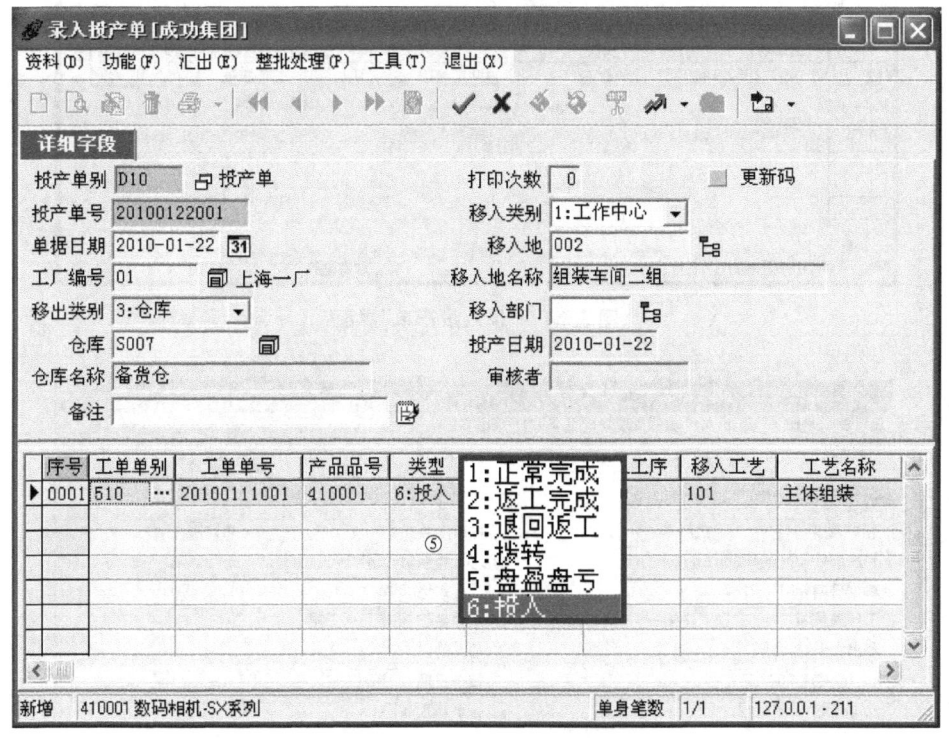

图 5.23 "录入投产单"界面

⑥ "预交货日期":指此道工艺预计完成的日期;"移入类别"是"委外供应商"时,会根据"工单工艺"中此道工艺的制造天数和转移批量自动计算;公式是:预交货日期=单据日期+固定天数+(数量÷转移批量)×变动天数。如图 5.24 所示。

步骤三:审核投产单。

⑦ 生产人员将此投产单审核,工艺正式开始被控制管理。如图 5.25 所示。

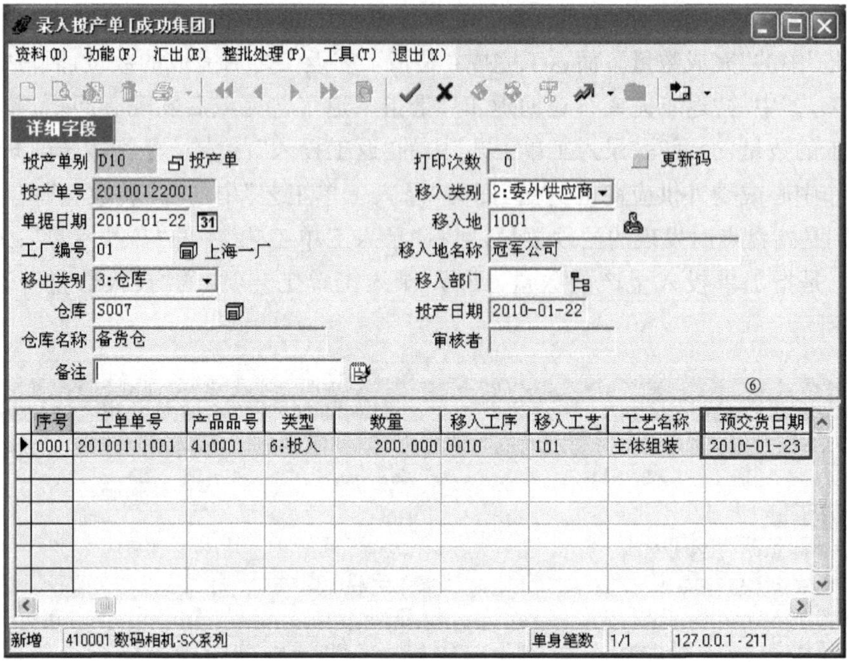

图 5.24 "录入投产单"界面

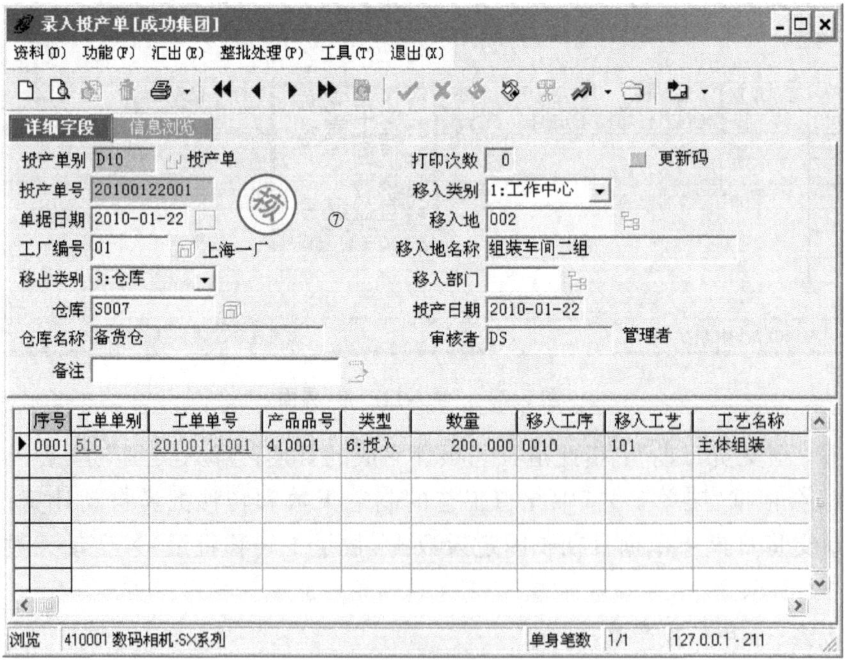

图 5.25 "录入投产单"界面

⑧ 投产单审核,工单的每一道工艺信息都可以在"录入工单工艺"中查看,可以看到目前第一道工艺已经有实际开工日和投入数量。如图 5.26 所示。

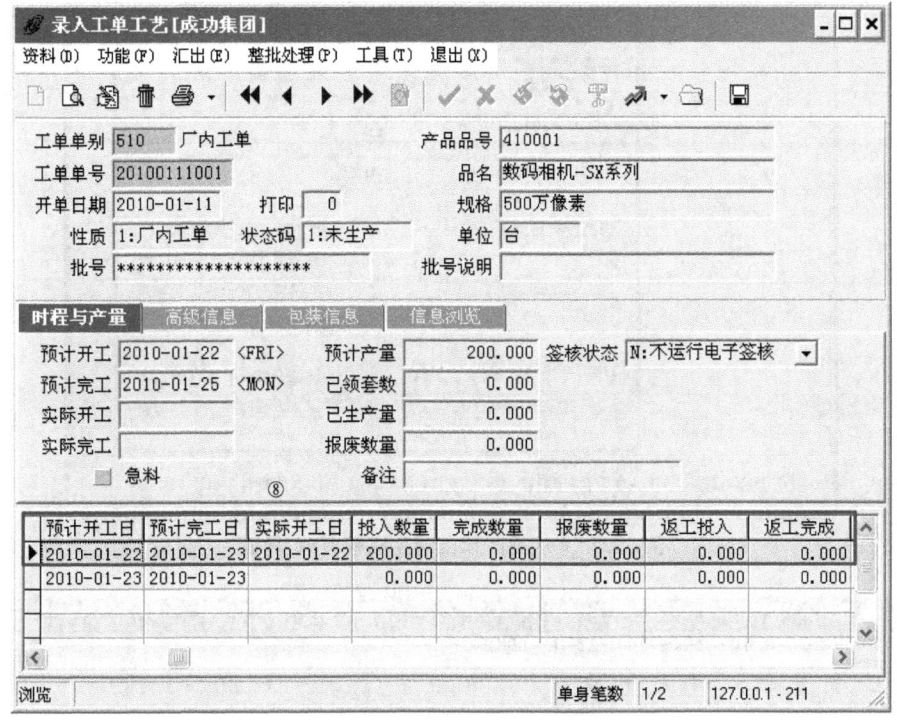

图 5.26 "录入工单工艺"界面

步骤四:仓管部可以从系统主画面执行"工艺管理子系统"|"从投产单自动生成领料单"作业,在"工单/委外子系统"中产生实际影响库存的领料单。

⑨ 选择需要生成领料单的投产单,并选择领料单单别等相关选项,单击"直接处理"如图 5.27 所示,系统自动在"工单/委外子系统"中生成一张领料单。如图 5.28所示。

5.4.3 工艺的转移

【目的】

录入工艺间转移的信息,以维护工艺管理的正确信息。

【业务场景】

时间到了1月23日,这天"组装车间二组"完成工单第一道工艺"主体组装"加

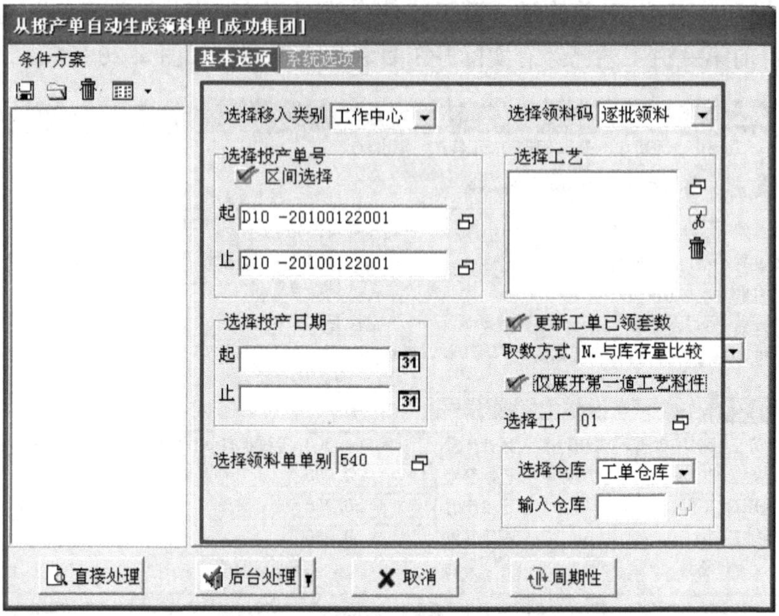

图 5.27 "从投产单自动生成领料单"界面

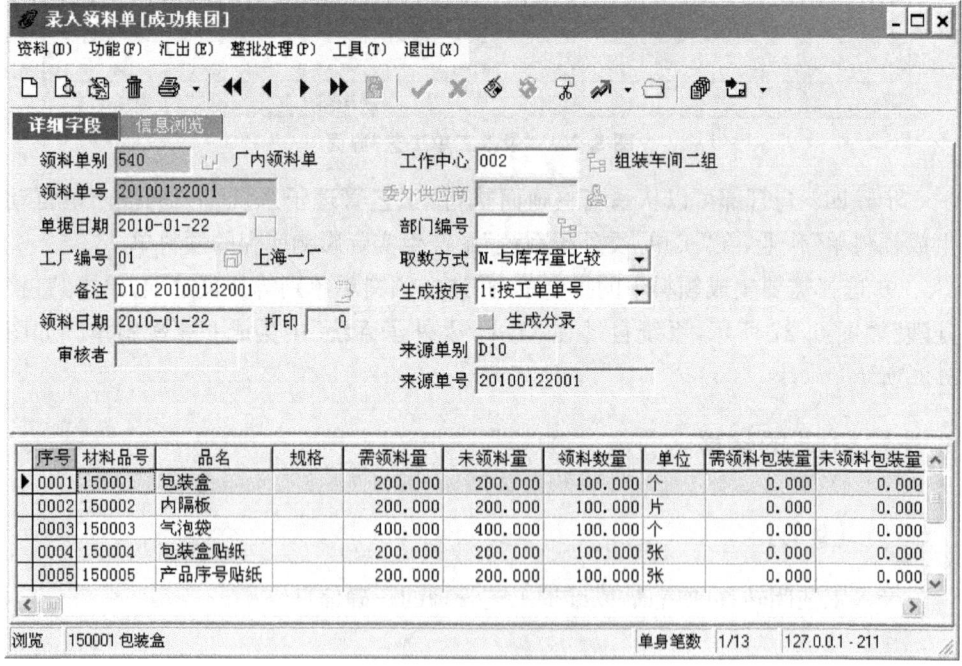

图 5.28 "录入领料单"界面

工作业后，须转移至第二道"成品包装"工艺的工作中心"包装车间组"接手加工。

【操作步骤】

步骤一：执行"工艺管理子系统"|"录入转移单"作业，进入"录入转移单"界面，开始输入工艺转移信息。

【作业重点】

① 在"转移单别"直接输入单别编号，或按 F2 键开窗选择单别（单别须在"设定工艺单据性质"设好），选好后，系统将默认系统日期为转移单的单据日期。如图 5.29 所示。

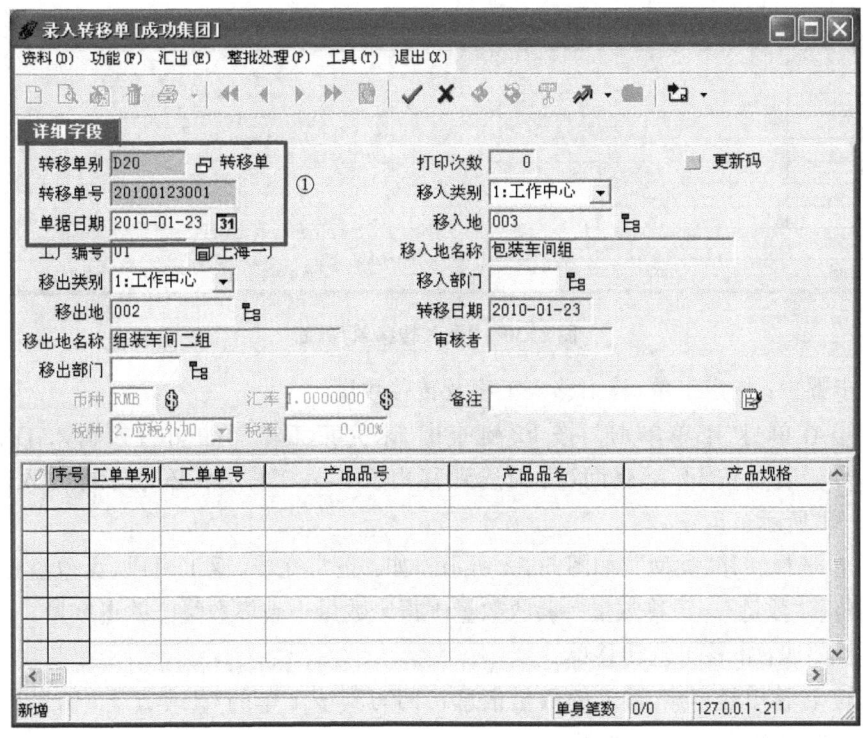

图 5.29 "录入转移单"界面

步骤二：选择移出移入地。

② 本例是从组装车间二组移至包装车间组，所以"移出类别"选择"1. 工作中心"，同时可在"移出地"选择"组装车间二组"；至于"移入类别"选择"1. 工作中心"，接着再选择移入地"包装车间组"。如图 5.30 所示。

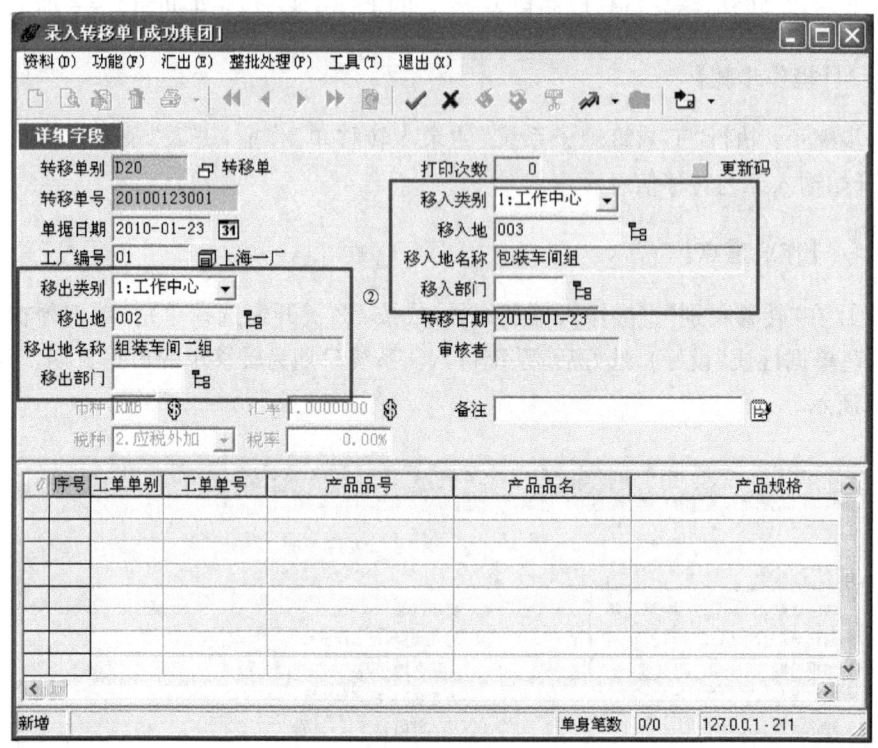

图 5.30 "录入转移单"界面

步骤三：指定工单、移出移入工序及转移数量。

③ 在单身"工单单别"，按 F2 键查询"未完工工单"，也可直接输入工单单别单号。若是按 F2 键查询，可细选到移出及移入工序，不必另外再输入。如图 5.31 所示。

④ 选择转移"类型"，如图 5.32 所示。如：正常完成、返工完成、盘盈盘亏等。输入转移"数量"。转移数量＝验收数量＋报废数量＋破坏数量＋验退数量。

步骤四：审核工艺转移单。

⑤ 转移单经审核，输入的数量信息将回写到该工单的"工单工艺"信息里，让管理者得到实时的信息，如图 5.34 所示。

5.4.4　工艺完工及生产入库

【目的】

录入完工信息，以维护工艺管理的正确。

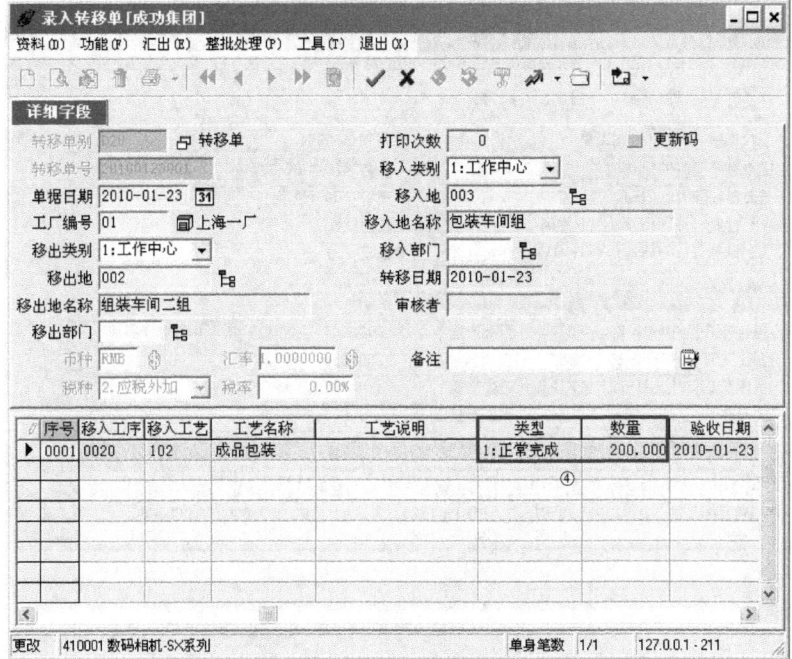

图 5.31 "录入转移单"界面

图 5.32 "录入转移单"界面

图 5.33 "录入转移单"界面

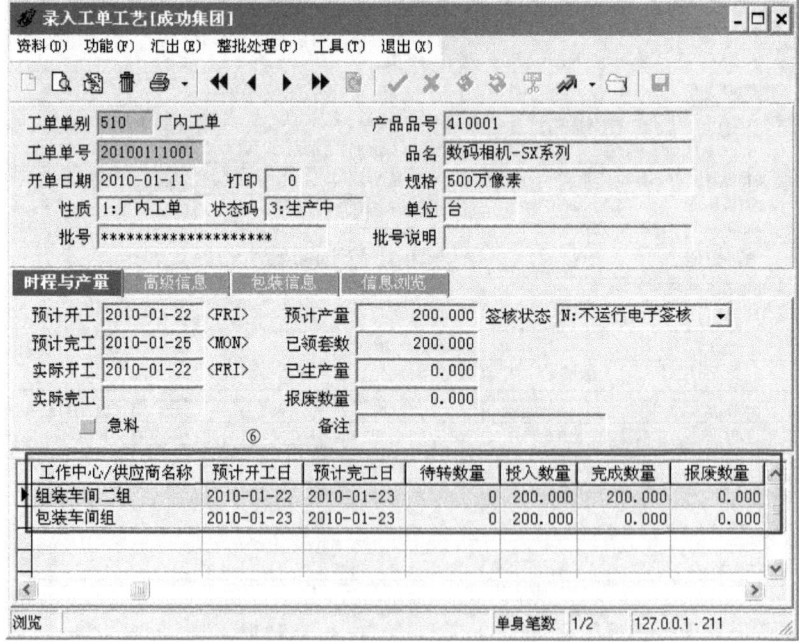

图 5.34 "录入工单工艺"界面

【业务场景】

"包装车间组"接收到"组装车间二组"转移的成品后,开始全线动员进行成品包装,经过一段时间包装后,在 1 月 23 日这天完成加工,产出"数码相机—SX 系列"的成品 200 台。

【操作步骤】

步骤一:由于是最后一道工艺,因此"包装车间组"执行"工艺管理子系统""录入入库单"作业,进入"录入入库单"界面,开始输入工艺完工及生产入库信息。

【作业重点】

① 在"入库单别"直接输入单别编号,或按 F2 键开窗选择单别(单别须在"设置工艺单据性质"中设置好)。单据日期将默认为系统日期,可修改。如图 5.35 所示。

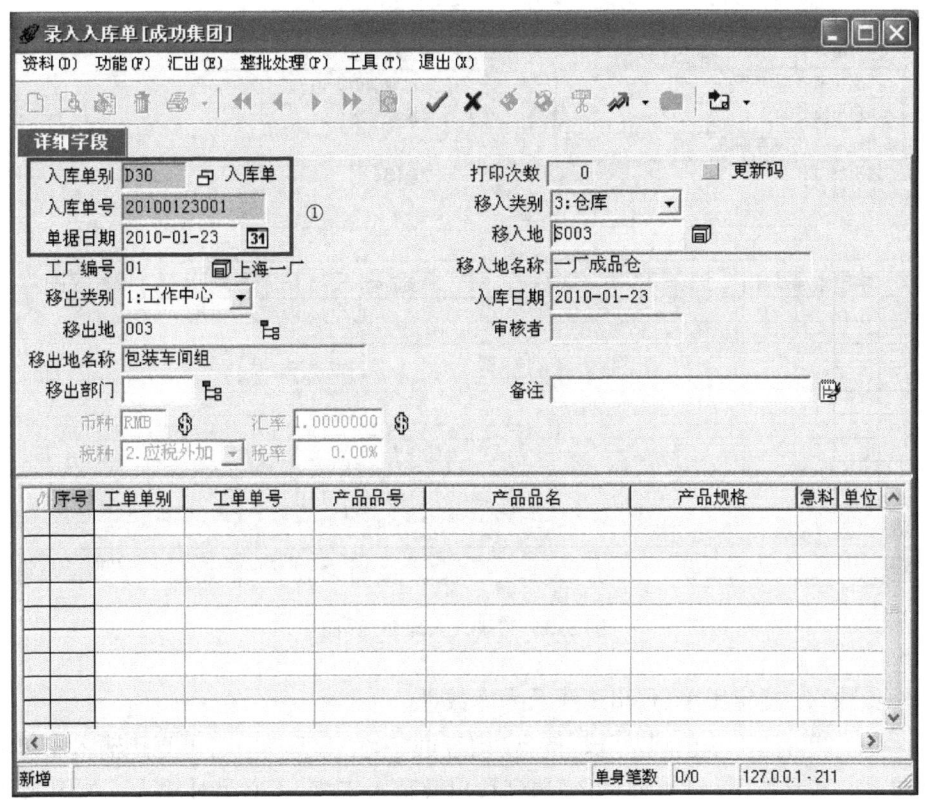

图 5.35 "录入入库单"界面

注：本系统里，可将工艺入库设定两种单别，一是"厂内工艺入库"，一是"委外工艺入库"，两张单别的单据性质都是"D3.入库"，差异只在"录入转移单"单头"移出类别"不同；若"厂内工艺入库"，须选择"移出类别1.工作中心"；若"委外工艺入库"，须选择"移出类别2.委外供应商"。

步骤二：选择"移出及移入地"。

② 从"包装车间组"移到本厂仓库，所以"移出类别"选择"1.工作中心"，同时选择"移出地"，在"移入类别"选择"3.仓库"，"移入地"则选择完工品入库的"仓库"。如图5.36所示。

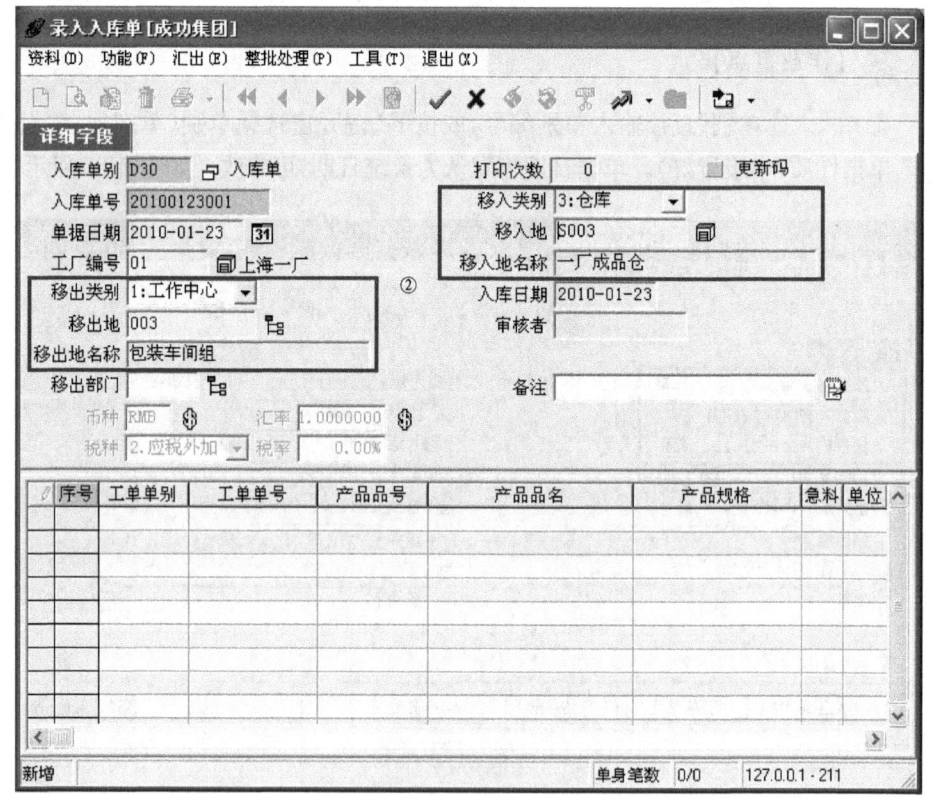

图5.36 "录入入库单"界面

步骤三：指定工单、移出工序及入库数量。

③ 在单身"工单单别"字段，按F2键查询"未完工工单"；也可直接输入工单单别单号。若是按F2键查询，可细选到移出及移入工序，不必另外输入。如图5.37所示。

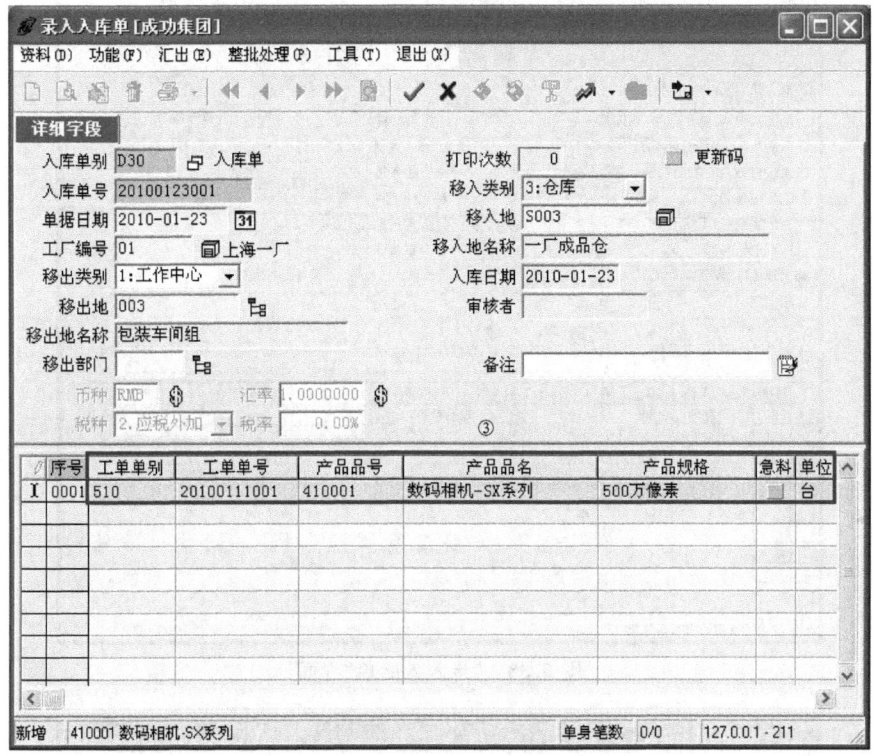

图 5.37 "录入入库单"界面

④ 由于此转移是从工作中心移到仓库,所以无需记录"移入工序",表示该工单已完工,没有下一道工艺。如图 5.38 所示。

⑤ 输入入库数量。如图 5.39 所示。数量＝验收数量＋报废数量＋破坏数量＋验退数量。

步骤四:审核工艺入库单。

⑥ 由本公司工作中心完工的工艺入库单据,可由仓管人员将品号点收入库后,再由仓管人员审核该单据。如图 5.40 所示。

注:工单完工后,工艺就不能转移。

⑦ 管理者可在"录入工单工艺"中查看该"工艺入库单"审核的结果。如图 5.41 所示。

⑧ 工艺入库单审核,系统会在"工单/委外子系统"产生同单号的"生产入库单(厂内工艺入库)或委外进货单(委外工艺入库)";若信息有错误须在原始工艺入库单中修改,不可在"生产入库单或委外进货单"直接修改。如图 5.42 所示。

图 5.38 "录入入库单"界面

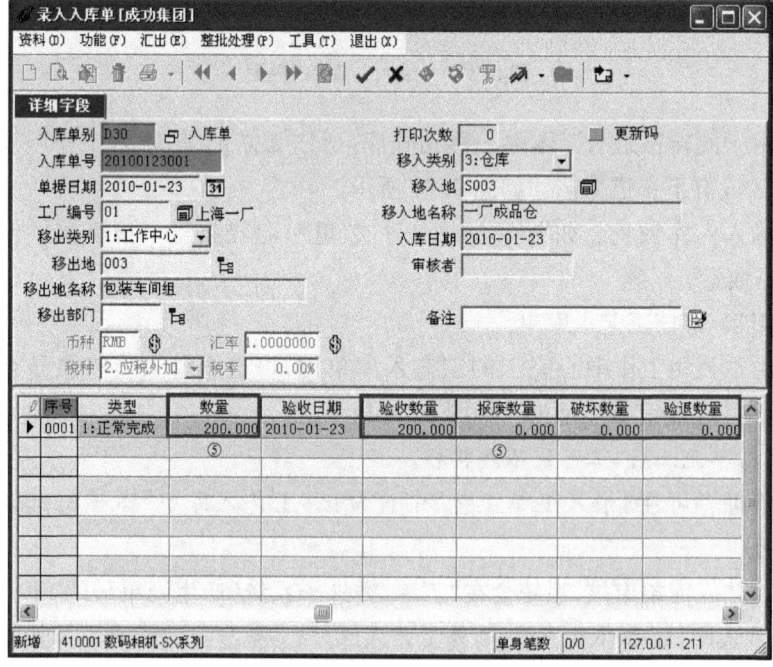

图 5.39 "录入入库单"界面

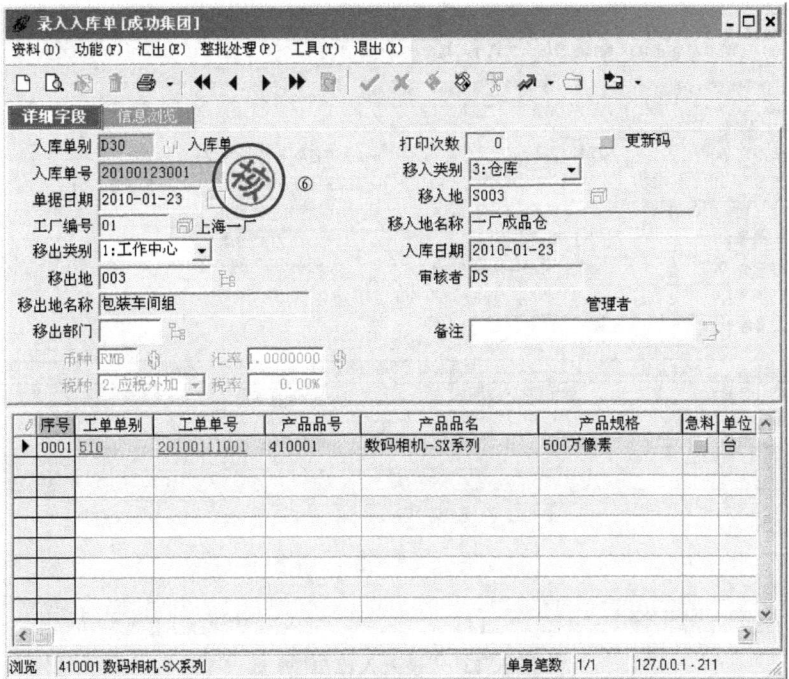

图 5.40 "录入入库单"界面

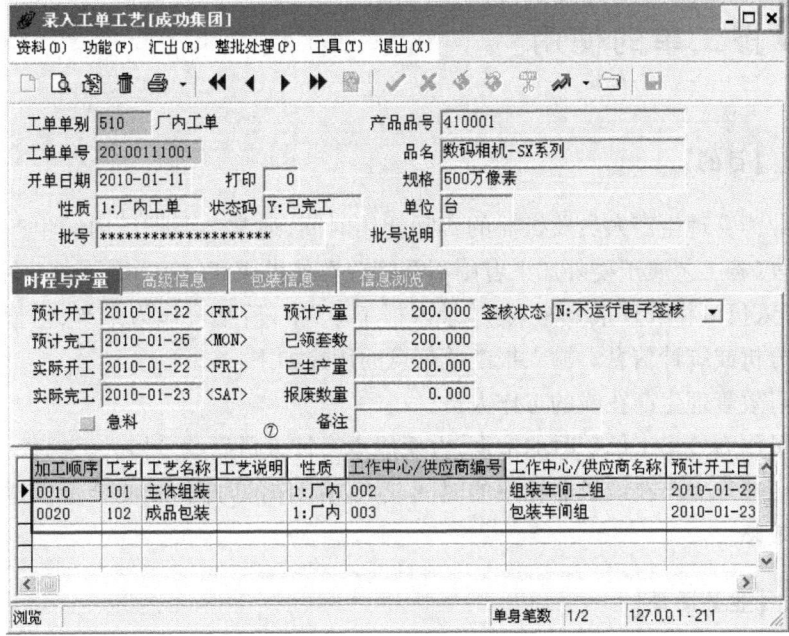

图 5.41 "录入工单工艺"界面

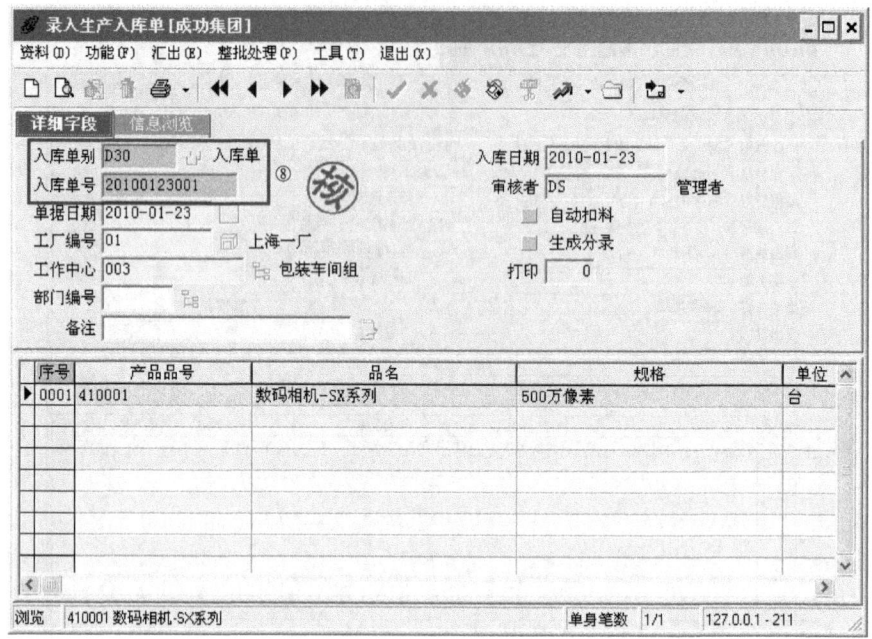

图 5.42 "录入入库单"界面

5.5 报工单的使用

【目的】

企业为管理生产人员及机器的实际耗用时间,通常会要求厂内的生产人员填写日报表(若工艺属于委外加工者则不需管理委外供应商的工作人员)。在本系统里,生产人员可将其日报表输入在"录入报工单"中,后续可作为生产、生管及财务部门的分析或统计信息。输入报工单信息的用途如下:

- 有效管理生产在线的工作人员。
- 可作为搜集工单工时的依据,方便成本会计人员后续分摊人工制费。
- 可搜集生产在线机器耗用的时间或人员工作的时间,以便分析机器稼动率及人员效率。

【业务场景】

1 月 23 日这天,"数码相机—SX 系列"加工完毕后,车间人员将发生在工作中

心"组装车间二组"的人时及机时如实填写"报工单"。

【操作步骤】

步骤一：车间人员执行"工艺管理子系统"|"录入报工单"作业，进入"录入报工单"界面，开始输入报工的信息。

【作业重点】

① 在"报工单单别"字段直接输入"单据性质＝D4.报工"的单别编号，或 F2 键开窗选择单别（单别须在"设置工艺单据性质"中设好）。单据日期将默认为系统日期，可修改。如图 5.43 所示。

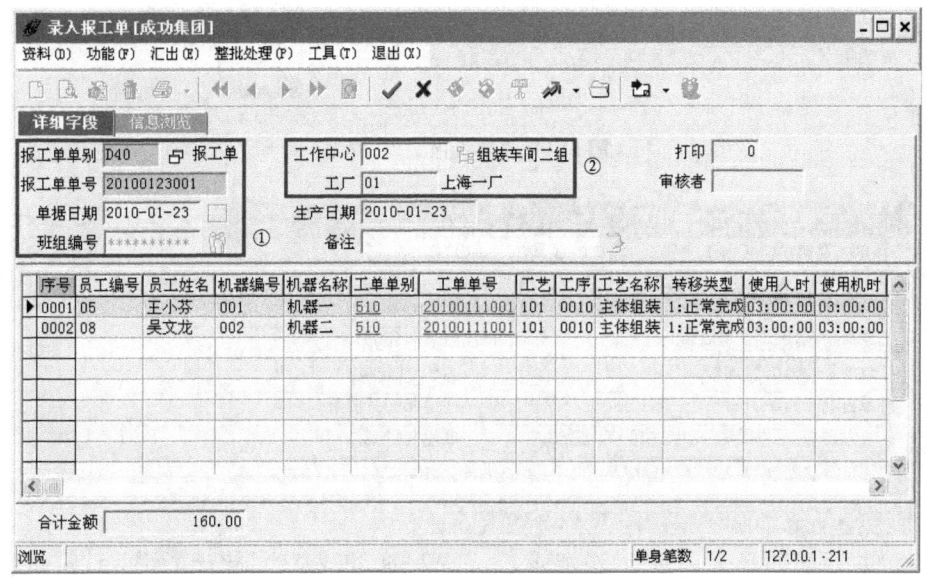

图 5.43 "录入报工单"界面

② 选择所属的工作中心。如图 5.43 所示。

步骤二：输入员工姓名、机器名称、相关工单工艺信息及耗用时数信息后审核报工单。

③ 单身耗用时数，是员工确实为此工单生产所耗用的时数。如图 5.44 所示。

④ 报工单经上司审核，打印凭证，将副本交由生管及财务部门各存查一联。如图 5.44 所示。

⑤ 报工单经审核，输入的实际耗用人时及机时，会回写到该工单的"录入工单工艺"，方便管理者针对实际及标准人时机时做差异分析。如图 5.45 所示。

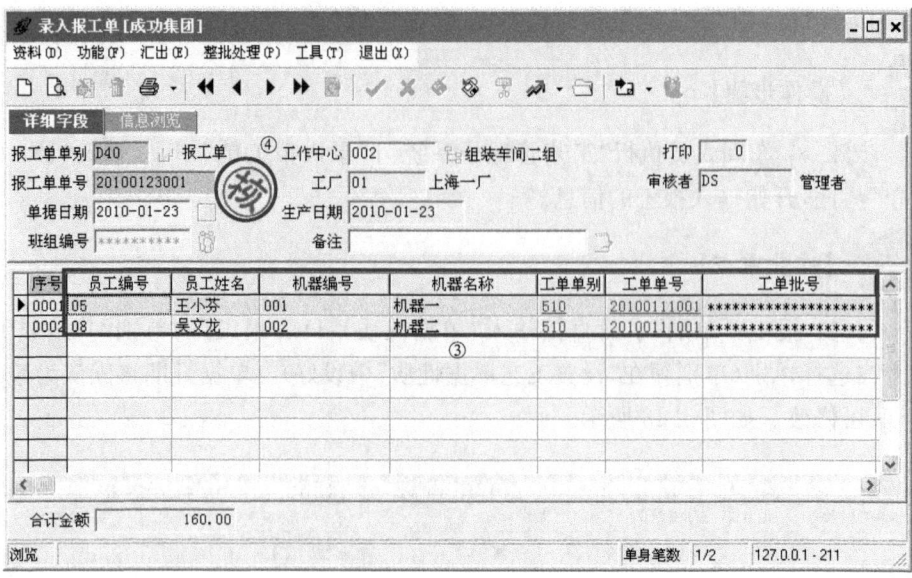

图 5.44 "录入报工单"界面

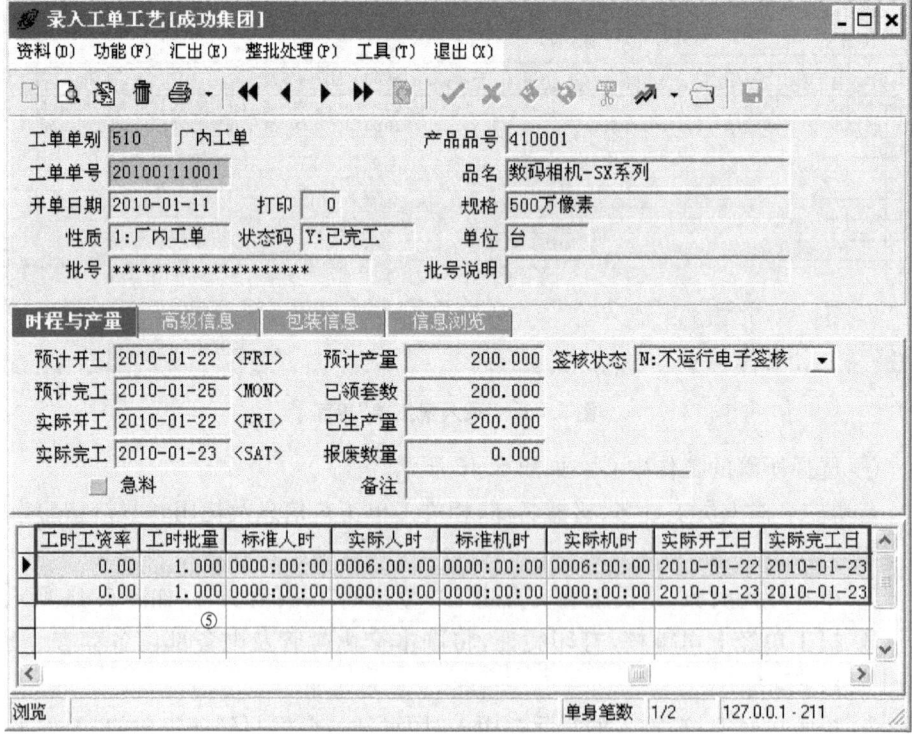

图 5.45 "录入工单工艺"界面

5.6 常用报表简介

5.6.1 工单工艺生产状况表

【目的】

按"订单编号"或"源工单编号"查询对应的未完工的工单工艺生产状况。

【操作步骤】

步骤一：在"工单工艺生产状况表"界面上进行设置，然后单击"设计报表"。如图 5.46 所示。

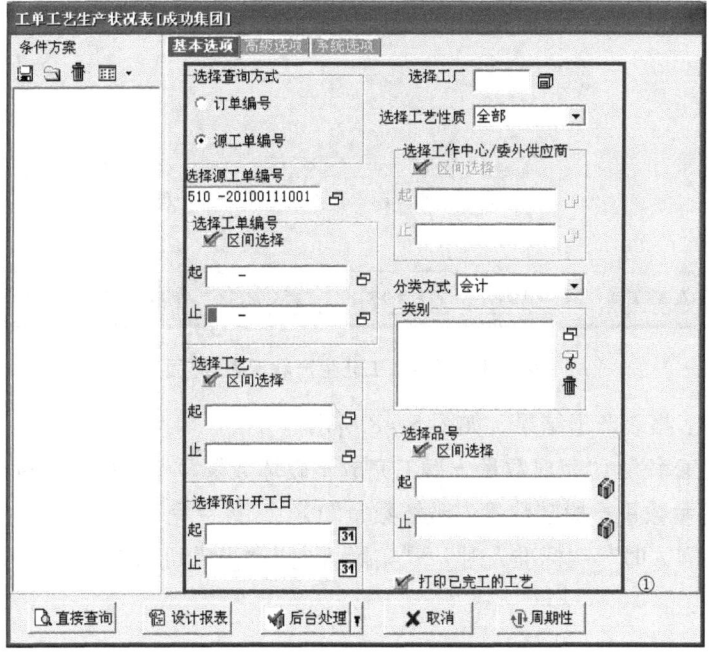

图 5.46 "工单工艺生产状况表"界面

【作业重点】

① 选择"订单"或"源工单"角度查询；亦可选择要查询的工单，以及工艺和预

计开工日;"选择工厂"、"选择工作中心或委外供应商"、"分类"和"品号"也都可作筛选条件,空白则代表全部;"打印已完工的工艺",勾选后则将已经完工的工单工艺生产状况也显示出来。

② "高级选项",可选择"工单的状态",包含"未生产"、"已领料"和"生产中"。如图5.47所示。

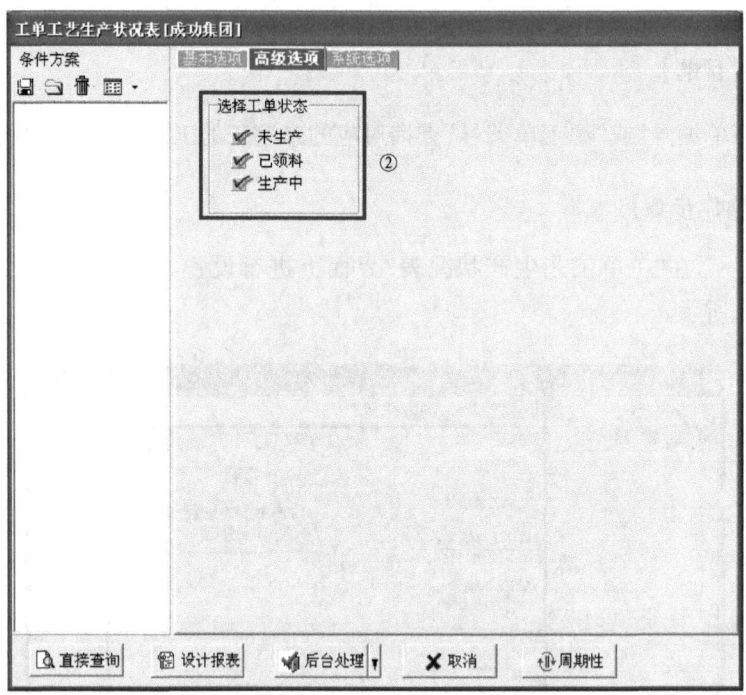

图 5.47 "工单工艺生产状况表"界面

步骤二:报表产出结果。如图5.48所示。

③ "完工率":("完成数量＋返工完成＋破坏数量")÷("投入数量＋返工投入数量＋盘盈亏数量－拨转数量＋破坏数量")×100％＝完工率。

④ "尚需人时"＝"标准人时"－"实际人时";"尚需机时"＝"标准机时"－"实际机时"。

5.6.2 工作中心/供应商生产状况表

【目的】

以"工作中心/供应商"来排序查询未完工工艺状况。

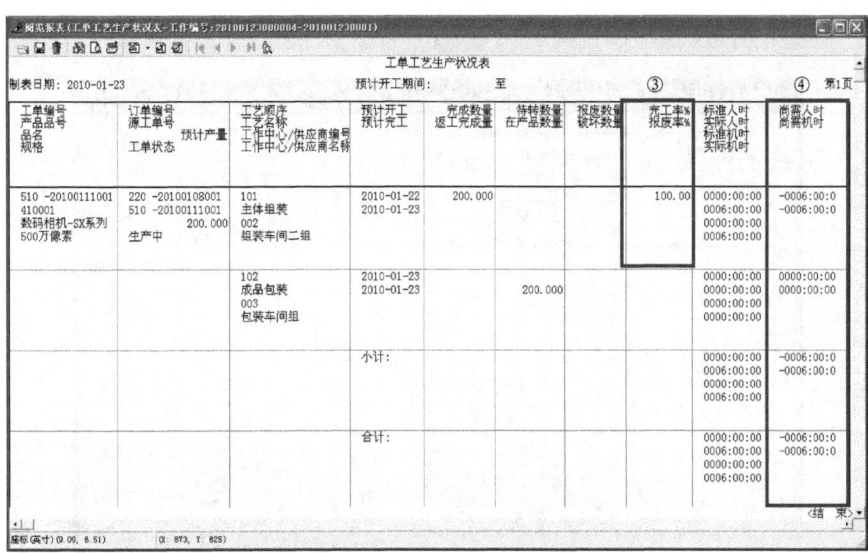

图 5.48 "工单工艺生产状况表"界面

【操作步骤】

步骤一：在"工作中心/供应商生产状况表"界面上进行设置，然后单击"设计报表"。如图 5.49 所示。

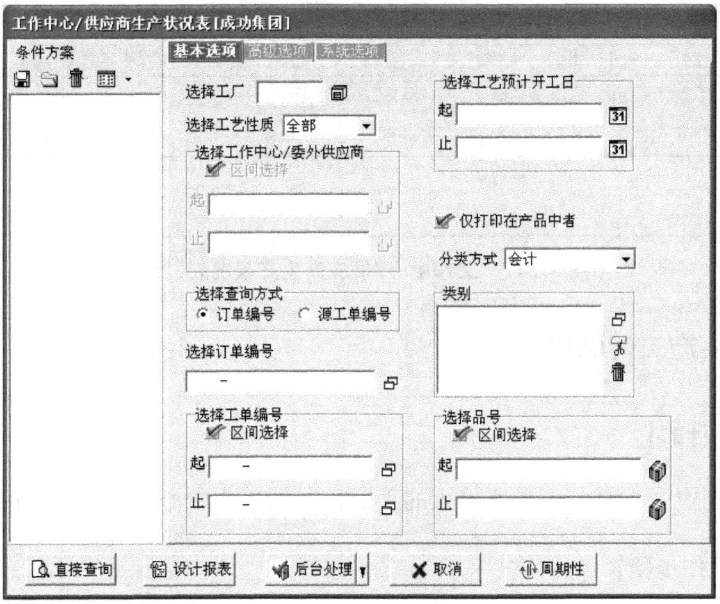

图 5.49 "工作中心/供应商生产状况表"界面

步骤二：报表产出结果。如图 5.50～图 5.51 所示。

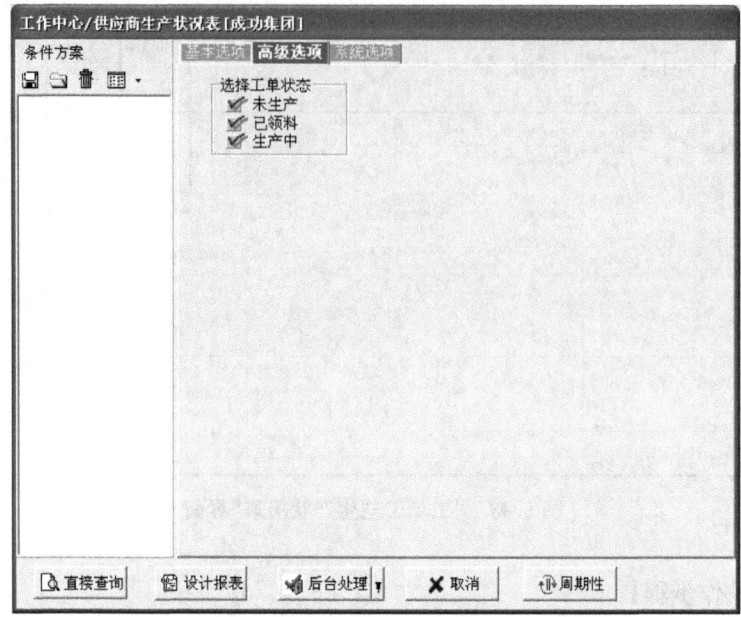

图 5.50 "工作中心/供应商生产状况表"界面

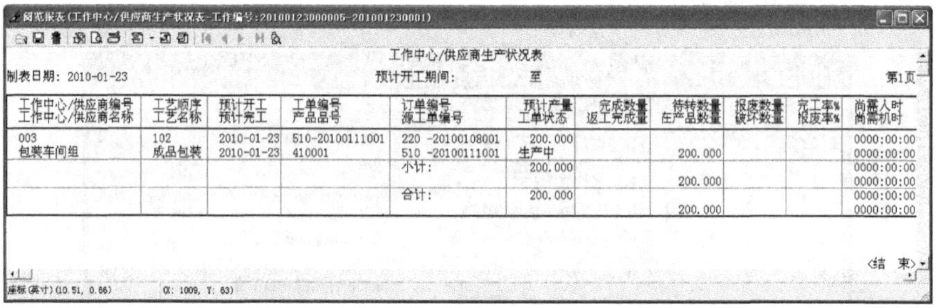

图 5.51 "工作中心/供应商生产状况表"界面

5.6.3 生产工时明细表

【目的】

将各工作中心对各工单所投入的工时记录按工作中心、按时序打印成表。

【操作步骤】

步骤一：在"生产工时明细表"界面上进行设置，然后单击"设计报表"。如图

5.52 所示。

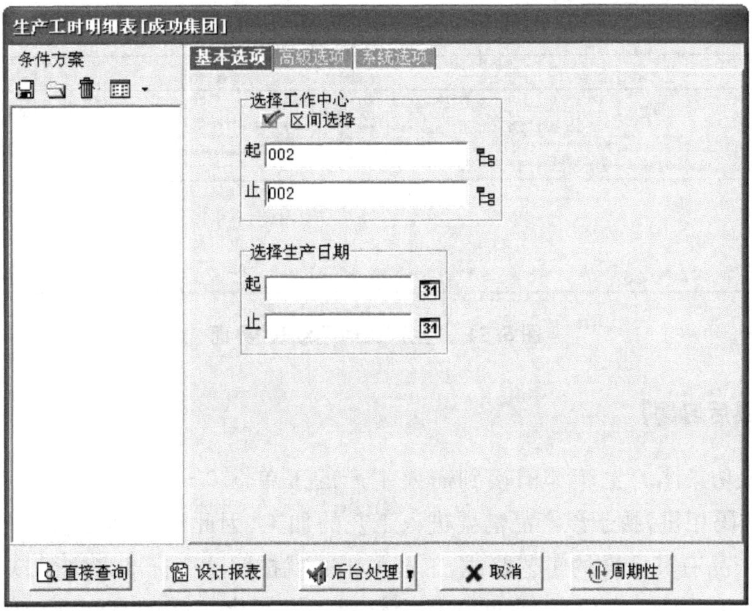

图 5.52 "生产工时明细表"界面

步骤二：报表产出结果。如图 5.53～图 5.54 所示。

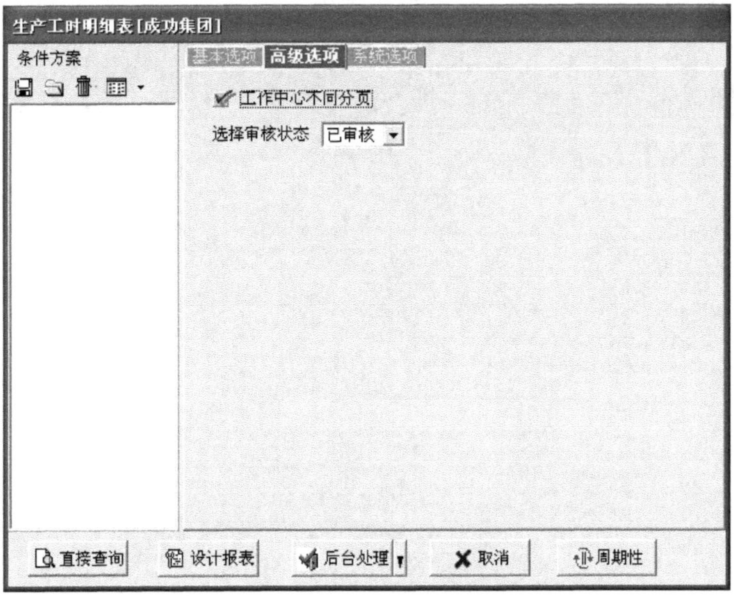

图 5.53 "生产工时明细表"界面

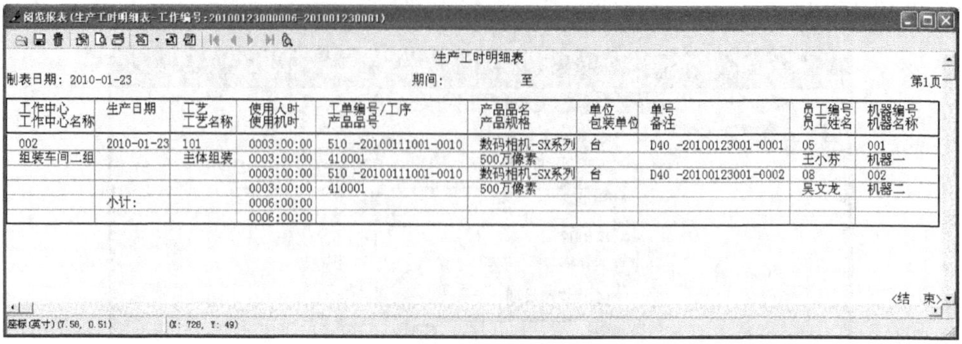

阅览报表(生产工时明细表-工作编号:20100123000006-201001230001)

生产工时明细表

制表日期：2010-01-23　　期间：　至　　第1页

工作中心 工作中心名称	生产日期	工艺 工艺名称	使用人时 使用机时	工单编号/工序 产品品号	产品品名 产品规格	单位 包装单位	单号 备注	员工编号 员工姓名	机器编号 机器名称
002	2010-01-23	101	0003:00:00	510 -20100111001-0010	数码相机-SX系列	台	D40 -20100123001-0001	05	001
组装车间二组		主体组装	0003:00:00	410001	500万像素			王小芬	机器一
			0003:00:00	510 -20100111001-0010	数码相机-SX系列	台	D40 -20100123001-0002	08	002
			0003:00:00	410001	500万像素			吴文龙	机器二
	小计：		0006:00:00						
			0006:00:00						

〈结　束〉

图 5.54 “生产工时明细表”界面

【课后习题】

1. 成功集团的生产部门接到需要生产的工单 510 - 20100309001，生产产品 410001 数码相机，由于该产品需要进入工艺的加工，因此请先确定它的工单工艺。(由于该产品有其标准的工艺路线，工艺加工时就按照这个标准来执行。)

2. 当工艺加工完成后，车间人员会针对一道工序工作的时间进行记录，包括人时和机时，现在请您以车间人员的身份记录报工单，人员李晓明，机器是 001，是对工单 20100309001 进行的工艺加工，使用的工艺是 101 主体组装，使用机时是 16 小时，人时为 24 小时。